M0パネル

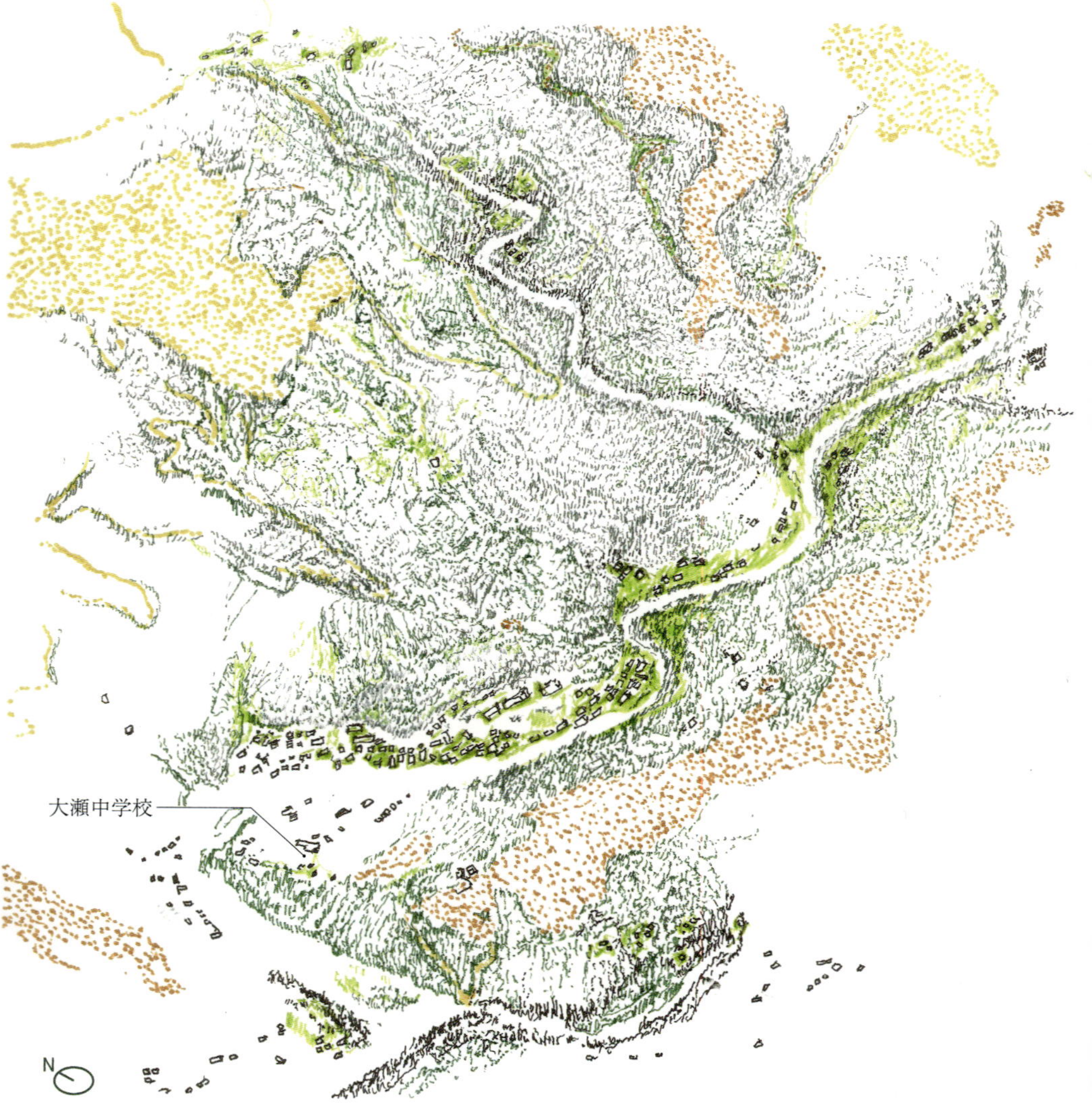

大瀬の谷の領域分割

このとき、夜のはずれで、サイレンが鳴った

このとき、夜のはずれで、サイレンが鳴った

原 広司 Hiroshi HARA
×
吉見俊哉 Shunya YOSHIMI

岩波書店

はじめにというおわり

原広司からの二度目の提案

都市に興味があるのなら、僕の研究室で一年、建築の連中と一緒に過ごしてみないか——そう原先生に誘われたのは東大駒場で学部四年生を過ごしていた頃のことだ。当時の私は演劇青年で、社会学と演劇、都市の交点と重なりについて模索を重ねていた。

原先生はちょうど世界の集落調査から帰られた後で、私は「集落への旅」には乗り遅れている。それでも研究室での三宅島合宿では、島に渡る船の中、徹夜でトランプの「大貧民」。島に着くと原先生はそのまま海に潜り、陸に上がると夜通し麻雀。国内調査でも原先生は瞬時に行方をくらまし、バス停のベンチを寝床とする。現代世界の空隙を縫うベドウィンのような建築家で、その姿に学生たちは憧れた。

当時、社会学徒の私には均質空間論はすぐに理解できた。しかし、有孔体がどう建築なのか、浮遊の建築とは何か？　生半可な解釈の地平を超えた世界があった。

私は友人だった建築家、故小嶋一浩とどこに旅に行くのがいいかを原先生に尋ねたことがある。先生の答えは、サハラかバリ。学生だけでサハラを旅する勇気はなく、われわれはバリに向かった。サハラでもバリでも、建築はフィクションとして立ち現れる。フィクションとはこの場合、国家でも知識人でもなく、集落の人々がその空間を通じて継承する想像力のことだ。だが当時、私はそれを理解してはいなかった。

あれから四十数年が経った。数年前から、原先生と私は本書に結実する対談集の作業を重ねてきた。コロナ禍からの出口がようやく見え始めた二〇二一年夏、私は先生から「吉見さん、一緒に本を作りませんか」という提案を受けた。私にとっては、四十数年を経ての二度目の提案である。もちろん、私は二つ返事で快諾する。ただ、その際に私が原先生にお願いした条件は一つ、「先生、数学の話だけはしないでください」。

これが、数学者原広司にとって困難な注文なのは分かっていた。原広司は、自らの建築をさまざまな思想言語と数学言語によって語ってきた。このうち、思想言語ならば私にも相手ができるだろうという気はしていた。しかし、数学は対応できない。集合論やトポロジーについて私に話されても、それは相手を間違えているとしか言いようがない。だから、吉見俊哉が「原広司マイナス数学」と対談して本を作るというのが、本書のもともとの企みだった。

何よりも、対談を通じて驚かされたのは、原広司という思想家の驚くべき一貫性だ。対談は、大江健三郎や夏目漱石からカミュやベケット、ヘンリー・ソローにまで及んだが、それらの文学世界のあいだに穿《うが》たれる地下道のすべてが中東や中南米の集落へと通じていた。原広司の建築は、半世紀以上にわたり地球に孔を穿ち続けていたのである。伊藤邸の原型から出発し、自邸では玄関から階段を降りていくと底部に外に開かれる広間がある。あれは崖を下る小径だった。原は梅田スカイビルで天空に孔を穿ち、京都駅では千年の都の中心部に谷間の風の流れを導き入れた。四国の大瀬中学校で、原は大江文学の中の「谷間」を現地に引用し、大江も原の建築を彼の小説中に引用した。インターテクスト性というよりも、より直接的な文学と建築の合体である。

「空間としての時間」と「時間としての空間」

本書で繰り返し問われていくのは、二十世紀における「時間」と「空間」の関係であると言ってもいいだろう。一方で、「時間の空間化」について、かつてレヴィ＝ストロースは、時間を空間として生きる社会（冷たい社会）について反論の余地のない仕方で数々の証拠を示した。また、やがてその構造主義を批判する仕方で浮上してきたポスト植民地主義は、近代という時間ですらきわめて複数的で、矛盾を含んだ複数の（反）近代的時間の節合であったことを、これまた数々のスリリングな証拠を通じて明らかにした。つまり時間は、そもそも未開社会においては空間的な存在でしかあり得ず、近代という時間も、実は抗争する複数的な時空の重なりとして生きられてきたのである。

他方、今日の多くの建築家にとって、空間はモニュメントや都市計画的な空間である以上に生きられる空間である。彼らはミンコフスキーからメルロ＝ポンティまで、さまざまな現象学的空間論を、その設計において表現してきた。つまり空間は、その空間を生きる人間の身体から離れた客観的存在ではない。むしろ、それぞれの人間の生が時間的である以上、空間はそもそも時間的存在なのだ。これは、建築における、あるいはより広く絵画や彫刻、写真や映画までを含む空間的な芸術全体にとっての「空間の時間化」なのだと言えないだろうか。

こうして誰しも、この種の対話を始めてみれば、すぐに「空間としての時間」と「時間としての空間」をめぐっていくつもの異なるパラダイムが交錯していることに気づく。本書はおそらく、原広司という二十世紀後半を快走した稀有な建築家の作品、実践、人生を通じ、思想家としての原がいかなる時間、空間、そして再び時間と対話してきたのかを考える作業となっている。実際、本書には大雑把に四つの時間の層が重なっている。

第一が人生の時間で、これは一九三六年に生まれてから今日まで、約九十年間の人生を通じて原広司が経験してきた時間である。第二は歴史の時間で、文字どおり二十世紀、第一次世界大戦後に生じた世界の変容から、約一世紀後の今、生じているもう一つの世界の変容までの時間である。第三に、移動の時間がある。原広司は城を築く建築家ではなく、移動し続ける建築家だった。この移動は実は、空間の時間微分である。原広司の建築は、いったいどのような空間をいかに移動する建築だったのか。

そして最後に、本書のタイトルでもある「このとき」の時間がある。これから始まる対話のなかで、私たちは何度かカミュについて考えている。カミュの『異邦人』の終わり近く、殺人の罪で死刑囚となった主人公が面会に来た司祭を拒絶し、ひとり独房で横になって眠りに落ち、天井の孔から見える夜空の星のひかりで目をさました瞬間、「このとき、夜のはずれで、サイレンが鳴った」とカミュは書いた(『異邦人』窪田啓作訳、新潮文庫)。主人公はこのとき、星々に満ちた夜を前にして、「はじめて、世界の優しい無関心に、心をひらいた。これほど世界を自分に近いものと感じ、自分の兄弟のように感じると、私は、自分が幸福だったし、今もなお幸福であることを悟った」。このカミュによる、ほとんどキリストの、否、むしろ反キリストの受難を連想させずにはいないこの描写のなかで、「このとき」の時間が浮上していたのである。

この一文を、本書のタイトルにしようと決めたのは、第一回の対談で、原先生が本書を「「川崎の空襲」からの逃亡から始め、そしてカミュが『異邦人』のなかで書いた「このとき、夜のはずれで、サイレンが鳴った」情景に向かう」仕方で進めることを提案されたからだ。原先生は続けて、「いつも私の頭の中で、サイレンは鳴り続けています。私は、これを形而上学的な課題として受けとめ続けてい」ると話していた。

しかし、「このとき」は、これまでさまざまな歴史的時間のなかで、無数のヴァリエーションをもって語られてきたような気もする。たとえばそれは、ニーチェにとっては永劫回帰の時間だったろうし、古代インドの叙事詩「マハーバーラタ」で、ヴィシュヌ神の化身であるクリシュナが、世界の破滅に至ろうとする戦場のただなかで王子アルジュナに「バガヴァット・ギーター」を語った、その瞬間にも立ち現れていたはずだ。そんな瞬間、夜の「はずれ」で、サイレンが鳴る。その暗い広がりと、サイレンの音、時間と空間、聴覚のイメージから本書は出発している。

対談を始めて最初の三回、原先生はとてもお元気で、対談は長時間にわたった。話はあっちこっちに向かったが、原先生はひっきりなしにタバコを吸いながら多くを語られた。同時に、原先生はきわめて特徴のある字でお書きになった手紙を、頻繁に添付ファイルで私に送ってこられた。今回、第3章や第4章で、どうしても対話のつながりに空隙が生じてしまう場面で、それらの原先生のお手紙から発言を引用させていただいた箇所がある。それらの手紙は、多くが「絵」としても魅力的な作品だったので、一部を本書に図版として掲載している。そして、本書のカバーを外してもらった表紙は、それらの手紙の数々を圧縮したデザインにさせていただいた。

四回目くらいから、対話の時間が長びくとお疲れの様子が見えるようになった。本当は、この時点で本書の組み立て方を再考し、すでになされた四回の対話の周囲に多数の細かな語りや風景が星雲のように広がる仕立てに転換すべきだったのかもしれない。そうすれば、本書の刊行を、まだご存命の原先生と祝うことができたのではと思う。誠に無念である。しかし、私には当時、方向転換をすると、本書がすでにある『集落の教え100』(彰国社、一九九八年)と似てきてしまうのではないかという危惧があり、当初のプランを実現したい思いを捨てきれなかった。

もともとの本書の計画では、実現した四つの章の後に、さらに二つの章の対談がなされるはずだった。第5章は「時間の幾何学——建築における部分と全体」で、この中でより深く大江健三郎の小説と記号場について論じながら、話はソローから鴨長明にも向かい、原広司にとって重要な概念である「領域分割図」や「様相」について論じるつもりでいた。鴨長明が活躍した十二世紀から十三世紀にかけて、ヨーロッパでは都市から都市へと商人や職人、聖職者や旅芸人、そして教師と学徒がめぐり歩いていた。他方、イスラームでもこの時代は旅の時代で、都市に集う旅人たちの学舎が原点となり、双方で大学＝ユニヴァーシティが誕生していた。アジアでは、宋が高度な文明を発達させ、羅針盤や火薬から印刷術、為替取引、官僚制度も含め、やがてヨーロッパに移植されて全世界を一変させる「近代」の原型を形成していた。この宋も、もちろん旅する文明圏で、「書院」と呼ばれる大学にアジア各地から知識人が集まっていた。この書院に海の向こうの日本からやって来た秀才には、栄西や道元、鎌倉禅宗の開祖が含まれていた。だから第5章は、過去百年に照準した第3章に対し、過去千年に照準したものになるはずだった。

そして、第6章は「死と都市——非ず非ずのランドスケープ」とし、仮想都市や可能世界、フィクショナリティという本書のテーマを深掘りしようと考えていた。原広司は、『WALLPAPERS』(現代企画室、二〇一四年)の中で、法華経をはじめ数々の古典を写経し、歌人藤原定家や道元について語っていた。その写経が色鉛筆でなされたトレーシングペーパーの壁紙は美しく、夢のようだ。その夢は、原広司にとっては「出来事としての建築」の夢でもあったはずだが、第6章で、そのような夢について語る原広司と、果たして私はどう対話ができるのか、見通しがあったわけではない。

本書の対談はすべて原先生のアトリエでなされたが、ある日、そのアトリエの大きな机の上に、それぞれ手書きの文字が書かれた色紙を貼った小さなベニヤ板が多数並べられていた。本書をそのような小さな言葉の断片のネットワークとして構成されたいとのことだった。これはかなり難題で、私と編集部はその多数の断片のコピーを岩波書店のこれまた大きな机の上に並べ、どうすればそれらのトピックを各章の主題と結びつけていけるかを半日かけて議論した。私はどこかで、このような議論そのものが、「野生」の空間を「近代」の時間に囲い込んでいる気もしていたが、それでも書物はハイパーテクストではなく、リニアに読み進むのが基本なので、他に方法がなかった。

本書出版に際し、私たちはページの下段部分にできるだけそれらの色紙を「トピックカード」と名づけて掲載することで原先生の意識が何に向かっていたかを示すことにした。どうか読者のみなさんは、その一つひとつの「色紙」の背後に、原広司の思考を構成している広大な概念ネットワークが結ばれていると想像してほしい。

しかも、これらの「色紙」には、小型で縦長の薄桃色の短冊のような一群があり(「原広司の思考のネットワーク」参照)、そのひとつには「私の終りのなかには、私の始まりがある」と書かれていた。実は、この本の「はじめに」と

「おわりに」を、本のなかで議論している時間論を踏まえ、「はじめにというおわり」と「おわりにというはじめ」にしようと思ったのは、原先生のご逝去を知って間もない頃である。ところがその後、資料を整理するなかでこの短冊の言葉に接し、その場にいた一同は戦慄した。なあんだ、すでに原先生は見通していたんじゃないか。

また、巻末に掲載した「年表」は、もともと原先生が本書のために作成したものを、アトリエ・トルカの櫻井雄大さんとアトリエ・ファイ建築研究所が協力して読みやすい形に整えてくれたものである。これによって、本書全体のストーリーが時間軸に沿って見渡せるようになったと思う。さらに、本書の末尾には、櫻井さんに執筆していただき、門内輝行さん（大阪芸術大学芸術学部建築学科教授）が監修された原広司独特の用語についての「注釈」も付した。門内さんは、私が研究生として在籍していた頃に助手として原研究室の運営を担っていらした。今回、改めてお力添えいただいたことに感謝している。加えて、対談の後に吉見による「追記」を付しているが、ここには、原先生との対談が続いていれば本文に組み込みたいと考えていたことを書き加えさせていただいた。

もう一つの孔の、向こうから

今、慙愧《ざんき》たる思いと、静かなる安堵の混ざり合った気持ちの中で、私は原先生とともにこの本を世に送り出す。慙愧たる思いなのは、もちろんこの本が（ご存命中に）間に合わなかったからである。半年遅かった。もう本書出版を共に祝うべき共著者は、この世にはいない。

その一方で、ようやくこれで宿題を終え、本書を世に送ることができるという安堵の気持ちもある。ふりかえればその発端から、本書は多くの人に助けられながら形を成してきた。もともと原先生から共著の提案を受けたのは、「住宅遺産トラスト」という組織で名建築の保存継承に取り組んできた私の妻・千晶が、原先生の最初の作品である伊藤邸（二〇二一年に解体）の主柱とタブロー（本書口絵「M_0パネル」）を先生のアトリエに運び込んだ際、私が一緒に会いに行った、その場でのことだ。だから本書の発端を作ってくれたのは、私の妻だとここで告白しておこう。

岩波書店では、作業の前半は松本佳代子さん、後半は上田麻里さんが担当してくださった。とりわけ上田さんには、原先生がご体調を崩されてから、どのような仕方で、どう本書をまとめていけばいいのか迷うことが何度かあったなかで、ベテラン編集者として、非常に的確な判断と対応をしてくださったことに心から感謝している。また、すでに述べたように私は原先生の数学を理解してはいない。とはいえ、本書を読んでいただければ分かるように、原先生は何度か最初の約束を違え、数学的な議論に足を踏み入れている。その中身を私はその場では理解していないことが気になっていたので、明治大学で教える田村順子さんに丁寧に教えていただいた。改めて感謝したい。

そして、本書の対談作業や最後のまとめのプロセスでは、アトリエ・ファイ建築研究所や原研究室出身のみなさんに大変お世話になった。とりわけアトリエ・ファイでは、原先生のアシスタントをしてこられた吉田結衣さんに、まるで象形文字のような先生の手書き文字の解読から資料の手配までを支えていただいた。そして、「注釈」を執筆していただいた櫻井さんには、「注釈」だけでなく、本書の図版やさまざまな写真の手配と選択も含め、まるで編集部の一人に加わっていただいたかのように、本書完成に至る最終段階を並走していただいた。

さらに隈研吾さんからは、本書の帯のためにすばらしいメッセージをいただいた。「詩のようなメモランダムの中に、原自身の「始まり」とわれわれの未来のためのヒントが、すべてしるされている」という言葉に強く同感する。感謝とともに、私はそのようなメモランダムが綴られていくプロセスに同伴できたことを、心から嬉しく思っている。

最後の最後に、本書がこうして形をなすことができたのは、間違いなく原先生と人生を共にされてきた原若菜さんの全面的なお力添えがあったからだ。原先生がご体調を崩されてから、私たちは若菜さんを頼りにするしかなかったし、ご自身も建築家として原先生のアトリエをまとめてこられた彼女は、誰よりも原先生の生きざまの深い理解者であり続けた。その若菜さんのアドバイスが、本書の最終段階で最も貴重だった。

原広司は、旅人であり、詩人であり、数学者であり、哲学徒であり、狩猟民であり、ヘビースモーカーの博徒であり、そして建築家だった。原広司という身体には、このすべてが融合していた。私たちは、そんな身体に共鳴し、憧憬し、追走していた。

その原先生が、二〇二五年正月、つまり本書で語られる一九二五年からの百年を経たその直後に、あの世へと旅立たれた。とても静かな最期だったと聞く。原広司にとっては、その死さえ、もう一つの孔の、向こうへの旅なのだろう。私たちはその孔を吹き抜けてくる風を、感じようとし続ける。

二〇二五年二月

吉見俊哉

目次

編集協力：櫻井雄大

カバー絵：Mid-air City ©原広司
表紙：思考のエスキス ©原広司

第1章

空襲を潜る

——国家の建築と谷間の建築

東京大学と師弟、建築と社会学

吉見　原先生と対談させていただくことを光栄に思っています。はじめに、原広司先生と私がなぜ連続対談を行うのか、理由を読者のみなさんに説明しておきます。

まず、これは師弟の対談です。つまり原先生は私の三人の恩師のお一人です。他のお二人は見田宗介先生、それから栗原彬先生です。一九八〇年から八一年にかけて、私は原先生の研究室に在籍していました。先生と私のあいだには二十一年ほどの年齢差があります。原先生は一九三六年生まれ、私は五七年生まれです。先生は五五年に東大に入られ、五七年に建築学科に進まれました。まさにその年に、私は生まれています。

先生との出会いは、七七年、七八年、七九年頃だと思います。私は一九七六年に東大の理科Ⅰ類に入りました。七七年、七八年頃から演劇の活動に没頭し、そのまま理系に進むのがどうもばかばかしくなって、教養学科に文転（進路を理系から文系に移すこと）しました。一方、原先生は生産技術研究所から教養学科に教えに来られていて、私は先生のゼミに参加しました。当時、私は二十一歳か二十二歳。原先生は四十二歳か四十三歳です。私はその頃、都市や演劇に興味があり、そういうことを先生に質問したのではないかと思います。先生は集落調査で全世界をまわられ、帰ってきた頃でした。それで、北アフリカ（アルジェリア）のガルダイヤの集落について、スライドを使ってお話をされたことや、デ・キリコ（一八八八―一九七八）の絵[1]の話をされたことが印象に残っています。

私は大学を卒業しますが、演劇ばかりしていて、勉強せずに東大の社会学の大学院を受けたら入れてもらえませんでした。それで、原先生から「都市のことをするのなら、一年、うちの建築の連中と同じ釜の飯を一緒に食ってみたら」と声をかけてもらいました。見田先生に、「原先生にこんなことを言われたのですが」とお話ししたら、「吉見君、原先生のところに行きなさい」と言われました。そして、原先生のところで一年居候させていただきました。

原研究室には、先輩に竹山聖さんや宇野求さん、少し後輩に故人となってしまいましたが小嶋一浩さんがいました。隈研吾さんも原研の先輩ですが、当時はアメリカに留学されていたように思います。各地の建築を見せてもらって、彼らは専門家ですから、多くのことを教えてもらいました。建築の連中はこう考えるんだな、自分はちょっと違うなとも思いながら、いろいろな場所に行きました。

その頃の原先生の記憶がいくつか残っています。海外集落調査には乗り遅れて一緒に行くことはできなかったのですが、国内の地方の街並み調査などには行きました。先生はよくいなくなる。しかし、よくいなくなること自体は、当時は珍しくありません。見田先生も、ゼミ合宿をやっているとよくいなくなった。八王子のセミナーハウス[2]で、僕らは合宿して議論をしています。でも見田

デ・キリコ『通りの神秘と憂愁』（1914年）

先生は、二時間くらい遅れてきて、突然、いなくなってしまう。帰って来られると、僕らは「どこにいらしたんですか？」と訊くのですが、「ちょっと山を散策していました」とおっしゃる。学生は、ゼミをしている最中だったんですけどね。

さて、原先生はいなくなったときにどこにいるか。先生はバス停のベンチで寝ています。今と変わらない風体でバス停のベンチで横になっている。その様子はさながらホームレスです。原研究室では合宿は三宅島や八丈島に行きました。その船で、夜通しトランプの「大貧民」をして、朝になると先生は海に潜っていっぱい魚を獲ってくる。帰ってくれれば夜通し麻雀をし続ける。要するに、大貧民と麻雀と海、そして路上、ほとんど眠らないのです。――これって、博徒の身体ですよね。

私の目から見て、建築家原広司の身体には、建築家と詩人と数学者と旅人と博徒が一体化している。そうした全体像の中でこそ見えてくるものがあります。今日はまず先生の人生に近いところから話を出発させたいと考えています。

先生との出会いは、私のほうから見るとこのようになりますが、先生がなぜ駒場に来られるようになったのかという経緯から少しお話しいただけますでしょうか。そこで何をお話しくださったのか。私はデ・キリコの絵とガルダイヤの風景、それからデュシャンでしょうか、いくつか先生の講義についておぼろげな記憶が残っています。だけれども、それらはどうつながっていたのでしょうか。

原　教養学科に来て現代芸術の話をしてほしいと言ったのは、渡辺守章さん（フランス文学者)でした。守章さんとは、大江健三郎さんたちと一緒に岩波書店から本を出すために勉強会をしていました。そうやって異なる分野の人間が集い勉強することは、われわれ世代の非常にいい面だったと思います。筑摩書房でも見田さんや、私と生年月日がまったく同じ村上陽一郎さん(科学史家)と勉強会をしていました。だからしょっちゅう見田さんとは会っていました。

一般的に教育は重要なことですが、僕は、教養学科で話すのはとりわけいいなと思っていました。いろいろな人が集まっていましたが、そこには五神真《ごのがみまこと》さん(物理学者)などもいて、建築学科や都市工学科では見られないメンバーが集まりました。彼らに話をするのは非常にいいことだと考えていました。ガルダイヤの話はこのあとまたお話しすることになりますが、デ・キリコの絵については、そのとき夢中になって話したことの一つだろうと思います。

エドワード・サイードは、始まりの話をせよと言います。自分の話が、話す価値があるものなのか、心配ですが、われわれの世代は子どもの頃に、非常にユニークな体験をしています。しかもちょっとした年齢差があるだけで、体験がまるで違ってきます。神風特攻隊で自爆していったのは僕よりもわずか五、六年上の人たちです。これは、たとえば磯崎新さんと同じ年の人たちです。前川國男さんのところで会った同じ年頃の人は、戦争の話をし始めると本当に泣き出してしまう、そんな様子も見てきました。

こういうことを考えてくると、僕は非常に無責任という気がします。今回、記憶をお話しするために〈図〉を描いてみて愕然としました。この数年、時間を失ったという反省と焦りを感じています。だけど、今の時代はみんな長く生きるようになったので、長引かせるということは重要なことだと思っています。僕が、吉見さんに話をしようと思ったのは、自分でこの問題を抱えていてもなんら展開がないという気がしたのです。世界はどうなっているのかを捉えるための基本として〈図〉を用意してみました（次頁ならびに「本書関連年表」参照）。

吉見　ありがとうございます。ぜひ、その〈図〉を見せていただきたいと思います。

原　都市工学科ができるときに僕は丹下健三先生の研究室にいましたが、丹下研からそのまま都市工学科に行くのはちょっと違うんじゃないかと思ったんです。僕は建築をやりに来たんだから、建築をやらなければいけない。それで、内田祥哉《よしちか》先生の研究室に入りました。僕にとっては、建築の中の都市、つまり建築の中にどういう都市が現れるかに関心がありました。

たとえば住居に都市を埋蔵するというような象徴的な言い方もありますが、住居の中の都市という考え方の一方で、建築は都市の一部にならなければいけないと考えました。たとえば梅田スカイビル、京都駅、札幌ドームなど、これが建築の中の都市ですが、純然たる都市像を示すにはかなり抽象化されていると言ったらよいでしょうか。建築の流れで取り扱いうる都市以上のことは、僕はなかなか言わないし、言えない。

吉見　私の目から見ると、原研究室は都市の問題を考えている研究室でした。

原　集落のことをやっていました。

丹下健三と戦後日本

吉見　いま先生がおっしゃった東大の建築学科から都市工学科ができるときですが、この流れを主導されたのは丹下健三さんと高山英華《えいか》(3)さんですね。パーソナリティを考えると、丹下さんと高山さんはずいぶん違うように思いますが。

原　違っていましたね。

吉見　丹下さんはすごくエスタブリッシュメントで、高山さんはバンカラ、現場感覚で人の心をつかんでいくイメージが私にはあります。そして、お二人が持っている都市のイメージも違うのではないかと思います。乱暴に言ってしまえば、丹下さんの都市像はトップダウンで、巨大なグランドデザインをつくる。高山さんの都市像は、もう少し生活に近く、社会に開かれているのではないか。高山さんはもともと「第二工学部」出身ですね。そこでは昼間から先生は酒を飲んでいて、学生も一緒に飲んでいる。それが楽しかったと書かれています。

原　第二工学部というのが、やがて生産技術研究所になります。

吉見　南原繁総長が主導した戦後処理で「生産技術研究所」が生まれます。同じ頃に第二工学部のポストの一部が文系に振り分けられて「社会科学研究所」が誕生し、そこに

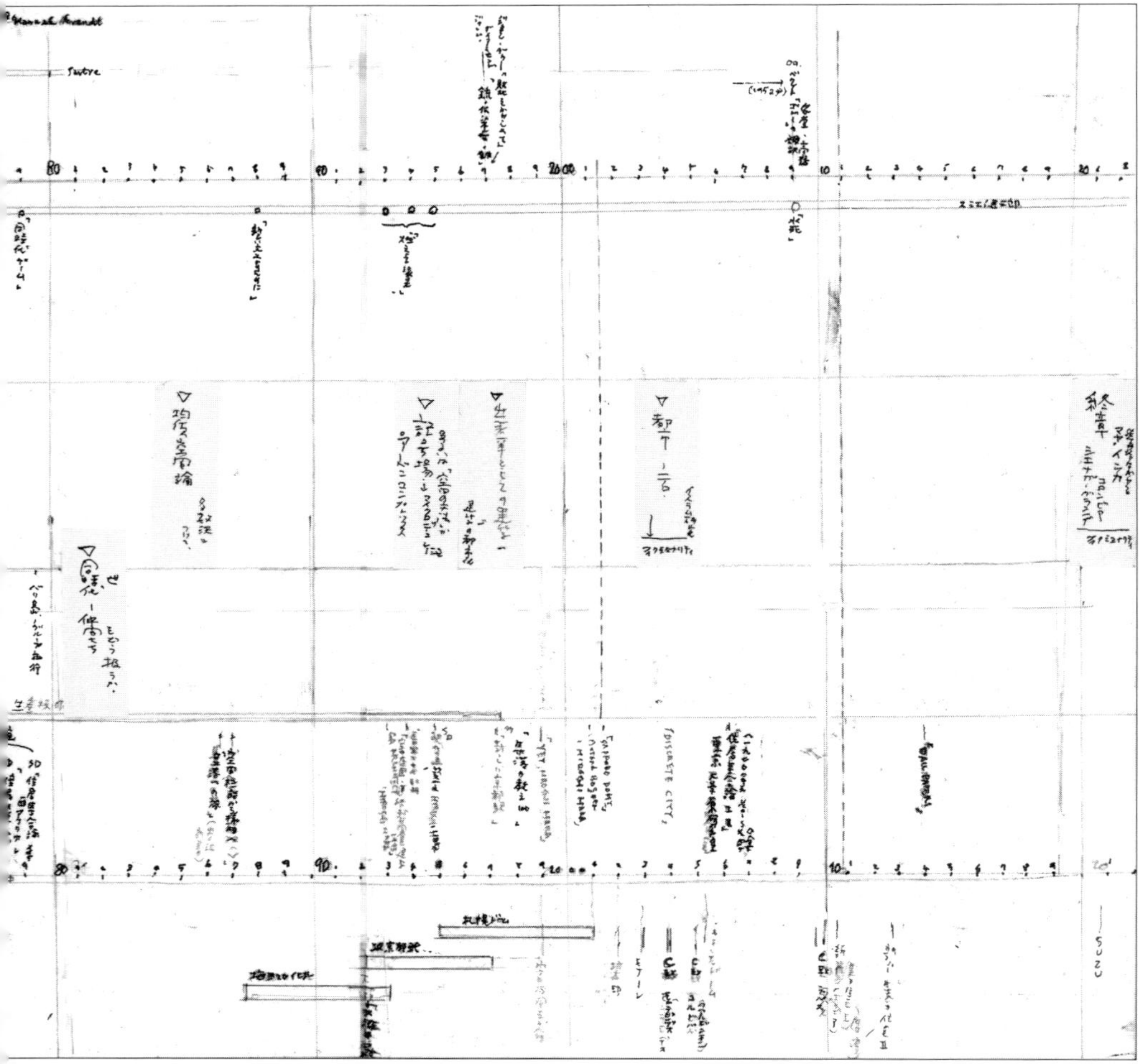

本書のための〈図〉

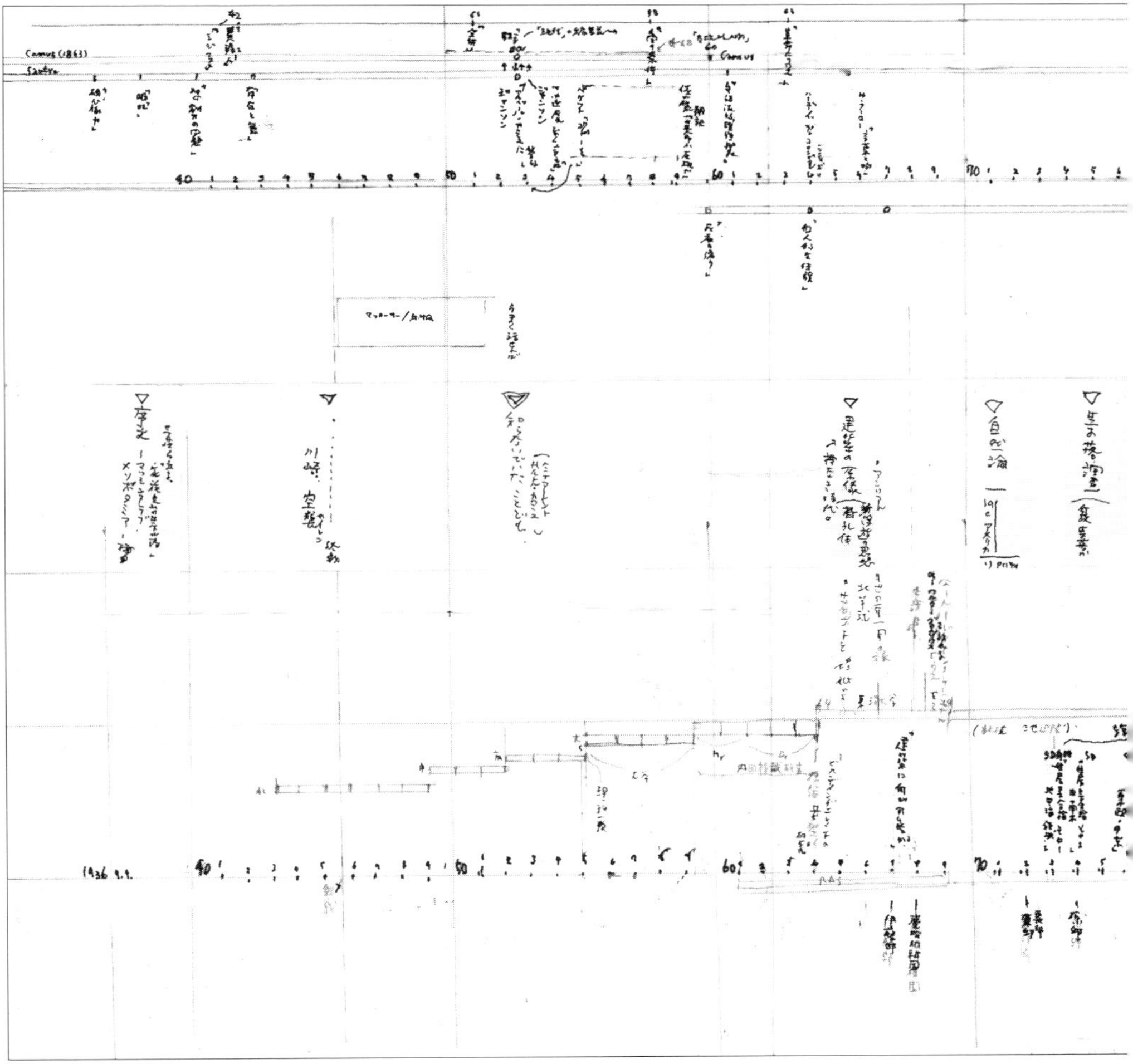

京城帝大から引き揚げてきた教授たちが入る。「教養学部」や「教育学部」も誕生しますので、戦後の東大は工学系学部が一つ減り、文系学部や社会科学研究所、リベラルアーツ学部が誕生したわけです。

それはともかく、丹下さんと高山さんの都市像の違いは、東京オリンピックのときに、丹下さんが国立代々木競技場を設計し、高山さんが駒沢オリンピック公園を主導したことに現れているのではないかと思います。私は、駒沢公園は傑作だと思います。

原　単純に言うと、丹下さんは国家の代表者です。都市と集落の違いはどこにあるのか。はっきりは言えないけれども、表象していくことを意識するのが都市であって、それを意識しないのが集落だと思います。

吉見　丹下さんは国家だというのはそのとおりですね。その国家も、上り調子の戦後日本そのものです。その「丹下健三」にどう距離をとるか、この問題がいろいろな戦後建築家にとっても都市計画家にとっても重要なポイントだったのではないかと思います。

原　僕が建築学科に進んだのは丹下さんがいたからです。丹下さんは憧れであり、建築とはこういうことをやるのかと感銘を受けたものです。なにしろ丹下さんはすごい。広島平和記念公園を設計し、首都東京の古い都庁舎も新しい都庁舎もつくる。つまり国家が要請し、丹下さんがそれを受けて、それでは日本はどうあるべきかを考え示されたと思います。磯崎新や僕らの世代は、目の前に丹下健三がいるわけだから、反近代でやるしかない。それにわれわれには国家が欠如している。国家に対しては責任をもたない。

吉見　丹下健三は成長期の日本国家を体現されていました。そのご著書で、ロストウの成長曲線の日本版ともいえるグラフを丹下先生が示されたときに、原先生はその計算をされていたと聞きました。

原　丹下さんと一緒にいる時間も少なくはありませんでした。丹下邸は、丹下さんの建物の中でもかなりの傑作、非常にいい建物です。僕はそこへずっと通って、コンピュータはない時代ですから、計算機を回し続けました。その丹下さんの論文がどういう意味を持っているのかということに関心を持つことはありませんでした。感覚の違いというのか、これからお話しする僕の「始まり」と関係しているように思います。

吉見　あのグラフは、社会学的にはむちゃくちゃですよね。丹下さんは、計算の前提を根本的に間違えている。戦後日本や諸外国の経済成長を未来予測的にシミュレーションしていますが、そのカーブは、まるでコロナウイルスの感染拡大のように幾何級数的に上昇していく。環境条件が無限であれば、技術が発展すれば経済はべき乗的に成長するかもしれませんが、環境条件は無限ではありません。日本列島であれ地球環境であれ私たちは有限の閉じられた空間を生きていますから、どこかで頭打ちになって、カーブは平準化ないしは下降するはずです。でも、幾何級数的に発展するモデルこそ戦後において多くの日本人が夢に描いていた未来イメージでした。

原　二十世紀に都市の人口は四倍になりました。そのことを丹下さ

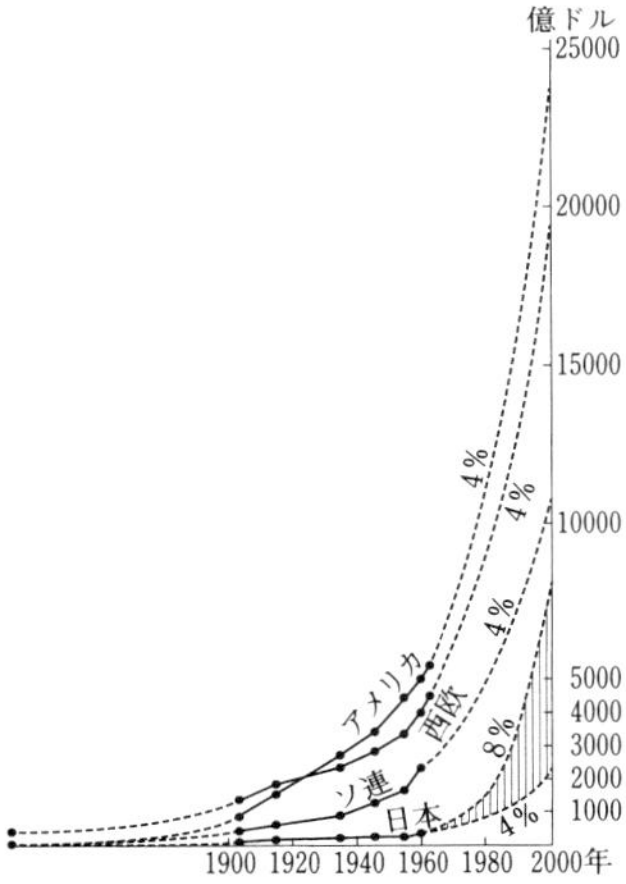

丹下健三『日本列島の将来像』(講談社現代新書，1966 年)

んはどう理解していたのかなと思います。日本では三〇〇〇万人が一億二〇〇〇万人になりました。前世紀初頭、地球上の総人口は十五億でしたが、終わってみると七十億人近くなっています。人口の変化をどう考えるべきか、無限の発展はあり得ないだろうと思います。当時、人口が増え続けていくことはあり得ない、いずれ問題が出てくるぞということを主張していた人もいたけれども、あまり重要視されてはいませんでした。

吉見　原先生や磯崎新さんは、丹下先生の教えを受けながら、丹下健三とはまるで違う方向に建築の思想を展開させていった世代ですね。丹下さんは近代そのものです。近代に対する距離の取り方は人によって違います。たとえば、一番分かりやすくてドラマティックなのは岡本太郎さんです。一九七〇年の大阪万博のとき、丹下さんのお祭り広場の大屋根に対して、太陽の塔によって正反対の世界をぶつけた。岡本さんは、丹下さん的な「近代」に対して「縄文」だと言った。「縄文」は「近代」ではありません。むしろ、近代の対極にある世界ですね。

原　丹下さんは「弥生」です。たしかにそれも対抗策です。

吉見　岡本太郎は万博を丹下さんと一緒にやりつつ、全然違う世界観の軸を打ち出した。強者ですね。

原　白井晟一《せいいち》も「縄文」だと言っています。丹下さんは桂離宮で、この点は徹底していて、それが国家に対応しています。

吉見　「弥生」は土着の思想に対する外来の思想というか、支配する文明の視点ですね。

その文明的なまなざしが、大和朝廷の都である奈良や京都から帝都東京へ、桂離宮から大東亜建設記念忠霊神域計画へ、広島平和記念公園へ、「東京計画１９６０」や東京オリンピックから東海道メガロポリスへと貫かれています。

空襲下の川崎から伊那の谷へ

吉見　さてここで、原先生の世代と戦争の関係をお聞きしていきたいと思います。なぜならば、その経験が、丹下さん的な近代に対し、原先生たちの世代が袂を分かっていく背景にあると思うからです。一九三六年生まれの原先生、三七年生まれの見田宗介先生、三五年生まれの大江健三郎さんと、一九三四年くらいから三七年くらいまでに生まれた世代が、私の目には特別な世代に映ります。私の恩師である原先生、見田先生が同世代であることは偶然だとは思えません。一九三〇年代半ばに生まれた人々が青年期を過ごした時代が、原広司や見田宗介をつくった。だとしたらそれは何か。

仮説を言えば、この世代はアナキーなまでの自由の感覚を共有しています。そうした特徴の背景にある条件を考えてみたいと思います。第一に、この世代は戦争に行っていません。一九二七、二八年生まれくらいまでの世代は戦争に行っています。二九年生まれぐらいから行かなくなる。一九三一年生まれの磯崎さんは戦争には行っていない。磯崎さんの二年後には、オノ・ヨーコさん、黒柳徹子さん、伊丹十三さん、永六輔さんなどが生まれています。演劇の世界では、寺山修司さん、蜷川幸雄さん、別役実さん、清水邦夫さんなどが同世代です。十代のときに経験した何か時代の気分のようなものが、この世代全体に共有されている気がします。

それでまず、原先生の戦争体験についてお話しいただけないでしょうか。


原　僕は(神奈川県の)川崎に生まれ、京浜急行の駅のすぐそばで育ちましたが、国道一号線の端を渡って蒲田のほうに行くと楽園がありました。そこではシジミやアサリが捕れたり、釣りができたりしましたが、その期間は驚くべき短さでした。一年も続かなかったと思います。それから先は、食糧がない。配給制です。子どもの頃、ご飯やパンを食べていた記憶はありますが、すぐに配給制になってしまう。記憶に残っているのは、大豆で油を採ったカスが届き、最後に印象に残っているのがクマザサです。まだ若いクマザサを細かく刻んだものでした。家庭にあった石臼を使ってすいとんにして食べたと思います。

縁日には夜店が出ていましたが、バナナのたたき売りがあって、綿飴《わたあめ》を食べて、木下大サーカスがそこに来ていたのは少し前までのことです。それは、川崎の宮前小学校の一年生になる頃までのことでしょうか。二年生になったら隣の家は全部疎開して、家を壊して出て行く。そこは野原になりました。食糧はないからキュウリやトマト、そしてナスを作って大きくなるのを待って食べるという感じでした。

川崎では、毎晩空襲でサイレンが鳴りました。サイレンの音は記憶の中に強く刻まれています。毎晩その音で防空壕に入ります。身を守るためには重要だったはずですが、危機感から言うと、戦争という感じではありませんでした。米軍は火をつけに来ています。戦いをしているなんていう感じではありません。掃射砲が並んでいましたが、実際には米軍ははるか上を飛んでいてＢ29の編隊には届きません。グラマン、カーチスなどのアメリカの戦闘機は気ままに降りてきて、自由に機銃掃射していました。

一方で、夜は危ないという警戒心は今でも生きています。今も、朝になるまでは心配で落ち着きません。夜寝るとしても、電気をつけて寝ます。バリ島に行ったときに、(文化人類学者の)山口昌男は職業のせいか、いつでもどこでも寝てしまう、僕は今も昼間が安心だと思っています。

吉見　それで先生は真っ昼間、本当にどこででも平気で寝ていらっしゃいました。

原　これは、私たちの本についてのアイディアですが、「川崎の空襲」からの逃亡から始め、そしてカミュが『異邦人』の中で書いた「このとき、夜のはずれで、サイレンが鳴った」情景に向かうことです。これは、音楽の学習で見つけた文章で、建築家小嶋一浩への弔辞で引用しました。いつも私の頭の中で、サイレンは鳴り続けています。私は、これを形而上学的な課題として受けとめ続けていて、弁証法と「非ず非ず*」の課題に継続的に取り組んでいるのです(＊印は「《原広司語》注釈」参照。以下同)。

吉見　そのアイディアはいいですね。ぜひ、そうしましょう。

原　それで、小学校二年生の終わりには空襲が激しくなって、飯田(長野県)に逃げました。一九四五年四月の川崎大空襲④の直前のことです。「焼き出され組」と言われていましたが、わずかな間にものすごく大きな変化が起こります。僕が飯田にいたのは全部足しても九年程度です。

父親は、日本はこんなはずじゃないと思っていた節があります。しかし、これはダメだと考えていた母親に、壊れた窓から中央線に乗せられて、両親のふるさとであった伊那谷まで連れて行かれました。これはいい判断でした。お陰で僕は空襲から逃れることができました。

吉見 川崎が米軍の空爆で焼野原になるのは、四月十五日から十六日にかけてのことです。その直前、原先生は飯田に移られた。まさに原体験ですね。これまで原先生の建築は、しばしば伊那谷との結びつきにおいて原風景が語られてきたと思います。先生ご自身が、『空間〈機能から様相へ〉*』(岩波書店、一九八七年)で、

私は、父母の郷里である長野県の伊那谷で育った。飯田市は、天竜川縁りの小さな段丘にある。そこでは、夕暮れ時に、夜明けの方向つまり東方をみる。南アルプスの山々が、刻々と変化する赤い残映と化すからだ。また、日中は、陽ざしを受ける背後の山々を、ふりかえって見ることになる。谷の地形が、独特の光の見方と方向定位を誘い出しているのである。やがて、世界の僻地に集落を訪ねて遊ぶことになったが、そこで出会った数々の感動的な風景は、小さな伊那谷でかいまみた光が増

幅された風景であった。　　　　　　　　　　　　　（同書、一頁）

と書かれています。また、大江健三郎さんの『燃えあがる緑の木』（一九九三―九五年）では、原先生が「荒さん」という建築家として登場しますが、大江さんは原先生についてこう書いています。

荒さん（＝原）は、戦争の時期、千曲川流域に疎開していられたというから、このあたり（＝大瀬村）の地形になじんだ子供だったはずだよね？　それが、東京で永く暮した後、まったく地形のちがう四国の森のなかに行って、新しい気持でＫさん（＝大江）の風土を発見されたんだね。（第二部、新潮文庫、一九九八年、二五五頁）

原　実際は天竜川ですね。

吉見　そこは大江さんの勘違いかわざとずらしたのか。ともかく飯田の谷のイメージと先生の建築が重ねられてきましたが、先生が生まれ育ったのは川崎です。蒲田のあたりが楽園のようだったと伺いましたが、川崎は多摩川の下流、初期の京浜工業地帯です。近くには小美屋《こみや》というデパートがあった。そうすると先生は、発展期の東京の都会で育ったともいえる。とすると、先生には原風景が二つあることになります。一つは伊那谷、もう一つは川崎です。二つの原風景の重なりをどう考えたらよいのでしょうか。

原　T・S・エリオットの「急いでください。時間ですから」(HURRY UP PLEASE ITS TIME)は、四三三行しかない『荒地』(*The Waste Land*, 1922)の中で繰り返し登場します。僕の記憶の中では、これが小美屋の別館から聞こえてきます。「急いでください。時間ですから」は、小美屋のアナウンス「閉店します。ありがとうございました」に重なりますが、僕に残されている時間が少ないからという意味にも思えます。

　小美屋は五階建てでエレベーターがありましたが、川崎にはエレベーターはこの一台しかありませんでした。僕はそういうところで遊んでいました。川崎時代の夢のような話です。でも一年も経たないうちに機銃掃射が襲来する、そういう時代でした。

吉見　小美屋デパートが川崎にできるのが一九二七(昭和二)年です。一九二〇年代か

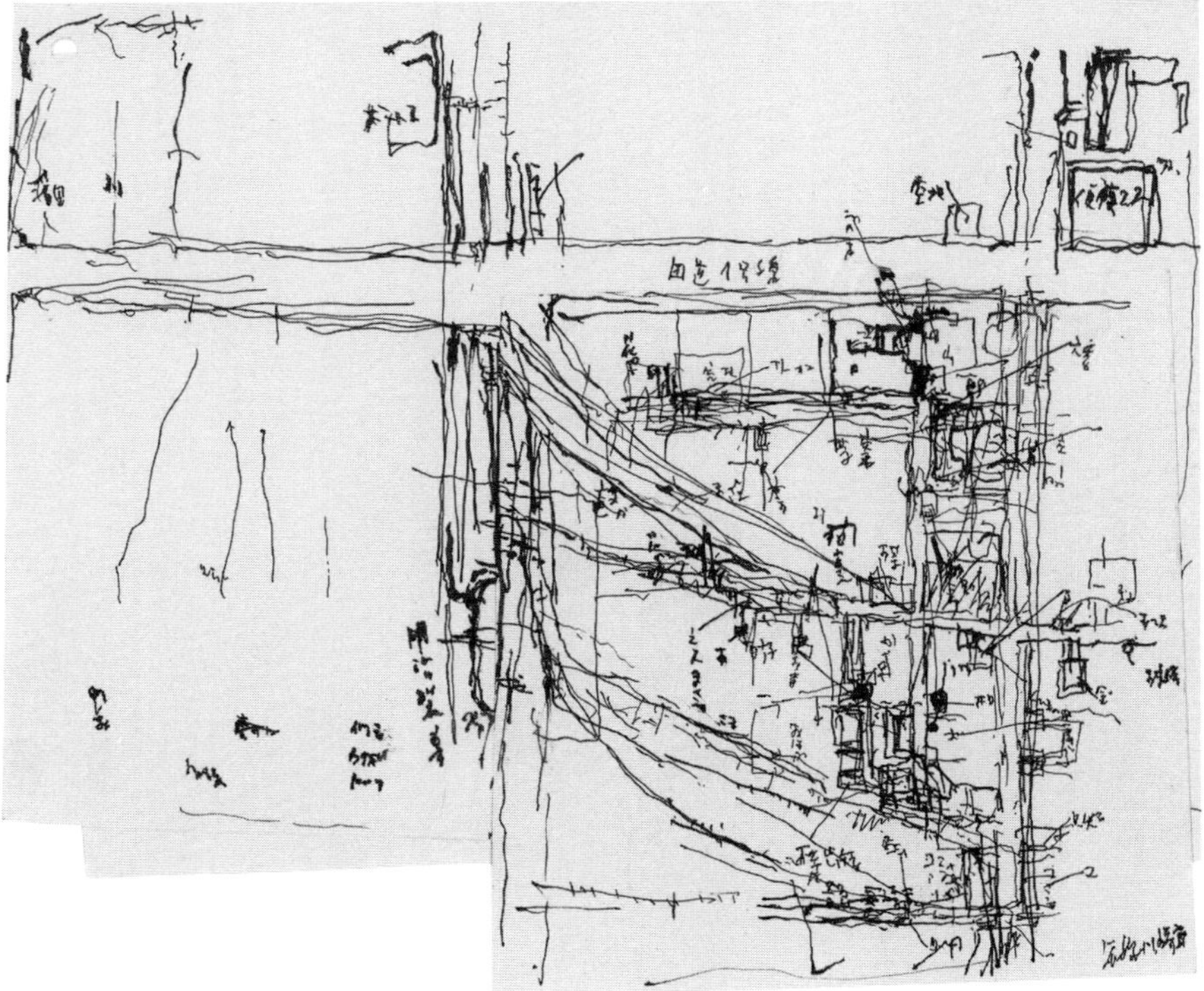

川崎のスケッチ

ら三〇年代にかけて日本鋼管（現・JFEスチール）や浅野セメント（現・太平洋セメント）、明治製菓（現・Meiji Seika ファルマ）など大企業の工場が川崎近辺に次々とできます。川崎は急速に都市化します。

原　その頃の川崎は都市化されて、本当は汚染され始めていたんだろうと思います。ただその兆しは、僕の中では戦争とごちゃごちゃになって見えていない。記憶を探れば、夜になれば必ず空襲で燃えること――アメリカが計画的に燃やしていきます――が印象に残っていて、その混乱の中で、自分が意外に元気よく生きているというか、そういう場所で飢餓であっても元気だったんだと思い出します。そして、混乱の中で疎開する。急激に舞台が変わり、背景が移っていく。舞台転換が早いので、その中での姿がなかなか見えないわけです。

飯田に行っても大火があった。食べ物がなくてカエルを捕って食べる。それくらい、食べるものは何もない。焼け出されて、疎開してきた者たちが飯田に集まる。そういう状況が続きましたが、やがて〈谷〉が見えてくるのは余裕が出てきてからです。

吉見　飯田の大火は一九四七年、戦後すぐで、中心市街地の約七割が焼失していますね。

〈自由〉の感覚が生まれたとき

原　戦中の混乱はよく説明できない部分がありますが、今、思い出すのは、子どもだからということももちろんあったのかもしれないけれども、みんな仲よかった。恨みがなかった。たとえば、クラスには、弁当を持ってこられる人と、弁当を持ってこられない人がいたけれども、先生は、弁当を持ってこられない子どもたちを表に出してしまう。校庭で遊んでおいで、というわけです。先生は悲しかったと思います。でも、子どもたちにはそれを恨みに思うというのはなかった。僕は焼き出され組だから当然じゃないかと思う。

長野県は自然に富んでいますが、そのことに気づくのも高校生になってからです。中学校時代は、長野師範の先生たちはいい先生ばかりで、これから勉強していこうというときでしたが、僕が民主主義をどういうふうに理解しているかというと、それは雑巾《ぞうきん》で床を拭くことです。今でも自分で床を拭いています。飯田東中学校で隣のクラスと、どっちが光っているかを競争しました。民主主義のことを考えると、アメリカが持ってきてくれたトマトジュースやパイナップル缶と一緒に、床磨きのことを思い出します。

吉見　民主主義が床磨きだったり、トマトジュースだったりする一方で、先生の世代は、いい意味でものすごく自由に見えます。それはどこから生まれてきたのでしょうか。先生が疎開されたのは一九四五年の四月で、ギリギリのタイミングでした。

原　そうです。

吉見　それまで川崎にいらっしゃった。しかし一九四四年の秋には日本は本土でも制空権を失っています。だからB29は四四年の十月、十一月頃には、日本本土の上空でも飛びたい放題。どこへでも空爆できる状態です。もう、敗戦は明白だった。全面降伏して戦争をやめておけばよかったのです。

原　みんな、言ってはいけないけれども分かっていました。

吉見　政府も軍部も、上層部は勝つ見込みがまったくないことは分かっている。しかし一年近く何も動きませんでした。その間に東京大空襲、沖縄戦、ヒロシマ・ナガサキがあって、そのために七、八十万人というとてつもない数の人々が空爆で死んでいった。もう敗戦しているのに戦争は終わらない。

戦争末期、川崎で小学校二、三年生くらいかと思いますが、先生は「めちゃくちゃ自由だった」と語られています。今の日本人の常識では、戦争が終わり、平和になって、そして自由が来たと考えがちですが、実はそうではない。日本が負け戦になり、統制がきかなくなり、その頃から「面白い生活になる」わけです。辻泰岳さんとケン・タダシ・オオシマさんのされた先生の聞き書きから引用させてもらいます(「日本美術オーラル・ヒストリー・アーカイヴ」)。

それから戦争が激しくなって。その頃から僕はすごく面白い生活になるんだけどね。めちゃくちゃ混乱しているでしょう。映画館がやっているわけですよ。軍需映画みたいな、何か国民高揚の映画っていうのがやっているんですよね。その映画館もね、子どもだけだと、もう人心っていうのが無いんですね、注意が。だから「お前らやめろ」なんていうのは無いんですよ。どんどん平気で入っていって。それからね、電車も自由なんですよ。電車が走っているっていうんでね、子どもが電車に行って、切符もちろん持ってないけど乗り放題。誰も何もそういうことを言わない。もう心ここにあらずだよね、全員ね。もういつ明日死ぬかもしれないっていうような。まあ話としてはもう、いずれアメリカが上陸してきて本土決戦になると。

(「原広司オーラル・ヒストリー」第一回、二〇一二年六月二十八日)

電車も映画も切符なし。みんなが「もう心ここにあらず」という状態。明日死ぬかもしれないと人々が思うなかで、それが自由として子どもに感受されている。

原　これは誇張ではなくて、本当だと思うんです。絶望しているはずだけど、意外に平気なんです。たとえばお風呂に入るときに公衆浴場に行く。お金を出さないで入ってきたと母親に言うと、めちゃくちゃに怒られるんだけれども、このときはもうお金なんて関係なくなってしまっていた。どうせ死んじゃうんだから、何も言わない。食べるもの以外のことでは、映画館も何もかも自由でした。

電車も乗り放題。子どもだから咎《とが》められなかったのか、横須賀や品川までお金を払わずに出かけていました。小学校三年生より上の学年は、みんな疎開してしまっていません。だから二年生になればガキ大将で、信じられないでしょうけれども近所の子どもを引きつれて横須賀に戦艦三笠を見に行くとか、しょっちゅうでした。

吉見　一九四四年秋までに、大日本帝国は実質的に崩壊しています。無意味な戦争を長引かせているだけの状態でした。しかし、誰にもそれを止められませんでした。

原　僕よりも数歳若くて、今でも付き合っているある知り合いは、自分の頭に弾丸の破片が入ったままです。最近になって、それが日本軍の機関銃による弾丸の破片だと分かりました。戦争末期のごく短期間のことかもしれません。しかし、米軍が攻めてきて米軍と戦うと思っていたら、実際は日本軍に殺されかけていたわけです。

なぜ、集落調査ができたのか。あとになって考えると、「あのとき、死んでいたと思えば」というのがどこかにある。戦争のときに死ななかったというのはすごいラッキーで、引き延ばしているのではないかと思う。

吉見　玉音放送で戦争が終わった。米軍に占領されたが日本は平和になった、そして自由になったという理解がありますが、この理解にはどこか錯誤がある気がします。原先生より二十歳くらい若いわれわれが、一九三〇年代半ばに生まれた世代に奔放な自由さを感じるとき、その自由は、戦争が終わって「平和国家」「民主国家」になってから与えられた自由ではないように思うのです。

明治以来、日本は大日本帝国という巨大な支配と抑圧の秩序をつくり上げましたが、その帝国日本が一九四四年から四五年にかけてがらがらと崩れていく。その急激な崩壊過程で、戦争に行かなければならなかった世代の多くが悲惨な仕方で死んでしまいました。しかし、それよりも一つ若い世代は、崩れてゆくその瞬間に突然出現した空白のような隙間、そこにすでに自由を見つけていたのではないでしょうか。

原　そういう指摘は正しいと思う。そのときには、国家はありませんでした。

吉見　そのちょっと前までは、国家があったということですか。

原　そう、あった。国家のために毎晩、提灯行列を作って、僕よりもちょっと年上の人々を送り出していました。そういうことをしている間は、国家はあった。

夜を恐ろしく思うのは、それまで空襲が来ていたからだけではありません。戦後の混乱の中で、誰かに襲われるのではないかと思っていた。食糧のない人々がそこら中にいました。食べるものがなくてカエルを食べている自分が襲われるはずはないんだけれども、それでもその頃は恐ろしさを感じていました。

これは、国家の二重性なのだと思います。あのときには、国家がないことの自由さと無警察状態の恐ろしさがあった。

吉見　先生のお話は、大江さんの初期の小説と重なるところがあります。彼の『芽むしり仔撃ち』(一九五六年)では、やはり戦争末期、感化院の子どもたちが四国の山奥の谷間の村に集団疎開します。発生した疫病への恐怖で村人たちはいなくなり、束の間の自由が生まれました。瞬間的に、大日本帝国が消えていくのです。消えたところでアナキーな空間が生まれます。これは、大江さんの小説のような形ではなかったにせよ、いろいろなところで戦争末期にあったはずだと思います。

マイナスの中心からの風景

原　高校生くらいになると、食べるものに困ることはなくなりました。それでも貧乏で、貧困はどうしようもない。ただこの時期、自然が見えてきたことが大きかった。

きっかけは国語の授業で、漢文で李白に出会ったんです。これまであまり話さずにきたことですが、李白に会って、これはとんでもない人だと思いました。その前の記憶ですが、飯田で百人一首をやりました。飯田では、私の家は、私のほか姉が二人で三人、母と双子であった叔母の家も同じような構成で、こちらは男ばっかりですが三人、計六人が集まって百人一首をやりました。百人一首は、意味は分からなくても僕の十八番《おはこ》だったんです。

吉見　原先生は、空間の人である以前に言葉の人だったということですね。それで李白。

原　伊那谷の「谷」は、大きな地形、地球のトポグラフィではなく、集落レベルで現れるマイクロ・トポグラフィ（微地形）*が重要な要素となります。飯田にいてそれが見えてきます。これを教えてくれたきっかけが、李白なんです。

朝《あした》に辞す　白帝彩雲の間
千里の江陵　一日にして還る

両岸の猿声　啼《な》いて尽きざるに
軽舟　已《すで》に過ぐ　万重の山

（李白「白帝城」）

実は、この詩について大学に入ってから僕は実験をしました。友だちと二人で天竜川で、体を縛ってつないで何十キロだったか泳いで下りました。

先ほどお話ししたように、飯田に移った頃、国家がなくなった。だから、子どもがいろいろなことを自由に決めました。泳げなくても川に飛び込ませられることもありました。急流で流されて、岸にたどり着きます。天竜橋の上から見ると恐ろしい渦ができているところがありました。僕はそれをいつか泳いでみようと思っていました。

その頃に、私は李白の詩に漢文の教科書で出会いました。そのほか杜牧「千里鶯啼いて　緑紅に映ず」というのもありましたが、どちらも暗記していました。李白は官吏になりたかったのになれませんでした。国家から排除されてしまう。役人に取り立ててもらえなかったので、あっちに行ったりこっちに行ったり旅を重ねるわけです。浮遊――有孔体*と同じように――していた。いろいろな漢詩を詠んでいくなかで、李白の漢詩は、柿本人麻呂と同じように、それでも自然というものがあることを教えてくれました。よく見てみろ、と。身のまわりを見てみれば、ものすごい自然があるじゃないか。そして雲。「白雲生ずる処　人家有り」（杜牧）。こういう漢詩に出会って、だんだん自然が見えてくるわけです。

短歌や俳句を自分で作ることはありませんし、大学に入って学ぶことのほとんどはヨーロッパのことでした。でも、高校の国語の授業では、すごい世界があることを示してくれたという実感が残っています。

吉見　原先生が設計された京都駅について、歴史家の西川祐子さんがこう書かれています。

子どものときから京都を出たり入ったりし、今はここに住んでいるわたしは、京都を南北に貫く地下鉄をのりつぎ、烏丸線で北から南へ移動し、京都駅で降りる。地上へ出るとそのまま、こんどは中央改札口前コンコースからエスカレーターに乗って二階へ、さらには屋上までつづく大階段を見上げる。ボリュームのある高層ビルを二つに押し割るようにして頭上はるか向こうに大空がひろがっている。大階段脇のエスカレーターにのりつぎ空へむかってゆっくりと上昇するたび、このビルを設計した建築家原広司が、京都駅の中に「広い道路と同じくらいの幅の谷間をつくろうと思いました」と語ったことを思い出す。すると大階段は谷間から流れ出し、やがては海にそそぐ河なのかもしれない。河を渡る風が、青空天井をいただく駅ビル大階段からも吹いてくる。建築家は駅を、河のほとりにたつ定期市のように、見知らぬ者同士が交流する劇的な空間として提示した。

（西川祐子『古都の占領』平凡社、二〇一七年、九―一〇頁）

西川さんは、建築家原広司が伊那谷の自然、天竜川を京都のど真ん中に持ってきたというわけです。私も、この指摘に同感です。先生は、京の都のど真ん中に伊那谷をつくろうとされた。かつての都に、谷間の自然を持ち込もうとされたように見えます。

原　それは大江さんの影響もあります。谷間族*というものがあるのではないか。李白もそうかもしれない。谷間育ちと言ったらよいでしょうか。

それから世界を歩いてみて、世界の谷を見ると、日本の谷は世界の谷とは違います。そういう意味では李白が見ている谷、黄河や揚子江などの中国の谷はそもそもスケールが異なっていて全然違うものです。それに対し、大江さんの谷はたいへん小さい。

しかし、谷の持つ地形があります。谷は向かい合う構造を持っています。向かい合うということは対称形であり、人と人とが対話する基本の構え、舞台です。これが一つの祖型です。しかも日本文化を考えると、その源流は谷ではないかという感じがします。縄文時代、人々は高台に住んでいて、農耕を始めて水があるところに降りてきた。

吉見　古代日本が朝鮮半島から渡ってきた人々によって創られていったとき、彼らは瀬戸内海や日本海から大阪湾や若狭湾に入り、川に沿い、谷間を縫いながら入植し、中流の盆地や下流の平地に文化や技術を伝えていった。そうやって、やがて奈良や京都に都をつくり上げていったように思います。ですから、そうしてつくり上げられた都に、千年以上の歳月を経て、再び伊那谷のような地方に残っていた谷間の風景を入れ直す。そのような作業を原先生はおやりになったのではないかと思います。

原　伊那谷を持ってきたわけではなく、日本の谷を、世界の谷を持ってきてあそこに置けば大丈夫ではないかと考えていました。京都は、歴史の門ではないかと。確かに（かつての）京都は都、国家の中心ですが、むしろ門なのではないかと考えていました。

吉見　なるほど、京都は都という以前に、門なのですね。歴史を通じ、都と谷や川、征服する者と征服される者との関係はダイナミックでした。そのダイナミックな歴史の中で、門は特別な意味を持っていたように思います。

というのも、古代朝鮮半島では、高句麗《こうくり》が拡張して、新羅《しらぎ》、百済《くだら》が圧迫を受けたことで、渡来人が半島のフロンティアだった日本列島⑤に多数渡ってきました。その渡来人たちによって「日本」がつくられるのです。彼らは最初は九州に向かい、次に瀬戸内海を進み、東に向かい文明を伝えます。彼らは船で動いていますから、水路伝いに湾から河口、川筋に沿って谷間を移動します。そのように動いていく人々にとって、大阪も奈良も京都も日本列島に入るときの入口、門だったと思います。ですから彼らは、そのような門となる前線の拠点に神社を建て、鳥居をつくっていった。

原　僕には確信に近いものがありました。谷というのは、

JR 京都駅ビル内観

全体が見渡せるという性質を備えています。山によってそれは限定されているけれども、両方の山に囲まれてあって全体が見渡せる、そして見渡しなさいという指令を持っているようにも感じます。

吉見　見渡すときに、山の頂から見下ろして全体を見渡す仕方と、谷間で全体を見上げるように見渡す仕方とがあります。この二つの見方はまったく違う。

原　下から見るんです。そして反対側を見る。朝は西を見る。朝日は西側、中央アルプスの山が明るくなる。夕方は東側が輝いてくる。そういう反転した世界が谷にはある。

吉見　それは、先生が昔おっしゃっていたフォークボールのように「下降する建築」、つまり谷に向けて空間が降りていく風景なのでしょうか。その下降の瞬間に、谷はいくつかの特徴を示す。風景が反転して、東のものが西に映り、西のものが東に映る。

原　あるシンボルをつくるときには、タワーのように上に伸びていくランドマークをつくって目印にするとか、そのつくり方はいろいろあります。しかしマイナスの中心が一番プロダクティブであるということです。

吉見　重要なポイントですね。最もプロダクティブな特異点は、塔、つまりピラミッドでも、五重塔でも、天守閣でも、東京タワーや京都タワーでもなく、世界を見渡すように出現する深い谷間だというわけですね。

他方、丹下さんの建築は、国立代々木競技場から新東京都庁舎に至るまで、多くが上空に向けて飛翔してきました。文明化や近代化を目指す建築や都市建設の基本的な方向は、上昇のベクトルだと思います。しかし、先生がやろうとされてきたのはまったく逆です。つまり先生は、丹下さん的な近代に対し、岡本さんのように縄文を対置させるのではなく、むしろ見晴らしのいい谷間を対置させてきたようにも思えます。

原　それが谷間族で、先ほどの話の自由と関係しているのではないかと思うんです。

吉見　ある種のネガティブな求心点、マイナスの中心に向かうことが、逆に最も創造的な実践になっていく。台地族《ヒルズ》とはまったく逆の方向性ですね。その志向性は、たとえば鶴見俊輔さんや鶴見良行さんがやられたことに(6)も重なる気がします。権力の中心から逃れていく。俊輔さんの場合は、自分が祖父、後藤新平のような国家の中心に近づくことがないように、徹底的に気をつけていた。見田先生がそう思い出されていました。さらにこれは、空間的にだけでなく、時間的にも言えることですね。

原　大江さんは、最初から最後まで死ぬことしか書かなかった。光くんが生まれてきて決断して、モダニズムを捨てます。それまでの文章は輝いていましたが、後半は結局、死ぬことと谷のことしか書きません。その決断は、谷を建築する思考と重なります。

吉見　後半の大江さんの文学は、谷と死に向かう。そして文学そのものが開かれていて、閉じた宇宙を構成してはいない。原先生ご自身が、明らかにこれは原先生と分かる形で、つまり一般的な小説のモデルとは違って、実在する存在として小説の中に登場します。

原　われわれの世代はいろいろなことをやろうと思った、そしてやってきましたが、日本が今陥っている状態を考えると、どこかでサボったのかなあと反省します。現在は、力を失っていく状態しか見えない真夜中のような状態です。たとえば、この話が適当かどうかは分かりませんが、吉見さんには多数決について聞いてみたい。たとえば選挙ですが、多数決についてはどう思われますか。

吉見　今はひどい状態になっています。選挙で勝てばいいというポピュリズムは、民主主義とは正反対のものです。むしろ、それはファシズムに近い。

原　世界中で民主主義に基づいて選挙をやるけれども、目の当たりにするのはポピュリズムか独裁、右傾化の現象です。

吉見　すべてポピュリズムですね。独裁も右傾化もネット社会もインフルエンサー万歳も。アメリカでも日本でも、断片的な情報を増殖させることで大衆的歓呼を勝ち取っています。

原　多数決にはものすごく疑問を持っています。これに対して答えられなかったのがまずかったと思う。なぜこれを問わないのか。

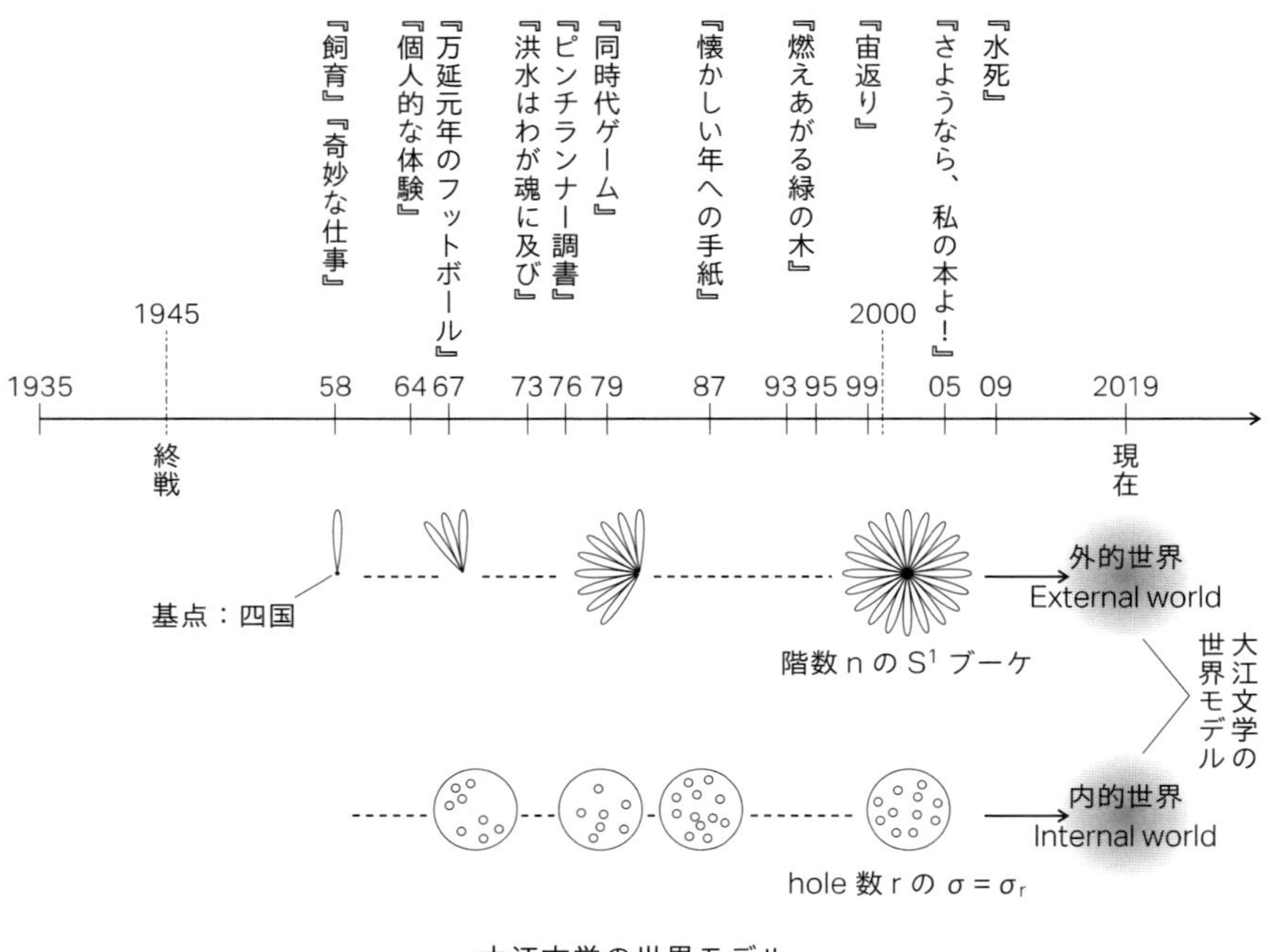

大江文学の世界モデル

建築家とは誰のことか

吉見　そうした中で谷間とは何なのでしょうか。谷間とは、マイナスの中心に向かうからこそ創造的な空間ですね。それは死の時間であり、喪われていく空間であるが故に、生成する時空間です。しかし、それはなぜなのか。先生はそれを建築的に、あるいは数学的に語ろうとされます。

　私はむしろ、これを歴史の問題として考えます。近代の歴史はある種、帝国主義的な支配、そして暴力と切り離すことができません。私は、大江さんの書かれる谷間も、世界各地の谷間も、帝国主義的な世界が全域化していくことで植民地化されていった空間に潜むマイナスの中心への再生的な運動と関係があると考えています。

原　あると思いますね。

吉見　文明化の数千年、近代化の数百年の歴史を通じて植民地化された空間で、その植民地化された世界に走る数本の亀裂の底から、谷間族は何を語ることができるのか。それを今、先生は語られたような気がします。

原　こっちと向こうが向き合っているという谷間の地形は非常に重要です。人間存在のあり方や対話を暗示している。それを、李白は雲と一緒に捉えました。自由に動く雲が浮遊する様が、有孔体、そして向かい合うということ、それらがそれぞれ繋がっていることは説明が必要かもしれません。

しかし、実は谷間に屋根をかけると、そのまま建築ができあがります。そこで発生するのが雲です。雲が自由に動くように、人が動いているのが李白の世界です。谷間に川が流れているということ、そして同時に雲のように自由に動く動き方があるということ、浮遊に対して、トレースという概念があります。建築は雲をトレースします。

吉見　その際、建築家とは誰なのかについてお聞きしたいと思います。大江さんは小説の中で、柳田國男のことをギー兄さんに語らせています。柳田のエッセイ「美しき村」[7]を引用して、四国の山奥にギー兄さんがつくろうとしている風景を語らせるのです。

そのエッセイで柳田は告白しているのですが、彼は武蔵野に「美しき村」をつくろうと思い、自分の資金で多数の小柿の木を買って近隣に植えてもらいました。しかし、天候についての知識が十分ではなくうまくいかなかった。でも、それでよかったと柳田は書いています。彼が試みたのはある種のランドスケープアーキテクチャーです。彼が美しいと思う価値で町の風景を変えようとした。それは、うまくいかない。柳田は、そのほうがよかったと思う。風景は、無名の村の人々、つまり「常民」が長い時間をかけて、彼らの生活の中で作り出していくもので、作者は誰であるかは忘れられてしまったほうがいいと柳田は書きます。

小説の中でも二通りの書き方を大江さんはしています。『懐かしい年への手紙』で、一方ではギー兄さんが「日本各地の地方に共通に見出される集落のかたちという柳田国男の理論にしたがって、しかもそれに表層では矛盾する、決して山のむこう側では見られぬ集落」の風景を谷間に再現し、そこに美しき村をつくろうとしたといいます。

他方で、谷間の風景は人々が歩き続けることで、また語り継がれていくことで自然にできあがっていきます。後者では作者はいません。ギー兄さんはある種の作家性を持った人物なわけですが、柳田の考え、あるいは大江さんの考えからすると、その作家性はもういらないんだとも読めます。無名の人々の営みから風景がつくられていけばいい。ギー兄さんは、初代も二代目も、必然的に喪われていくわけです。

ところが、この話は複雑で、さらにそこに大江さんと原先生の関係が絡んできます。原先生は、大瀬中学校（愛媛県内子町）を設計されていますが、大江さんは先生がつくられたその美しい建築を小説の中に取り込んでストーリーを展開させます。それが、大江文学の中で語られる、谷間の風景のもっとも重要なポイントをなす教会です。もう、小説が完全に「開かれたテクスト」になってしまっているのですね。テクストの内側と外側が相互作用し始めている。

それで今、お聞きしたいのは、谷間の風景は、誰によってつくられるのかという問いです。京都駅という谷間は、原先生によってデザインされた。四国の山奥の谷間の風景は大江健三郎によって語られることで出現したとも言える。また、その大江さんの語りの中に出てくる教会は、原先生によってつくられた中学校でもある。しかし原先生の大瀬中学校の設計は大江さんの物語世界の中で生じている。そして、実はこの重層的なプロセスに関与しているのは、柳田やギー兄さん、大江さんや原先生だけでは決してない。

話しているうちに私もこんがらがってきましたが、先生はこの無名性と有名性の折り重なりをどう考えられますか。

原 それは集落論の重要な問題です。風景は自然の風景があって、これは人間がつくったものではない。それに対して、僕は建築家です。

吉見 柳田は、風景は人間がつくったものだと言います。自然がまずあるという議論に対する批判として、風景と私たちが呼ぶものは長いあいだの時間をかけて、無数の常民たちが作り出してきたものだというわけです。

原 建築家という職業の捉え方が違うような気がします。丹下さんと僕の最大の違いにも重なりますが、建築家像が違っています。建築家は一人でやれることなんて一つもありません。たとえば梅田スカイビルは総勢八千人が関わっています、その全員の名前を書いて『施工』という雑誌で特集をしましたが、僕はそのうちの一人にすぎません。

建築家は、発見するのが商売だと僕は捉えています。発見して、ああ、こういうふうにやればいいんだと考えたことを実現しようとすれば、それだけで八千人ぐらいの人と関わることになります。

自然発生的に捉えれば、柳田國男が言うことが正しい。自然条件が風景を決定すると

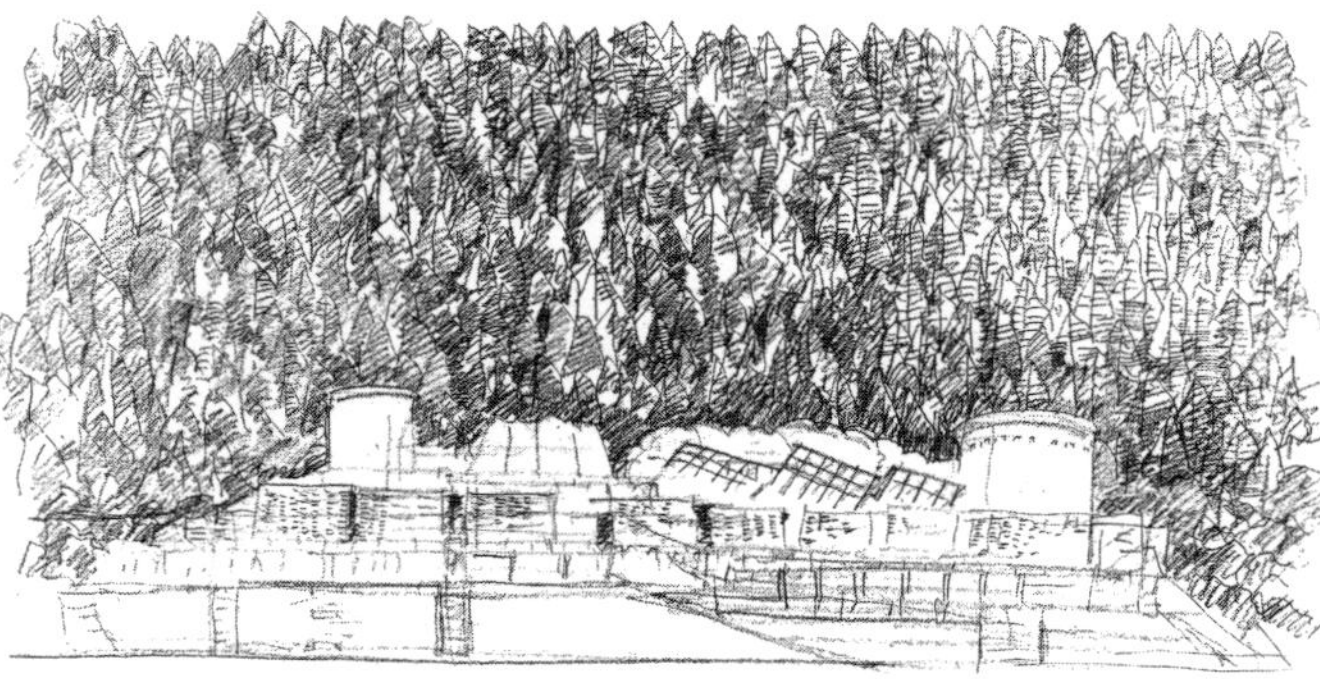

内子町立大瀬中学校の初期スケッチ

いう話がありますが、集落はまったく違う。西アフリカに行けば、同じ材料と同じ気候条件、地形や生活に対する同じ必要性があるところでも、同じ結論にならない。それはなぜなのか。同じ場所にあっても、それぞれの集落が違うというのはどういうことなのか。これが、集落調査をやってみて、やった甲斐があったなと考えていることです。

吉見　同じ自然、同じ地形や気候の中で集落の形は違ってくるのですね。

原　現象は局所的に起こるのです。その局所において、意図というか、物語の違いが見えてきます。こういう色、こういう風景にしようじゃないかとする、そのフィクショナリティ*の違いが多様な世界をつくっています。

吉見　その場合、フィクショナリティはその集落に住まう人々の想像力です。これに対し、建築家は局所から広がりある風景への回路を、住民とは違う仕方で発見する。どう発見するか、その発見的な役割が先生の考える建築家ということでしょうか。丹下さんはマイスターとして全体を設計された。しかし、マイクロな地平を内側に入りながら発見する者としての建築家がいるということですね。

原　僕らアトリエ・ファイ*は小集団です。設計という仕事で考えてみると、建築家が大きな施工会社と組んで仕事をするなどということは長らく考えられませんでした。指揮者に喩えると、自分は小さな室内楽団を持っている、経営している。しかし要請があればどこへでも行く。こういう方向にもっていったらいい物語になるのではないかと発見し、提案できる。それが建築家の役割だと思います。

自分の意思が貫徹していることが重要なことです。自分のデザインを貫徹するためにがんばります。もちろん大きなプロジェクトになれば、これは一人でやりきれるものではありません。ただそのときに何かに気づく、それはどんな発見なのか。谷がいいのではないか、京都に谷をつくるのがいいと考える。これが建築という発想です。この発見が重要で、それに沿って物語をつくり上げていく、そういうフィクショナリティです。

しかし、世の中の人々は、建築はそういうものだと考えません。一般の人はもちろんですが、近代建築もそういうふうには考えてきませんでした。むしろ、近代建築は集落を否定することから出発しています。ですから、民族とは言ってはいけない、人間、そして人類だと言います。抽象芸術、そして近代絵画のある部分もそうですが、個人でも民族でもなく、人類という大きな観点から見なくてはいけないと言う。

一九三〇年代当時、ユダヤ人排斥問題がありましたから、ユダヤ人を皆殺しにせよという考えに対抗するには、人類と言わなければなりませんでした。これはある意味で正しかったと思います。グロピウスも、ミース・ファン・デル・ローエも、みんな最後はアメリカに亡命し、「すべての人のために」という普遍的な人間像を考えた建築が機能主義と言われました。

閉ざされた谷間に住んでいた人々

吉見　今日のお話の最後に一つだけ先生にお尋ねします。谷と有孔体の関係です。先生がお書きになられている言葉で言うと、はじめに閉じた空間がある、そこに孔が穿たれる。ここに建築が始まる。この関係を先生はとてもクリアにお話しされています。

はじめに、閉じた空間があった——と私は発想する。この閉じた空間に孔をうがつこと、それが即ち生であり、即ち建築することである。閉じた空間は、死の空間であって、世界とのいかなる交換もなく、なにものをも媒介しない。境界は、絶対的に強く、私は偶然にもほんの瞬時、境界を破ることが許された。私は、生きた記念に建築し、無数の人々の建築を見る。建築は、ことごとく孔をうがたれた空間であって、建築の内部と外部には、光や風がゆき来して、人が訪れ、子供たちが出てゆき、五月の香りが流れこんで、母親の乳がわき出た。人々は、境界を飾り、細工をほどこし、巧妙な仕掛けにまで育てあげた。

（前掲『空間〈機能から様相へ〉』一三三頁）

とても明快な文章です。この美しい語りを、大江さんの谷間の生成をめぐる語りと重ねてみたいと思います。大江さんの物語では、最初に「壊す人」が出てきます。

伊藤邸（藤塚光政・photo）

祖母の話すかぎりでは、大岩塊は一回の爆破によって破壊されたのでしたし、……狭い谷間に鳴りとよもした爆破のこだまにつづいて、中空に吹きあげた岩の砕片の落下と土煙がおさまった時、激しく雨が降りそそいできた、と昔話はいいます。……五十日たって雨があがると、晴れわたった空のもと、洗いだされた緑の森に囲まれている谷間の、かつて沼地であった一帯が、新しく人の住みうる土地となっていたのでした。（『M／Tと森のフシギの物語』岩波文庫、二〇一四年、七〇―七一頁）

壊す人は川をさかのぼり、目の前に立ちはだかった巨大な岩にたった一回の爆破で孔を穿ち、人間の空間を創造したわけです。これは、ある閉域に孔があけられる瞬間ですね。大江さんの小説の中ではこの爆破＝有孔体の創造が繰り返されます。だんだん文明が発達し、人々が駄目になっていくと、壊す人のあとには「オシコメ」が現れ、彼女はもう一回谷間を閉ざします。そうして水が溜まり、それを破壊して流れをつくることによって、まわりを疫病によって殺す。その後、ギー兄さんもまた、閉域の構築とその破壊という似たことを繰り返します。

しかし、私は『同時代ゲーム』を読んでいてはっとしました。壊す人が最初の巨大な岩を破壊し孔をあける。そのとき、もしも向こうの盆地にすでに先住民が住んでいたとしたら、そこでは何が起こったのかと、当時はメキシコにいた大江さんは問うている。

原　先住民の問題ですね。

吉見　そうです。壊す人は創造者です。孔をあけることで空間をつくり出す。だけれども、それ以前から向こう側にはインディオ、先住民が住んでいたかもしれません。そうすると、谷間創建の物語はコロニアリズム、先住民の征服と植民地支配の物語になります。大江さんは『同時代ゲーム』の中でこの可能性を示唆しています。これは重要な示唆だと思います。

原　これまであまり考えたことはなかったけれども重要なことですね。

吉見　朝鮮半島などから日本列島の島々に渡ってきた渡来人もそうかもしれませんが、もっとずっと暴力的にヨーロッパからアメリカ大陸に渡った征服者は、天然痘の病原菌を持ち込んで莫大な数の先住民を殺し、先住民文明を殲滅し、その瓦礫を使ってキリスト教会を建てました。孔をあけそこに空間が出現する。このとき歴史をさかのぼれば、そこにはすでに社会があり、人々がずっと昔から住んでいたかもしれない。これはどう考えたらいいでしょうか。

原　谷の話と有孔体の関係をまずははっきりさせたいと思います。谷があって、空である屋根をかけます。そうすると、屋根をかけたことによってここに孔があきます。ふつうの建物に孔をあけることと、空という屋根をかけることは次元が違っています。

新しい幾何学で説明をしようと思いますが、こういうふうな建築になっていると、ここに孔をあける。これは「ハンドル」*と数学者たちは区別しました。つまり取っ手がついているということです。京都駅をつくるときにはこっちを作ることにした。ハンドルを作ったのです。

吉見　谷間と有孔体の関係ですね。谷間は、その上に屋根をかけると有孔体になる。屋根の下が、トンネルのように長い環になるわけです。

それから、今話された「ハンドル」ですが、私のような建築の門外漢は、ついクルマのハンドルを連想してしまいますが、全然違って、ドアによく付いている取っ手ですね。それも、レバーのようなやつではなく、ちゃんと上側と下側がドアに付いていて、そのあいだがトンネルのようになっているやつ。これは、建築関連の読者にはばかばかしい説明ですが、私のような文系人間のための補足でした。

原　僕は平面に孔があいているふつうの窓ではなく、本格的な孔をあけなければいけないと思った。全体に及ぶ、二つの孔があいていればというところまでは分かっていました。

吉見　流れが谷間を突き抜けていく。

原　そうです。これは外なんです。だから僕の建築というのは、こういう孔ですから、外から入るのに外に出てしまう。僕の建築はまたここにも孔があいている。そうするとこういうふうに動いていたり、複雑になっていく。だけれども孔は本格的な孔です。

吉見　盆地には川が流れている。川は盆地を突き抜けてきます。谷間も突き抜けていく。

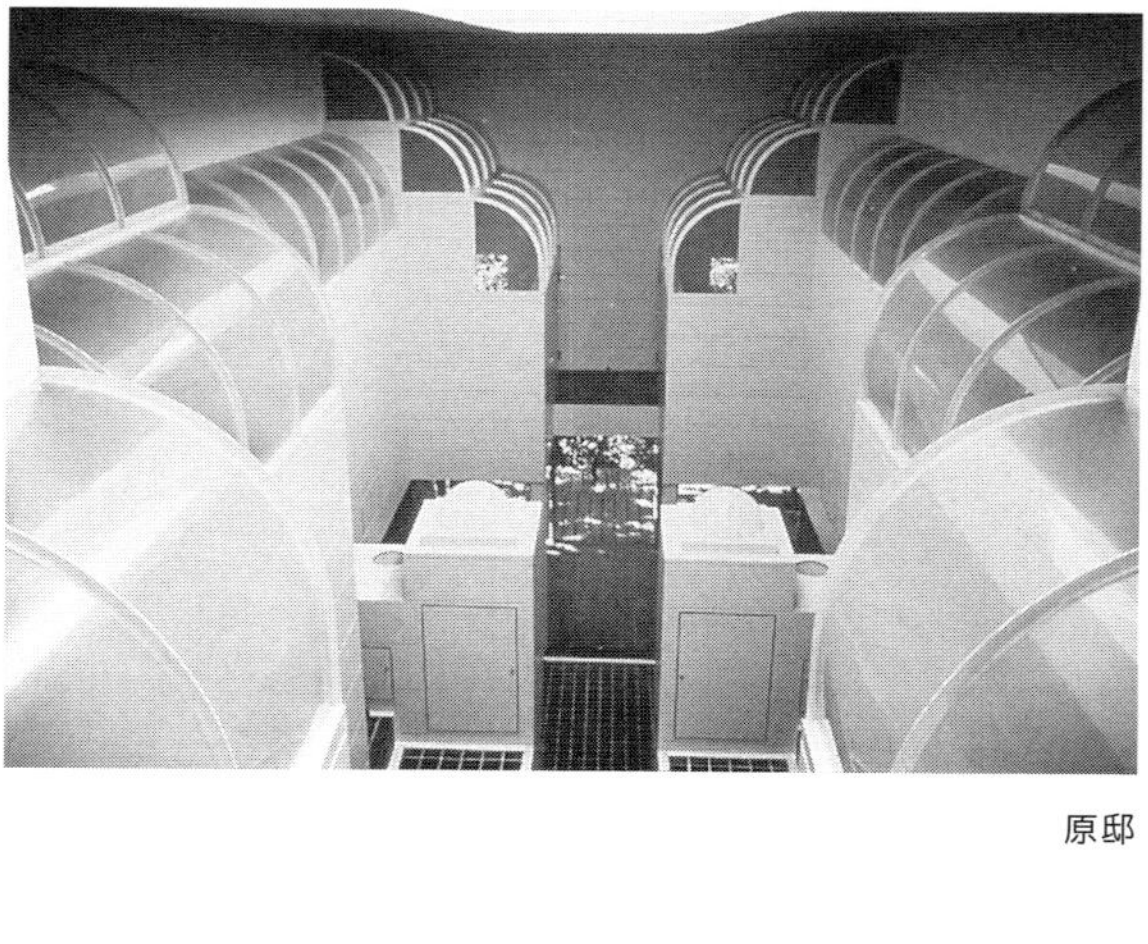

原邸

川の流れに沿って動けば、こちらの孔から入って向こうの孔に出ます。その上に屋根がかかれば、それは一つの建築的な空間になって風も水も流れていく。

原　実際には無数にいろいろなことをします。そのときには、出るだけの孔や窓をいっぱいつくるわけです。こういうものは、組み合わせ幾何学で処理したらどうかという、これはポアンカレの予言*でしょう。実際には、これが空です。空の代わりにたとえば屋根をかけると、長さは百何十メートルにも及びます。わが家でも、京都駅もそう、こういう谷ができます。そういう意味で、谷が孔のあけ方を暗示しています。

吉見　谷は、有孔体の一種なのですね。その有孔体の「有孔」は、征服民が谷あいの集落に道を通していくような孔のあけ方ではなく、旅人が集落の入口を塞ぐ石をそっと取り除き、小道の風通しをよくしていくような行為なのですね。

第2章

旅する建築——逃亡者の集落へ

なぜ、集落調査に向かったのか

吉見　二回目の対談のテーマは、「集落調査」です。原先生は一九七〇年代、次々に世界各地の集落を旅されました。まず、そのきっかけを教えていただけますか。

原　一九六八年、(フランスの五月革命をはじめ)世界中で革命が起こります。アメリカまでその波は伝わり、そこらじゅうで若者たちが年長の者たちを批判しました。東大のキャンパスも占拠されましたが、そのときに僕は、大学内につくられたバリケードの中に連れられていって、彼らと議論しました。

吉見　そのとき、先生は東洋大の助教授でしたか、もう東大に移られていましたか?

原　東大の生産技術研究所に移ろうとしている瞬間でした。そのことをみんな分かっているから、僕から話を聞きたがりました。会合といってもつるし上げられることになるのですが、僕は『建築に何が可能か』(学芸書林、一九六七年)という本を書いていたので、それをめぐって論議がありました。単純な図式にすれば、今こそ人間として職業や専門を捨てて闘わなくてはいけないという論者たちに対し、建築が先にあって、それで生きようとしているのだから建築家としてまず対応しなくてはいけないと僕は言う、そういう対立になりました。当時、「人間として」ということが流行《はや》りで、その切り口で僕が追い詰められていく形になるのです。

吉見　そこで持ち出されていた「普遍性としての人間」対「専門人」の対立ですが、学生たちにとって、そもそも人間とは何で、専門人とは何だったのでしょうか。「専門人」がタコツボ的なアカデミズムと権威主義というステレオタイプで捉えられていただろうことは容易に想像がつきますが、彼らにとって「人間」とは何だったのか？

同じ頃にミシェル・フーコーたちが暴いたように、西洋近代が前提とする「人間」が、実はある権力のフォーメーション、規律訓練のシステム、それに帝国主義や植民地主義と不可分に構築されてきた主体で、その主体性が二十世紀を通じてズタズタに解体されてきたという感覚は、彼らにどのくらいあったのでしょうか。なんだかこの場合、「人間」という言葉は、「建築家」だとか、「教授」だとか、「東大」だとか、いろいろな権威主義の記号を批判するための「お守り言葉」として使われていた気がします。

原　大学の内側では、ブント（共産主義者同盟）と革マルの内ゲバなどが話題になっていましたが、現実の世の中を見まわすと、この時期、公害や環境破壊が日本各地で露わになっていました。川崎で過ごした子ども時代と同じように、僕はいろいろな場所に行きましたが、やはりひどかった。公害と地域の問題が結びついているとすれば、これはかなり重要なのではないか。それで、集落というテーマをもう一回見直してみたほうがいいのではないかと思うようになりました。

ヨーロッパの近代建築は、地域性や民族の歴史的背景を持った人間ではなく、個人や民族の次元を超えた「普遍的人間」を考えます。民族を普遍的人間が包含する。

吉見　近代の普遍性の留め金として「普遍的人間」が要請されていた。この関係が、建築の世界でははっきり見えていた。普遍的人間のための「普遍的空間」の創造です。その大きな歴史の出発点が、一九二五年頃にあると先生はおっしゃるのですね。

原　これはバウハウスが成立した頃にさかのぼります。バウハウスは一九二五年ぐらいが頂点です。しかし、だんだんナチが台頭してくる。その台頭の中でバウハウスは潰されていきます。しかし、一九二五年頃は、カンディンスキーもそこにいたし、グロピウスも、ミース・ファン・デル・ローエも、みんながそこにいました。ところが、やがてナチが台頭してきたので、これはいかん、非常にまずいと彼らは考える。

そうした状況では、「民族を超えて」という普遍的なところを出さないかぎり、ナチズムに対抗できません。結局、彼らは政治的に負けて国を出されるけれども、思想的には普遍主義でナチスに対抗する。つまり、「普遍的人間」という標準形があることを主張し、人間は民族性や歴史性にはよらないのだという仕方で防衛線をはったのです。

ナチが六百万人ものユダヤ人を殺したことには、もともとの民族的な差別意識が関係しています。グロピウスもル＝コルビュジェもミースも少しずつ違うけれども、その民族的な差別意識を否定して普遍的な人間性を掲げた。しかしそれは、「集落の否定」でもあったのです。

吉見　十九世紀、欧米列強はアフリカなどの植民地でも北米大陸でも先住民から搾取、ないしは彼らを殲滅し、その集落を潰してきたのですが、やがてその差別意識は極端な仕方でヨーロッパ内部に転回し、ナチスの超機能主義と結びついていきます。

つまり、近代西欧の根底にある人種差別とナチスの超人種差別が二重になっていて、機能主義も近代そのものの機能主義とナチスの超機能主義が二重になっている。ナチスの超機能主義は極端で、人間そのものも否定できてしまう。ファシズムでは、ユダヤ人への民族的な差別主義と徹底した超機能主義が結びついています。

これに対し、グロピウスたちは「普遍的人間」を共通の価値として掲げ、ヨーロッパで吹き荒れる偏狭な民族主義的暴力に対抗しました。たしかに一九三〇年代、そうでもしなければ近代の最も基本的な価値が守れないところまで、彼らは追い詰められていたわけですね。

原　一番ひどかったのは一九三四年だと思います。この年、ヒトラーが全権を掌握し、国民投票で「総統」となります。勝ち方が圧倒的で、以後はヒトラーはその意思が最高法規となる存在とされた。

吉見　一九三四年は、ジョージ・オーウェルが予言した一九八四年のちょうど半世紀前とも言えますね。徹底した人種差別的超機能主義は、徹底した監視社会でもある。そのことを、オーウェルは三十年以上前の一九四九年に予言したのですが、現実は予言よりさらに十五年先行していたと言えなくもない。

原　僕は、近代を信用していませんから、ヨーロッパの過去は基本的には否定すべき対象です。イギリス経験論の考え方を出すまでもなく、「普遍的人間」なんていない。ジョン・ロックは、地球上で誰も一つとして同意することはないと言います。僕は、そういう認識が正しいと思う。だから、たとえナチズムに対抗するためでも、人間を抽象化していった先で、「普遍的人間」という存在をスローガンとして掲げることは、どこかインチキだと思います。これが近代のカラクリであるならば、そのカラクリをきちんと見たほうがいいのではないか。

ここで冴えていたのはル゠コルビュジェです。われわれが考えさせられるのはル゠コルビュジェだけで、グロピウスやミースも少しはあるかもしれない。ル゠コルビュジェが考えていた空間が、いわゆる「ユニバーサルスペース」*と少し違っていたのは、「民族の」という考え方を残していたのです。近代建築は、集落を否定したがるけれども、簡単には集落を否定できない。

吉見　つまり話は二重であって、一九三〇年代の極限状況下、ファシズムやナチズムによる近代的価値の暴力的な否定、そしてユダヤ人迫害があった。そのような暴力と闘うために、西欧近代の知識人たちは「普遍」の価値を召喚しなければならなかった。しかし、本当はその普遍性は怪しい。戦後になると、その怪しい「普遍的人間」や「普遍的空間」が大手を振って世界に拡大していった。その拡大は、戦後の経済成長や物質的な「豊かさ」とも結びついていたから魅力的だった。しかし、足元を見ると、いろいろなひずみがその中で露呈してくる。

原　公害の問題も出てくるし、一挙に近代の問題が露呈していた。それで、よし、ちょっと見てみようと、「均質空間」*の外に向かいました。それで行ったところが北アフリカのガルダイヤで、僕らは集落に出会う。これはもう『集落の教え100』(彰国社、一九九八年)に書いたのだけれども、集落は、自然発生的につくられていると説明されてきたけど、実はたまたまそうなったとしか思えないような細部に至るまで、むしろ高度に計画されている。この計画性を明らかにするには、たぶん十年かけてやらないと分からない。よし、十年これをやろうと思いました。

吉見　そこが、七〇年代の面白いところですね。一九三〇年代、近代的普遍性とファシズムの暴力がぶつかり合っていた。戦後は、ファシズムと闘った近代的普遍性が支配していく。五〇年代、六〇年代にそれが世界に広がったのですが、その限界が見えてくるのが一九六〇年代末から七〇年代にかけてでした。その時代に、原先生は集落に行かれました。大江さんはメキシコに、見田先生もメキシコやインドを旅し始めます。七〇年代に、近代からその外に向かう志向性が非常に強かったのは、一九三〇年代半ば生まれの原先生や見田先生、大江さんの世代でした。もちろん、吉阪隆正さん(建築家)や宮本常一さん(民俗学者)みたいな先駆者もいるわけですが。

国境を越える方法

原　近代がもう駄目だろうということは見当がついていました。ではどうするか、近代に対してどういう態度をとったらいいのか。これを日本から離れて調べてみなくてはいけない。世界をまわってみないとまずいのではないかと思っていました。

　しかし、いざ外に行こうとすると、制度的なことが問題になります。実際に、一番重要だったのは「カルネ」という方法です。カルネとは、国境を自動車で越える許可証のことです。そのシステムが七〇年代から運用され始めていた。それで、僕らの調査が可能になったのです。当時、日本が自動車産業で食べていく道がたまたま開けてきた頃ですが、実際に僕らが借りたのはトヨタとスバルで、車を貸してもらうことで集落への旅が現実になりました。

吉見　その「カルネ」の仕組みがなければ、サハラには行けなかったのですね。

原　行けない。他のところにも行けません。中国は最後まで私たちの調査を許可しませんでした。それはなぜかというと、中国はAというところとBというところのあいだを自由に動いてはいけない。あいだを動かずに、それぞれを別々に調査するならばいいよと言う。点では調査ができても、線の移動ができない。これはどういう理由からか、結局、分からないままでした。書類も三回だったか出したのです。北京大学と一緒に申請しても、許可は下りませんでした。仕方がないので、最後には偽の調査団をでっち上げて調査しました。この集落調査の結果はすごくいい資料です。それをやった黄衛民君は、天安門事件（一九八九年）で父親を軍に殺されて自殺したのです。その人が僕の代わりに調査してくれたので、あの本に残っているのです。

吉見　一九七〇年代当時、中国は文化大革命が完全には収まりきっていない頃で、ベトナムとかカンボジアなど、インドシナ半島はまだ戦争中ですね。そうしたなかで、原先生はその中国にも集落調査に出かけようとしていた。中国や東南アジアの奥地まで安全に行けるようになるのは、少なくとも一九八〇年代以降なのではないでしょうか。

原　アジアは後でやろうと思っていたのです。布野修司とか、あるいは僕が教えた連中がアジアの調査をやりました。僕も、のちにアジアに出かけていって多少分かりました。いずれにしても、中東や北アフリカは、七〇年代に集落調査ができる条件が整っていた。自動車が借りられるようになり、カルネの仕組みができた。陸路で国境を越えるために、カルネはとても重要です。ただ、そこを通過するには、一番高く売れる金額を前金で払わなくてはいけない。

吉見　えっ、前金で払う？　高く売れるというのは、何が高く売れるのでしょうか？

原　調査のため日本から自動車を持っていきますが、カルネという許可証を買うには、その地域で一番高く査定されたその車の金額の現金をまず積まないといけない。たとえば、ランドクルーザーが五百万円で売れるならそれ以上の前金です。なぜかというと、

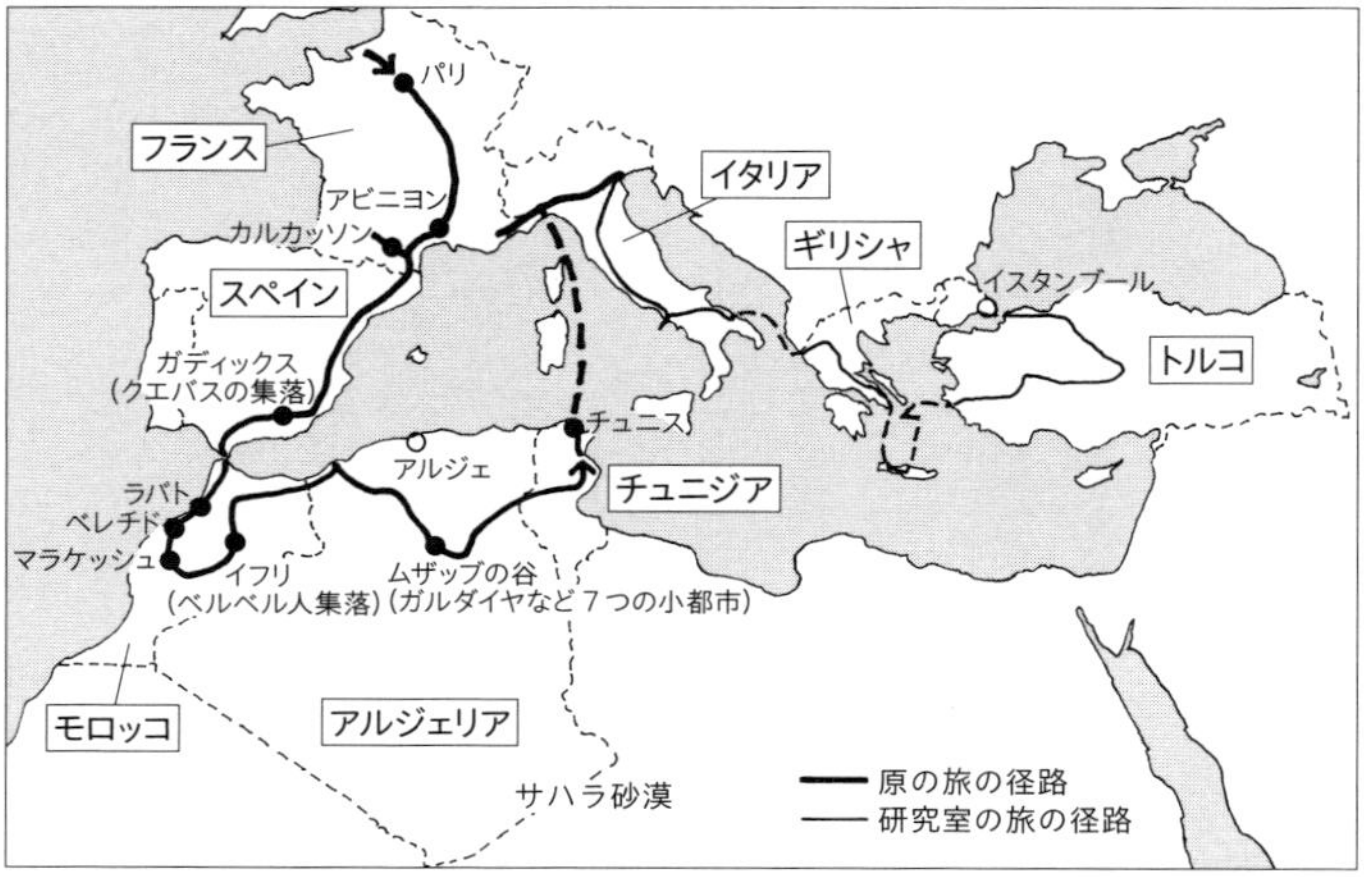

第1回集落調査
(1972年)
地中海周辺

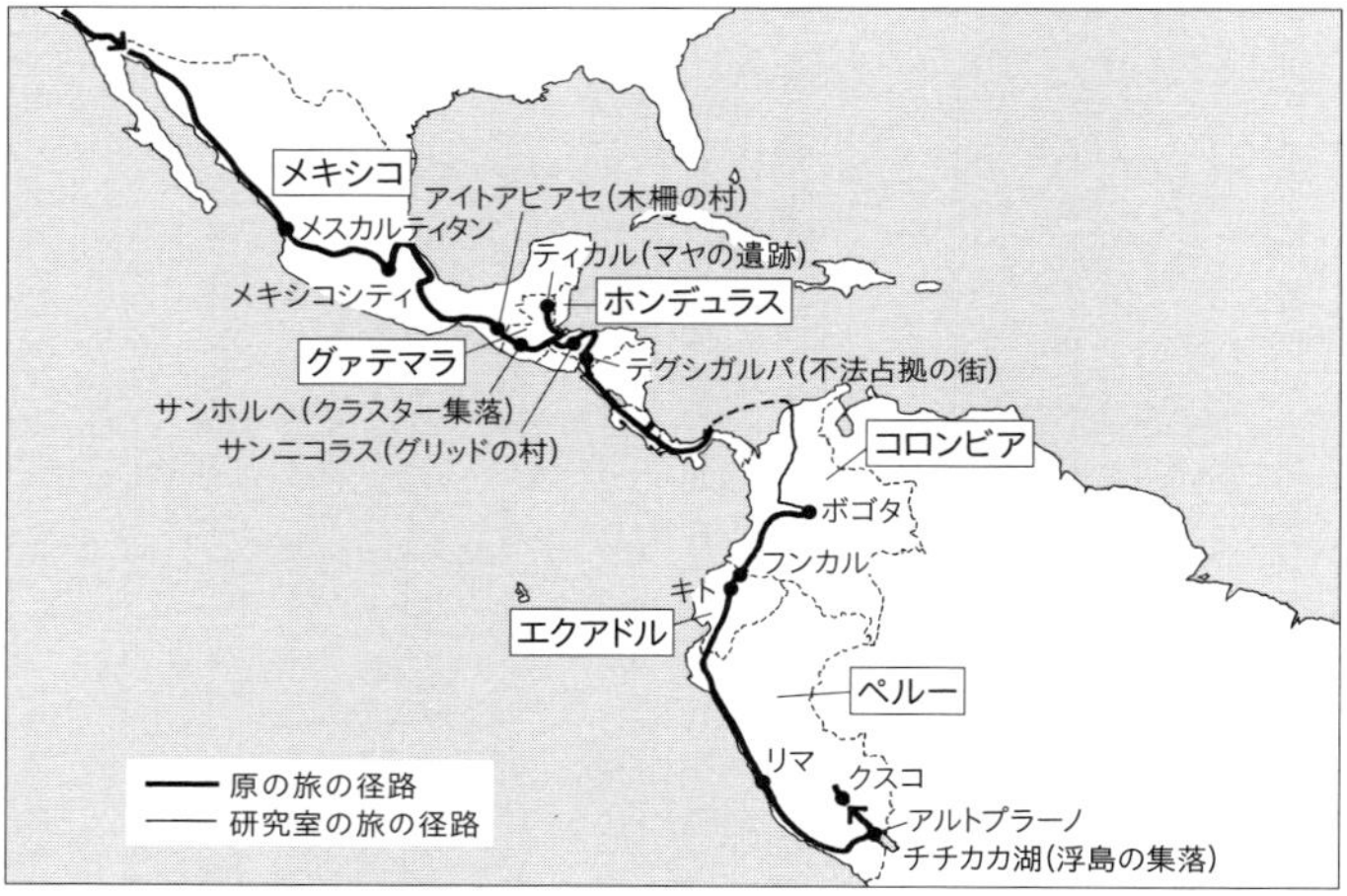

第2回集落調査
(1974年)
中南米

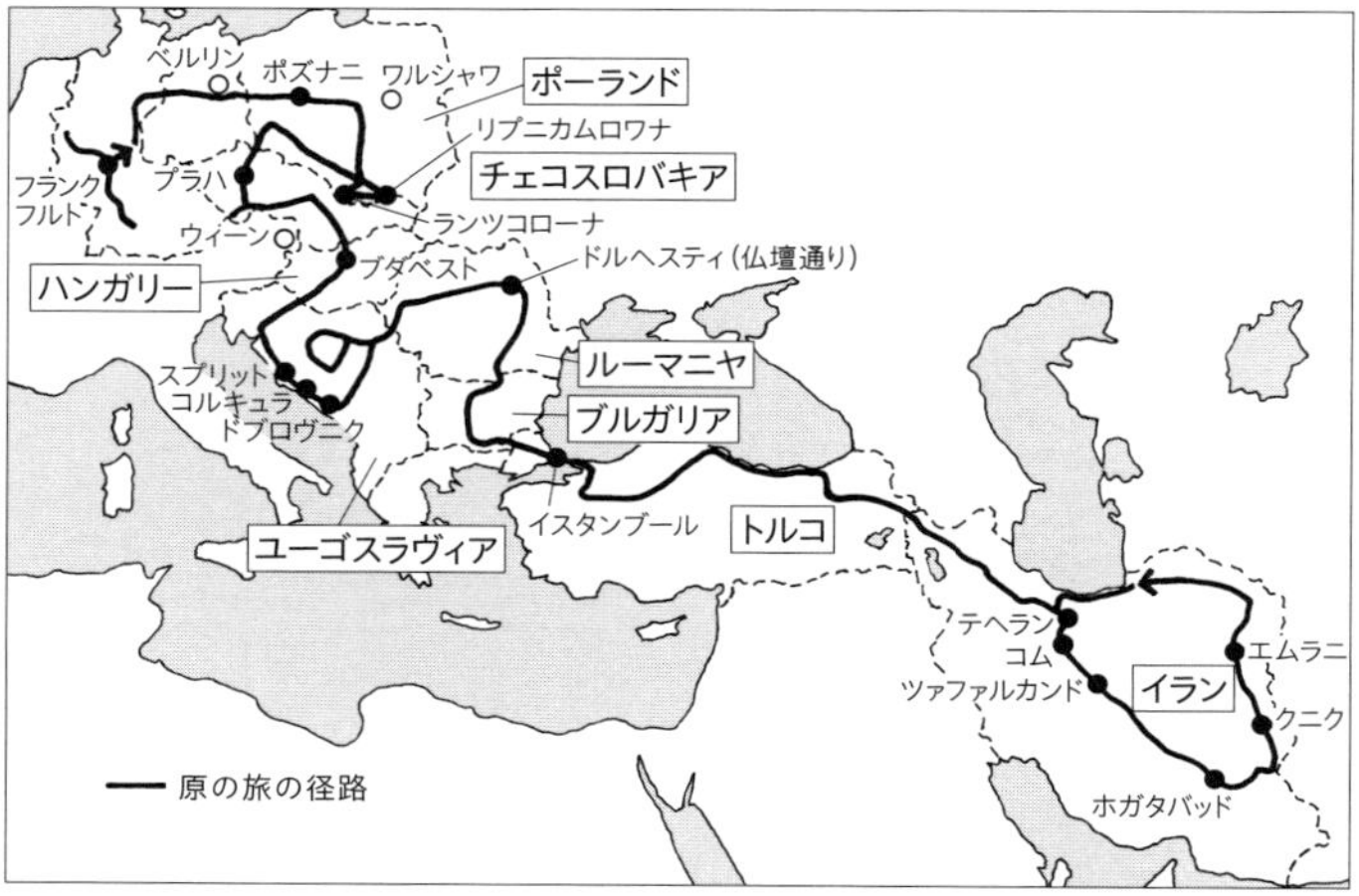

第3回集落調査
(1975年)
東欧・中東

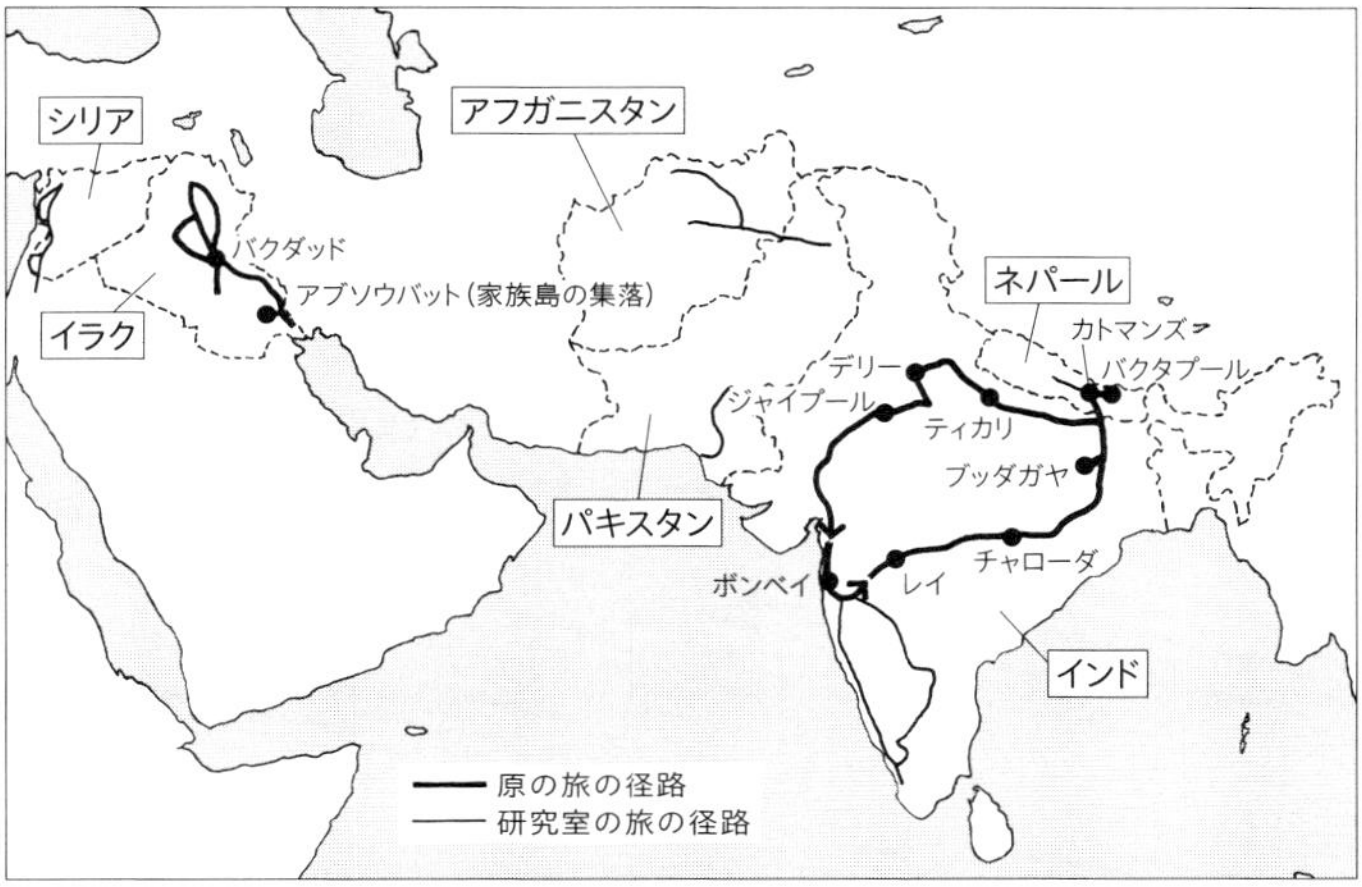

第 4 回集落調査
(1977 年)
イラク・インド・
ネパール

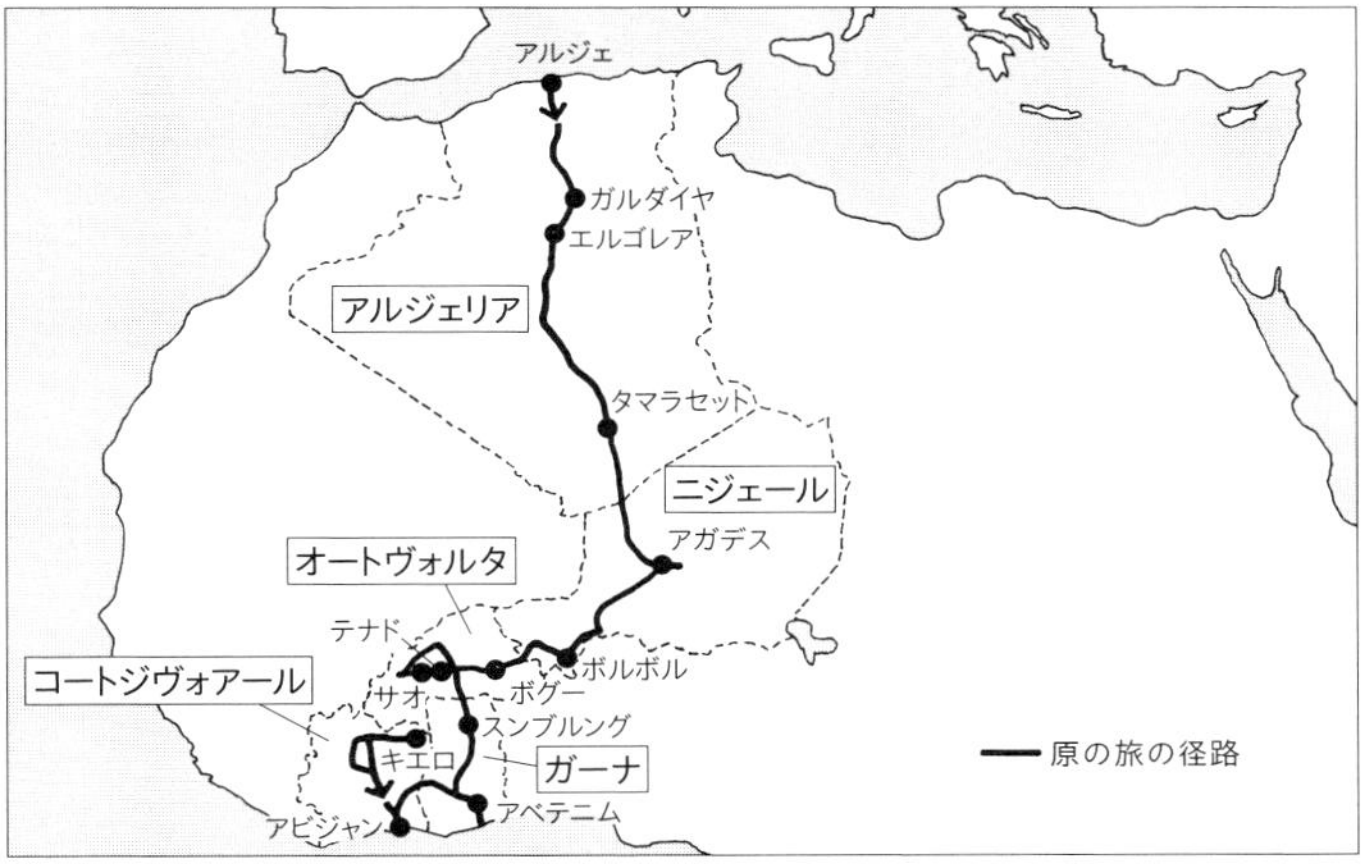

第 5 回集落調査
(1978-79 年)
西アフリカ

集落への旅の径路

そうでないと高く売って儲けるという商売が発生してしまうからです。日本から車を持っていって、どこか高く売れるところに行って、高い金額で売って、その差額を儲ける商売が成立するのは防がなければならない。だから、一番高く査定された金額の前金を払った自動車を持って帰ってこないときには、カルネは出してあげたけれども、その保証金のたとえば七百万円は払え(前金は返さない)ということになります。

ですから、たとえば保証金七百万円が二台だったら一四〇〇万円でしょう。故障してしまったら持って帰れないかもしれない。そうしたら、お金は全額とられてしまう。その危ない仕事をトヨタで一回、スバルで一回やって、スバルは特別にわれわれのために砂漠を走るための機械もつくってくれました。そういうものが揃わないと集落調査はできない。大学教員の身分でそんな大金は見たこともないし、学生を連れて行っても大丈夫かと周りもうるさい。保険金もない。そのへんは大変だったのですが、それでもできるチャンスが来た。機運が高まったのです。

吉見　それでまず、北アフリカのガルダイヤに行かれたのですね。

原　いや、ヨーロッパに行き、よく知らないままもうちょっと行ってみるか、ここに都市があると読んだことがある、ル＝コルビュジェが行った場所があるらしいと足を伸ばしたのです。

吉見　最初から北アフリカに行くことを目的としていたわけではなかった？

原　そうではありませんでした。僕はヨーロッパが一体どういうところなのかが分からなかった。行ったことはありましたが、辺鄙《へんぴ》な田舎まで足を伸ばしたことはなかった。

吉見　最初はヨーロッパの集落調査のつもりだったけれども、ついつい北アフリカまで足を伸ばすことになったということですか？　気分的にはよく分かります。先生の集落調査にはとても及びませんが、私も大学一年のときに三か月くらいヨーロッパを旅していて、スペインまで行ったらどうしてもジブラルタル海峡を渡りたくなって、モロッコのマラケシュまで行ってしまいました。イギリスや北ヨーロッパは違うかもしれませんが、フランスやイタリア、スペインはやっぱり地中海を向いていて、すぐそこに北アフリカを感じているのですね。

ちょっと自分に引きつけてしまって申し訳なかったですが、それで原先生は、ヨーロッパから北アフリカに足を伸ばし、ガルダイヤと出会った。そのガルダイヤとの出会いが、集落調査に深入りしていく転換点になったということでしょうか？

原　そう。ガルダイヤに行って、なるほど世の中知らないことがたくさんあるんだなと分かった。一目見て今まで教わってきたこと、見てきたことと違うではないか。そうしたら、それが逃亡者の集落(1)だったというわけです。

逃亡者の集落

吉見　ガルダイヤが？

原　ガルダイヤがね。ガルダイヤがあるのは「ムザッブの谷」といって、そこにはガルダイヤなど七つの集落があった。それらはいずれもオアシスに接した小山の地形に住居が密集して建っていた。かつて、逃亡者たちがこのムザッブの谷に入り込んで集落をつくったのです。

吉見　原先生は、『集落への旅』の中で、ガルダイヤとの出会いをこう書いています。

きわだった自然景観を背景に、七つの都市は幻のように私たちの眼前に出現したが、それぞれの都市の頂点にはひとつの孔があいたモスクの塔がそびえていた。そのためか集落の全貌は秘密めいた儀式の場のようによそ者の私たちには映った。近よってみれば塔はわずか十メートル足らずの高さしかない。塔がすべての住居から見えるというひとつの単純な原理によって、この高度に意図的なメディナ風の都市が形成されたと聞く。

（同書、五六頁）

つまりここで言われている「単純な原理」が、先ほど話された近代都市計画とは異なる意味での「計画性」ですね。計画性は必ずしも均質性を帰結しない。

原　世界の集落にはいろいろな集落があります。「標準語*」を話そうとするイランの砂

ガルダイヤ（アルジェリア）

漠の周りの集落。標準語はすぐに分かるのです。そういう言葉でできている集落がある一方、西アフリカには標準語はありません。標準語を話そうという意図が全然ない。全部変化している。だからたとえば丸い住棟《じゅうとう》をつくるといっても、極端なことを言うと集落ごとに違う。

吉見　その「標準語」ではない、全部が変化する集落の構成原理の根底にあるのは自然との対話ですね。原先生は先ほどの引用の先で、さらにこう書かれている。「自然にはエネルギー資源ではない潜在力が豊かに埋蔵されている。自然が示す縁《エッジ》や特異点そのものに潜在力がある。私たちは世界のいなかを歩く。進んだ都市空間は自然の諸条件から独立して同質化するのにたいして、いなかはその場所固有の空間の論理を残している。文化が混迷したら自然にかえる、それは絶対の原理である」（同書、五八頁）。力強い文章だと思いますが、今はまさに「文化が混迷」している時代ですね。私たちの日常が、これほど自然や地形、その潜在力を見失ってしまっている時代はない。そうしたなかで、北アフリカの集落の多様性は、自然の潜在力の表現そのものでもあった。

原　そのような自然の場所に、逃亡者たちが入り込んで集落を形成した。逃亡者の集落は、なるほどこれがそうかというような一つの風景を持っているわけです。

吉見　ガルダイヤの人たちは何から逃亡してきたのですか。

アカブーヌー（ニジェール）

原　僕が最初にアフリカ人から聞いたところでは、彼らはカイロから逃げてきた。集落ができたのは九〇〇年代、十世紀の終わりです。イスラーム国家が非常に勢力のあった時代で、そこから逃げて、さすがにここまでは追いかけてこないだろうとつくられたと言われています。高低差があって、水を求めて下のオアシスまで行かなくてはならないところです。そういう谷間に逃亡者たちがそっと集落をつくっていった。

吉見　人類の歴史は逃亡に溢れています。というか、人類の歴史はそもそも非常に長い時間をかけた逃亡の歴史なのだと私は思います。人間は、その場所に満ち足りていたら、他のところに行こうとは思いません。しかし、人類史的には、人々はアフリカの森から出て、草原に行った、砂漠にも行った、谷にも行った、海も越えた、山にも登ったわけです。これらは、いずれも何かに追われて、新たな可能性に賭けてどこかに行く経験で、長い歴史ではそのほうが圧倒的に多かったと思います。先生が調査をされた集落のほとんどは、逃亡者の集落だったのではないかという気すらします。

しかも、彼らがガルダイヤに逃げてきたのは十世紀頃、つまり中世ですね。中世は、近代とは違って、イスラームでもヨーロッパでも、あるいは中国や日本でも、社会全体が遠心力、つまり逃亡への気分で支配されていた時代だったと思います。古代帝国が衰弱し、世界は多

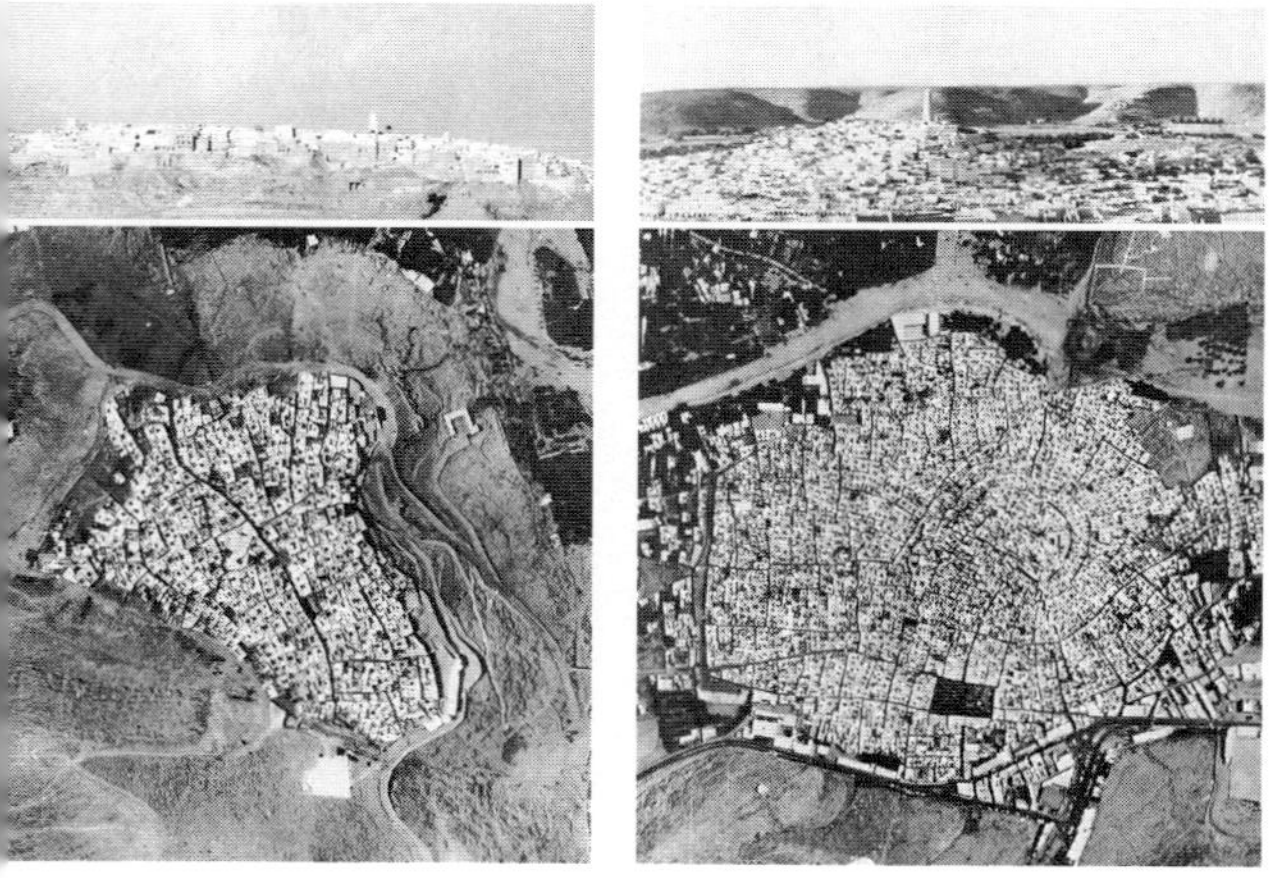

ムザップの谷の５つの集落

極的な構造になっていた。日本も平安から鎌倉にかけては遠心的な社会[2]です。そうしたなかで、人々はそれまでの時代よりも頻繁に旅をしていた。逃亡もしていたと思います。

原　そう言われると、集落に行くというのも、自分がそこに逃げてきた、そういうことだった印象を強く持ちます。

吉見　つまり、原先生自身も逃亡者であったということですか？

原　そう。仲よくなって、「泊まっていけ」と言われても、僕は「いやいや、帰るんだ」と通り過ぎる人間でした。僕らは全部調べる必要はないし、ほんのちらっと風景が見えればそれでいい。できたら住居の一つでもプラン(平面図)をとってとは思うのだけれども、そんなことでスケッチをしていると、あやうく泊められてしまうわけです。とにかく子どもたちに「今日は泊まっていってよ」と言われるのだけれども、振り切って帰ってくることが多いのです。

　集落は、近親相姦がしばしば行われる場所でもあり、どうしてもいろいろな人がいる。なかには突然、興奮し始める人もいます。集落に出会って佇《たたず》んでいると、まず子どもたちが興味を示します。子どもたちと仲よくなって話していると、彼らはすぐにわれわれの意図を理解して親たちを説得する。親たちが登場してきて、みんなで建物を測定

したりする。しかし、時間が長くなってくると、何かの拍子に今まで調査に協力的だった温かい関係が壊されて、喧嘩《けんか》が始まるのです。ですからわれわれは、そうなる以前に帰ってこなくてはいけない。

吉見　現実に、そういう雰囲気の劇的な変化に遭遇されてきたということですね。

原　そう。できるだけ、それを避ける。だから、特に北アフリカでは野営しているときのほうが長く調査ができる。

集団的な記憶の再生は可能か

吉見　ガルダイヤはカイロから逃げてきた逃亡者の集落でしょうが、他にも先生は逃亡者の集落を訪れていますね。たとえば、中南米のメスカルティタン（メキシコ）などでしょうか。

原　メスカルティタンはものすごくよくできている。中南米の多くの集落や都市をつくったのはポルトガルやスペインですけれども、メスカルティタン以外で、ポルトガルやスペインから移植した都市にろくなものはないのです。

吉見　メスカルティタンはスペインの植民地集落でしょうか。

原　スペインによる植民地集落ですが、増水すると水が入ってきます。すると、それまで道だったところも、交通システムがカヌーに替わる。そのへんがすごくきれいにできていいい集落です。中南米の多くの他の集落は地形と無関係にグリッドを引いて、ここが中心というふうに人工的につくってしまう。コロンビア・シティという植民地都市などは最悪です。それに対し、「離散型(discrete)*」という概念で説明できるような集落を見つけたことが、中南米での集落調査の大きな成果です。特に注目すべきだったのは、逃亡者の集落、奴隷の集落でした。

吉見　それは、中南米のどこですか？

原　コロンビアのカルタヘナです。太平洋岸から奴隷たちが山の中へ逃げた。農園での強制労働の生活がつらくて、逃亡して、その先でつくった集落があるのです。逃亡者がつくった集落は多いと思いますが、それらの集落はつくり直されていきます。パターンがある程度決まってくると、十年に一度、二十年に一度、あるいは三十年に一度、同じパターンでつくり替えられるのです。彼らは最初のパターンに繰り返し改良を加えていきますが、地域全体でその改良の方法を一緒に考えるから、それで集落がだんだんよくなっていく。

吉見　それはまさに、レヴィ＝ストロースが『悲しき熱帯』のボロロ族の集落[3]の話で述べたことの逆パターンですね。空間的なパターンを継承している限り集落の伝統と文化は残る。しかし、スペインの征服者が何をやったかといえば、そのパターンを壊してしまった。

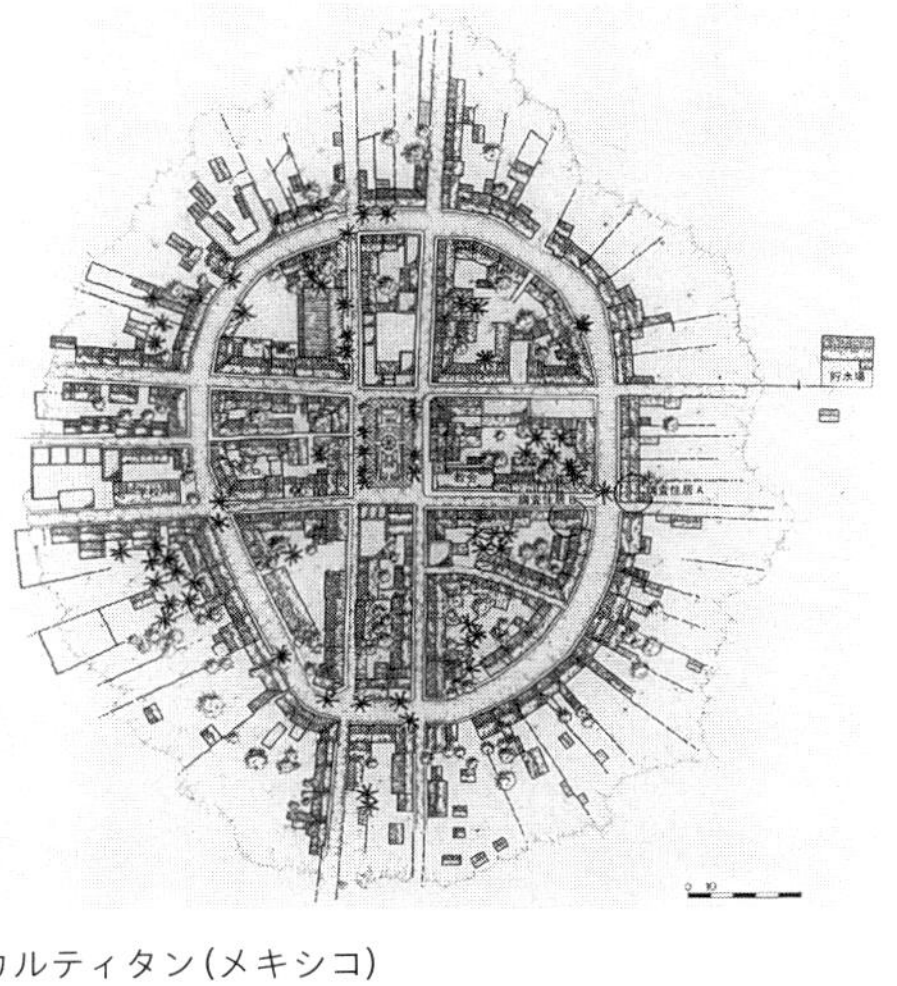

メスカルティタン(メキシコ)

レヴィ＝ストロースによれば、スペインの征服者たちは、先住民たちの伝統と集団的記憶を壊すにはどうすればいいかをよく知っていた。集落の空間的なパターンを壊してグリッド状の都市に住まわせてしまえば、あっという間に彼らは彼らがずっと長年培ってきた伝統や記憶を失ってしまうのでした。

こうして中南米の多くの先住民は、先祖伝来の集落パターンを奪われ、スペイン型の都市に住まうと同時に自らの記憶や伝統を失っていきました。しかし、逃亡者の集落は、そうした記憶の強制的な消失とは逆の可能性を示しています。スペイン人の支配する都市や農園から逃亡して山の中に隠れ、そこに集落を形成していく。その逃亡者の集落では、パターンがつくり直されていくことで集団の記憶が蘇っていく。逃亡者の集落の形成は、先住民の集団的な記憶の再生とイコールなのではないでしょうか。

世界各地の逃亡者の集落で、歴史上の異なる時代に同じような記憶の再生のドラマが繰り返されてきたはずだと思います。これは、かなり大江文学の話とつながるのですが、九世紀、十世紀の北アフリカでは、イスラーム帝国の支配を逃れてガルダイヤに集落をつくった逃亡者たちがいた。十六、十七世紀の中南米では、スペインの支配を逃れて離散型の集落を形成した逃亡者たちがいた。やがて奴隷貿易が盛んになると、そこから逃れて山の中に集落をつくる逃亡者たちも出てくる。もちろんアジアでも、中華帝国の支配を逃れて中国奥地の山の中に集落を形成する逃亡者もいたでしょう。いわば、世界の至るところに平家の落人《おちうど》部落があるのです。もちろん日本でも、大江健三郎さんの故郷、四国の谷間でそれは起こっていたはずです。
　つまり、日本でも都の権力が強化されると、そこから逃れて各地に落人集落が生まれ、徳川幕藩体制の中では隠れキリシタンの集落がつくられ、さらには大江さんの小説に出てくるような谷間の集落が生まれていたはずです。集落は長い歴史の中で、記憶再生の物語を積層的に営んできた。そして、それぞれの時代の逃亡者は、自らの集団的記憶を手繰《たぐ》り寄《よ》せながら、さまざまな空間言語を発見してきたのでしょう。

原　そういうことです。

自然が多様な空間言語を生む

吉見　ところで、原先生は、一九八七年の『集落への旅』、それから九八年の『集落の教え１００』の中で、集落の五つの基本特性を挙げています。「多様性」「無名性」「親自然性」「未来性」「世界性」です。
　まず、都市的均質性に対して集落的多様性が対比されます。「多くの人々は、近代化の外にあって、昔ながらの自然と一体化した生活をしている。世界の大都市が、それぞれに特色はあるものの相互に類似した性格をもつのに対して、世界の僻地では、実に多様な生活環境とそれに応じた生活がある」と書かれている(前掲『集落への旅』二頁)。近代都市の多様性は、結局は標準語の世界に収斂していきますが、集落はヴァナキュラー④、徹底的に混成的で自生的な多様性の世界ですね。

二番目は無名性です。古典建築に対して、無名の集落を対比させ、「文化一般には、時代や様式の枠となりうる古典的、支配的な層と、権威も与えられず、それが文化であるという自覚もないところでつくられる大衆的な層とのふたつの層がある。建築にあっては、単純化すればこの二層構造は、古典建築と集落というかたちになる」と書かれている(同書、三頁)。つまり集落は、鶴見俊輔さんのいう意味での「限界芸術」です。

三番目は、自然との融合・調和です。「近代建築の考え方の根底には、建築をひとたび自然と切り離し、あらためて適当な環境条件をつくり出そうとする構えと自然観があった。……それに対して、集落はいかに自然が苛酷であろうと、親自然的な立場をとっている。それぞれの場所に秘められた自然の潜在力を最大限にひきだすという立場である」(同書、四頁)。自然の潜在力と自然からの切断を対比させ、自然の潜在力をいかに生かすかが集落のデザイン思考の根本をなしている。これは、自然観の問題ですね。

四番目は、反過去としての未来と未来としての過去[5]の対比。つまり、近代都市と集落では、未来についての考え方が違うのだということです。「「地域」「場所」といった概念が重視されてきている今日では、集落は未来を指し示している」(同書、五頁)。だから、集落は過去ではない。集落が過去で都市が未来という考え方を逆転させています。

最後に、地域はローカリズムなのだけれども、集落はトランスナショナリズムなのだと主張されています。「今日、気づいてみれば、世界のあちこちで同じような考え方をしていた人々がおり、もし類似性のネットワークを世界中の集落のあいだにはりめぐらせば、全ての集落は複雑な網でつながって」いる(同書、七頁)。つまり、普通、集落はローカルな現象、それぞれの地域に閉じた文化資産と考えられがちですが、そうではない。集落は世界性を内在させている。アフリカでも、アジアでも、中南米でも、それぞれの地域の集落は地球環境に結びついていて、トランスナショナルにつながっている。

以上のなかでも特に重要なのは自然性だと思います。つまり、原先生の集落論は、非常に自然性を強調している。その自然性が多様性や世界性とつながっている。

原　近代建築のスタートは、カンディンスキー的な意味での普遍的人間*、つまり抽象概念にあります。自然はカオスであり、コスモスとして第二の自然*をつくり出すことが科学の使命である、そう近代は考えてきた。均質空間論で衝きたかったところはここです。

しかし、人間も自然と一緒にあるのだし、自分自身が自然です。自分が自然なのなら、人間自体が自然のうちにある以上、自然の外に立つことは不可能です。

吉見　原先生の集落論では、読み進むほど「自然」の要素が大きくなる。だから、まず自然と集落の関係という問題系があって、先生の中での自然についての関心が均質空間論とぶつかり合っている。そういう構図で理解すると、流れが理解できます。

原　そういうことだと思います。私は、「天地創造」は今でも、東京の空でも、夜明けに、夕暮れに、荘厳に繰り返されていると思っています。

吉見　原先生が自然と集落の関係について語られているさまざまな文章に何度もはっと

させられます。たとえば、「砂漠における水、空気や風、光と影、土の錬金術などを学んでゆくに従って、砂漠集落がいかに知力によって形成されているかを教えられ、この鍛えぬかれた知力こそ、年月をこえて集落の変らない空間をたもっている秘密である」と書かれています(同書、一三二頁)。また、「人々の生活によって寸断なく生活領域の連結と分離の組みかえが行なわれていて、その生命的な変化は、いくつもの空間形成法の交叉によって、支えられている」とある(同書、一三六頁)。これらの文章を総合すると、要するに集落とは、自然と対話するテクネー(技術)なのだ、そのことを集落調査の中で発見された、こういう理解でよろしいでしょうか。

原　そのように読んでいただきたい。集落論はそのように理解してくれればよかったのではないかと思います。現実はどうかというと、少なくとも建築の分野で集落論に興味を持たれることはほとんどありません。僕がそこを理解してもらおうと講演をしたのは、ドイツとアメリカです。アメリカでは何度も講演をしましたが、みんな興味を示しませんでした。

吉見　アメリカの大学で建築を学ぶ学生たちにも講演をされましたね。彼らは、ヒロシ・ハラやアラタ・イソザキの建築デザインには興味を持ったでしょうが、そのヒロシ・ハラがなんでこんなに熱心に集落の話ばかりをするのか、その前提が理解できなかったかもしれません。彼らは、日本の著名な建築家の作品には興味を持ってきたでしょうが、集落が内包するもっと根底的な世界性、非常に長い時間をかけた自然との対話として営まれてきた無名性の空間が、建築の根本を揺るがすほどの巨大な出来事なのだとは気づかなかったかもしれません。

原　しかし、集落論は実は空間概念論*なのです。今回は、集落への旅の話から始まりましたけれども、根本的に空間論の話です。空間概念については、マックス・ヤンマーの『空間の概念』という本が一九五四年に出ています。アインシュタインが序文を寄せています。空間とは一体何なのだろう。量子力学でも、素粒子という物体のほうは比較的分かるのだけれども、空間が分からないわけです。僕らも分からないわけです。均質空間を批判することは僕もやるのですけれども、それが非常に重要だと思っています。集落調査の動機と同じです。

吉見　ちなみに、アメリカでの講演では、均質空間論も語られたのですか？

原　僕は、最近は均質空間論のことは言わないのです。それは、世界全体として、近代の普遍的な人間イコール第二の自然に住むという構図ではもう駄目だと分かったからです。みんな環境論に変わったわけです。ベルリンの壁が壊れる頃、地球環境ひとつとっても、宇宙開発で地球が青かったという話とは様子が変わってきます。

吉見　「環境」という考え方が出てきたことによって、全世界の都市が均質空間に向かう圧力が少し弱まったということでしょうか？

原　弱まったというか、僕はもうそれを言わなくてもいいのではないか、世の中も分かり始めたかなと。持続可能な環境を取り戻そうとする一般的な動きは、自然の持つ多様性に賛同しますね。この傾向は、機械論的世界観を背景とする均質空間とおのずから対立します。

吉見　しかし、世界は今も分裂していますね。一方では、自然との関係を組み立て直そうという流れが大きくなっています。地球環境は、間違いなく二十一世紀の人類最大の課題です。しかし他方で、今も東京では日々、再開発を通じてとてつもなく巨大な均質空間がつくられ続けていますし、インターネットにより、サイバー空間の姿をとって均質空間が完全に地球を覆っています。私たちの身体は、そのグローバルな均質空間の力を日常的に受け続けている。地球環境という課題、それからバーチャルな均質空間の爆発、二十一世紀に私たちはこの両方の力を経験し続けます。「集落」の問いは、おそらくその中間にあるのではないか。

原　そうそう。集落を見てきて分かったのは、度合いの大切さです。たとえば、あらゆるところで伝統を言う。日本は静的であるとか、アフリカは情熱を持っているとか。それは度合いの問題です。日本にだって動的なものもあるし、アフリカにもクールなものがある。共有している部分はかなりあるのです。集落は、そのあたりを巧みに生き抜いてきた。

吉見　集落は自然の多様性や流動性と長い時間をかけて対話していくテクネーですが、その世界の集落では昨今、誰もがスマホを手にし、農作業の合間に全世界とつながっています。バーチャルでグローバルな均質空間は、集落の内部にも浸透している。

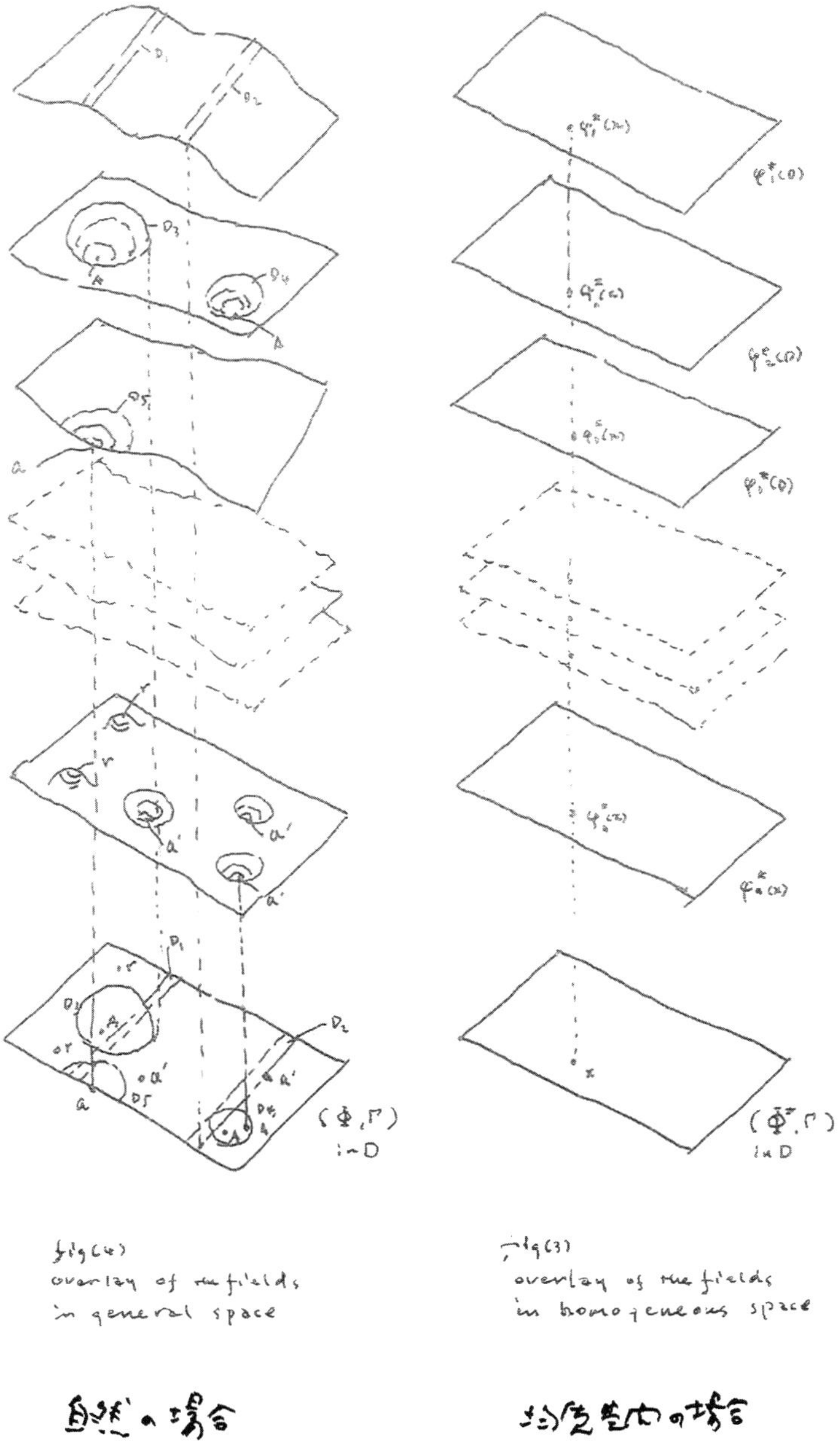
fig(4)
overlay of the fields
in general space
自然の場合
fig(3)
overlay of the fields
in homogeneous space
均質空間の場合

自然と均質空間

原　そこで必要なのは、寸法*についての考え方です。私たちは地球大の空間も生きているけれども、局所的な空間も生きている。その両方を両立させていく寸法が大切です。

仕掛けとしての建築

吉見　『集落の教え100』でもう一つ注目したいのは、原先生があえてここで「計画*」という言葉を使われていることです。ただ、本を読んでいくと、この「計画」という言葉は、やがて「仕掛け*」とか「考案*」という言葉に置き換わっていく。たとえば、「この考案や仕掛けは潜在している自然力を誘起し顕在化すると同時に、そのさぐり出された自然力に対応した集落の社会的・建築的秩序を誘導する」というように(前掲『集落の教え100』二六頁)。「計画」や「設計」を、原先生はむしろ「仕掛け」や「考案」と表現する。概念の組み換え、それこそ脱構築が含意されている。

原　「考案」とか「発明」というのもおかしいけどね。

吉見　「仕掛け」という言葉をよく使われています。

原　それは、ロシア・フォルマリズムの影響です。長い時間をかけてみんな「デザインとは何か」を考えてきたわけです。そこには、発見がなければ認めてはいけないのではないかという問題提起が根本にある。単にきれいにつくりましたというのは、設計でも何でもない。

吉見　先ほど読んだ文章のすぐ後ですが、「局所的に発生してくる矛盾を局所的に解決してゆくセルフエイド的な仕組み」と、「考案」や「設計」がどう関係するのかをいろいろ説明されています。また「その事態の内部に矛盾があらわになり、その矛盾に対処するためにもうひとつの新しい事態を招かざるをえないとき」にも「考案」や「仕掛け」が出てくる(同書、二六―二七頁)。つまり、ゼロから何かを組み立てるのではなく、集落や生活の営みの中にさまざまな矛盾が出てくる。その局所から仕組みを組み立てていく方法を論じられています。

原　都市でも住居でも、大まかな構造を持っていないと最終的にまとまらない。細かいところを設計していても、大きなところが見えてこないと決まらない部分がある。だから、寸法が大切なのです。寸法は小さいところから大きいところへ伸びていく。小さいところと大きいところがオーバーラップするところに普遍性が出てくる。

吉見　それは、集落や都市の時間軸についても言えますね。埋立地に最近造られた完全な人工都市でなければ、世界各地の集落や都市には、必ず幾層もの歴史的な時間の地層が積み重なっていて、過去の層は決して消えてはいない。先生が今おっしゃった言葉で言えば、私たちの日々の生活空間に幾重にも時空間がオーバーラップしている。だから都市を計画し、そこに何かを建てる行為は、そうしたオーバーラップを見える化し、対話させ、その対話の豊かさを人々が実感できる方向に向かわせる作業でなければいけない。それを実現する方法論が、都市の歴史的な寸法だと思います。

亡くなられてしまいましたが、原研究室で一緒だった小嶋一浩さんが、赤松佳珠子《あかまつかずこ》さんとやった渋谷ストリームなど数少ない例外を除いて、デベロッパーがする現在の東京の多くの都市開発は、そうした都市の歴史的な寸法を無視しています。

原　ランダムな現象の中に秩序があることを探すことを科学というから、その古い言葉でカオスと言わなくてはいけない。どうも東京はカオスではないか。それは空から見たら一発で分かります。私は海に潜るから、潜ると、サンゴ礁がいかに死んでいるかが分かる。たとえば沖縄の海ではサンゴの花が咲き乱れているようなイメージを持つかもしれない。ところが現実はどうかというと、東京みたい。多くの海域でサンゴ礁は死んでしまった。東京は、サンゴ礁が死んだような世界になってしまったではないか。これは、本当にどうしようもない。

吉見　沖縄の問題は、第一には米軍基地の問題、第二には観光開発の問題ですが、どちらも東京の裏面です。一九五〇年代まで、東京圏に多くあった米軍基地を、アメリカ政府は東京のほうは返還して、沖縄に集中させていった。他方、一九七五年の沖縄海洋博を出発点に、沖縄には多くの本土の観光産業が入っていった。これも、東京圏をはじめとする本土の観光客を受け入れるためです。ですから、沖縄と東京は構造的に表裏の関係にあると思います。

その東京圏ですが、グローバル化が進み、とてつもなく巨大化しました。今の東京圏（埼玉、東京、千葉、神奈川）の人口は約三千六百万人ですから、日本の人口の三分の一近くが東京圏に住んでいる。そして、この超スーパーメガロポリスの中心周縁には老朽化した賃貸ビルがごたごたある。この巨大化し老朽化した都市は、自然とは違う。しかし、近代都市計画が目指した未来とも違う。それでも、もうほとんど死骸の巨大な集まりのようなこの東京で、ごたごたした老朽化した地域から、今、若い建築家や次世代の仕掛け人のとても面白い実践が生まれていると思います。

原　そうだろうね。そのように考えて行動することがすごく重要です。たとえばこういう問題はどうなのだろう。民法の二百三十三条*がなければ、東京の緑化は簡単にできる。僕の家は原生林を保存していますが、これを伐れというわけですよ。僕は伐らない。原生林を簡単に伐れるわけがない。建築基準法の上に民法があるから、それを恐れて不動産屋は、何でも更地にして売買するときには、そこにある木を全部伐ってしまう。

　民法二百三十三条とは何かというと、隣の家の木に関し、自分の敷地に入ったら伐ることを要求できる。侵入した隣の木は伐ってよろしい。「それでは伐りましょう」と言って伐るのです。呼吸をしているものを、なんで個人のものにするのか。

　僕は学会でも言っています。しかし、民法を変えるなんて大変ですから判例だけでいい。私有財産を守るという意味では、たしかにそのとおりでも、私有財産を守る前に空気を守ったほうがいいのではないか。そうしたら、ものすごく木を増やすことだってできる。

　このような問題をどうしたらいいのだろうか。地球環境は大切だと言いながら、身近なところではみんなが木を伐ろうとする。法律は、早く伐りなさいという。若い建築家たちにしても、局所が大事だと言いながら、まず木を伐ったらどうかというところから始まるからどうしようもない。もちろん自然も木も単なる一つの要素、しかし非常に重要な要素です。

僕は、この考えを生かして、横須賀のコンペで認められた案があるのです。木と一緒に生きる。家を建て、一本、木を植えて、それで二世帯を一軒にしたらどうかという案です（図参照）。

吉見　木を共有するわけですね。

原　木のアーバースペース（Arbor Space）*と呼んでいますが、その中に普通の建物二つで一棟にします。そういう案を出しました。相当思い切った案を出せということでそうしたのでしたが、植生の管理ができないという意見が出て、説得はできませんでした。

考案して、仕掛け*をつくりなさい——こういう案があり得るということ、それが「考案」だと思います。幸いにしていろいろなコンペで勝ちましたが、実現できなかったものはいつも二等なのですが、（イタリア・ピオモンテ州の）トリノの市庁舎のコンペティションがそうでした。

バックミンスター・フラー（アメリカの建築家）の、「近代建築の新しい自然」という考え方がありますが、そのような大きな考えでは駄目なのではないか。

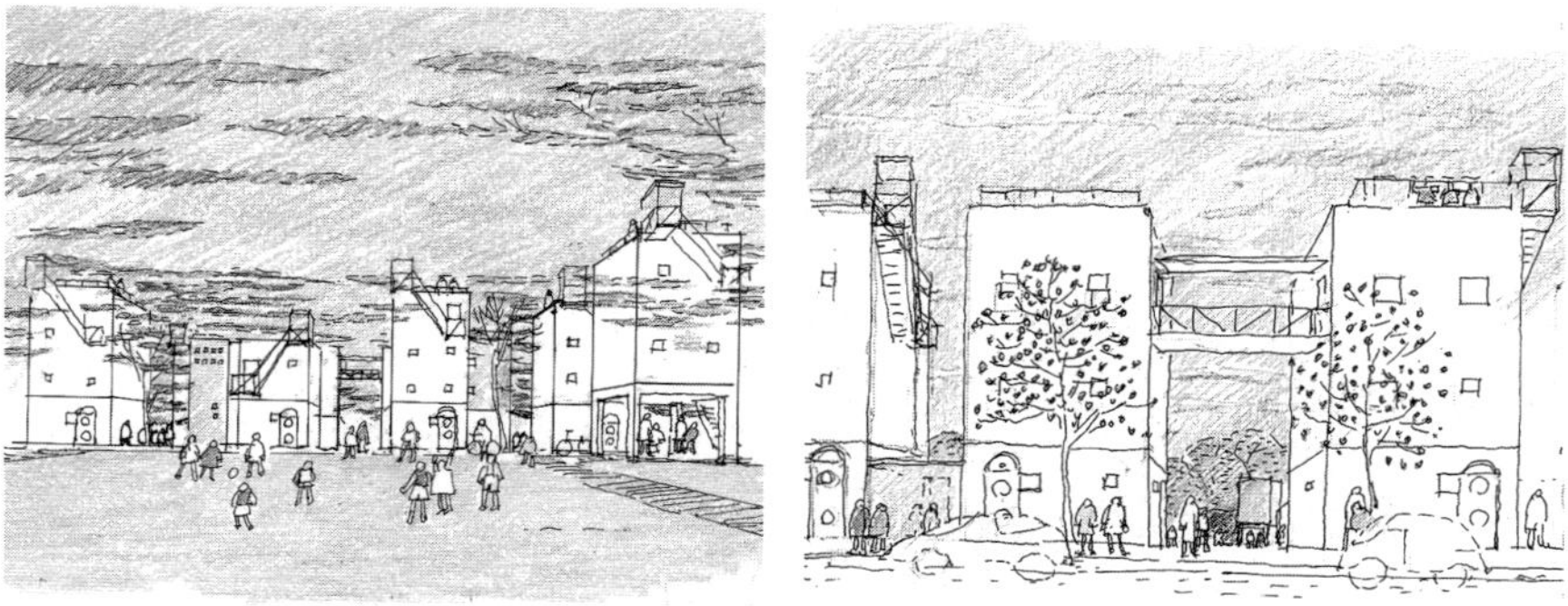

横須賀コンペコンセプトスケッチ

僕は一つの建物でやってみようとしたのです。

高井啓明さんという空気の専門家がいて、空気に信じられない動き方をさせます。日が当たっているあいだ、全体の窓の開け方をコンピュータ制御して、ここからこう上がって、南のところから反対に下りて、またこう戻す。このようにして空気を回すのです。快適である／快適でないというのは、人によって違うかもしれませんが、局所的に快適であることをどうしても否定できないわけですよ。それをどのように実践するか。その快適さをそれぞれにどう持たせるのか。それはやはり地域によって違うし、方法も変わってきます。しかし自然の力を使って快適にできるのではないか。

大きな仕掛けで都市をつくるということではなく、小さな仕掛けを積み上げていけばできるのではないかと、その案では考えました。先ほどのアーバースペースみたいに、植生も空間だと思って、そのように攻める方法がある。

「非ず非ず」が新しいものを生み出す

吉見　今うかがったのは、先ほどの話の「仕掛け」や「考案」に相当しますね。これらも、集落から学んだことでしょうか。集落には自然の潜在力を誘起し顕在化させる方法論がある。それは現代社会の中でも決して不可能ではないはずです。

フラーによるモントリオール万博アメリカ館(1967年)

なぜそれができないのか。いま直接話題にのぼったのは所有権の問題ですが、所有権やそれと一体化している自己と空間の関係性によって、現代都市では自然の力を顕在化できなくなっている。われわれ一人ひとりが、大地のことを、ここからここまでがあなたの土地、ここからがわたしの土地と区画化してしか考えることができない。その前提に近代的な所有概念がある。その所有権と一体をなして近代的な人権が保障されている構造がある。つまり、人権とは自分についての所有権になっている。

しかし、本当にそうなのだろうか。アメリカ先住民は、このような自己と空間の排他的な対応関係、区画化された大地との関係を知りませんでした。彼らは自己が大地の一部であること[6]をよく知っていた。大地は共有されます。だから、ヨーロッパから来た入植者が彼らの大地を暴力的に奪うまで、自然の潜在力を実に上手に利用できていた。

原　近代は、自然の潜在力を誘起させることはせず、物事の基本を閉じさせた。数学も言語学も文化も社会全体がこの考え方を貫きます。これをやっているかぎり、均質空間の解体

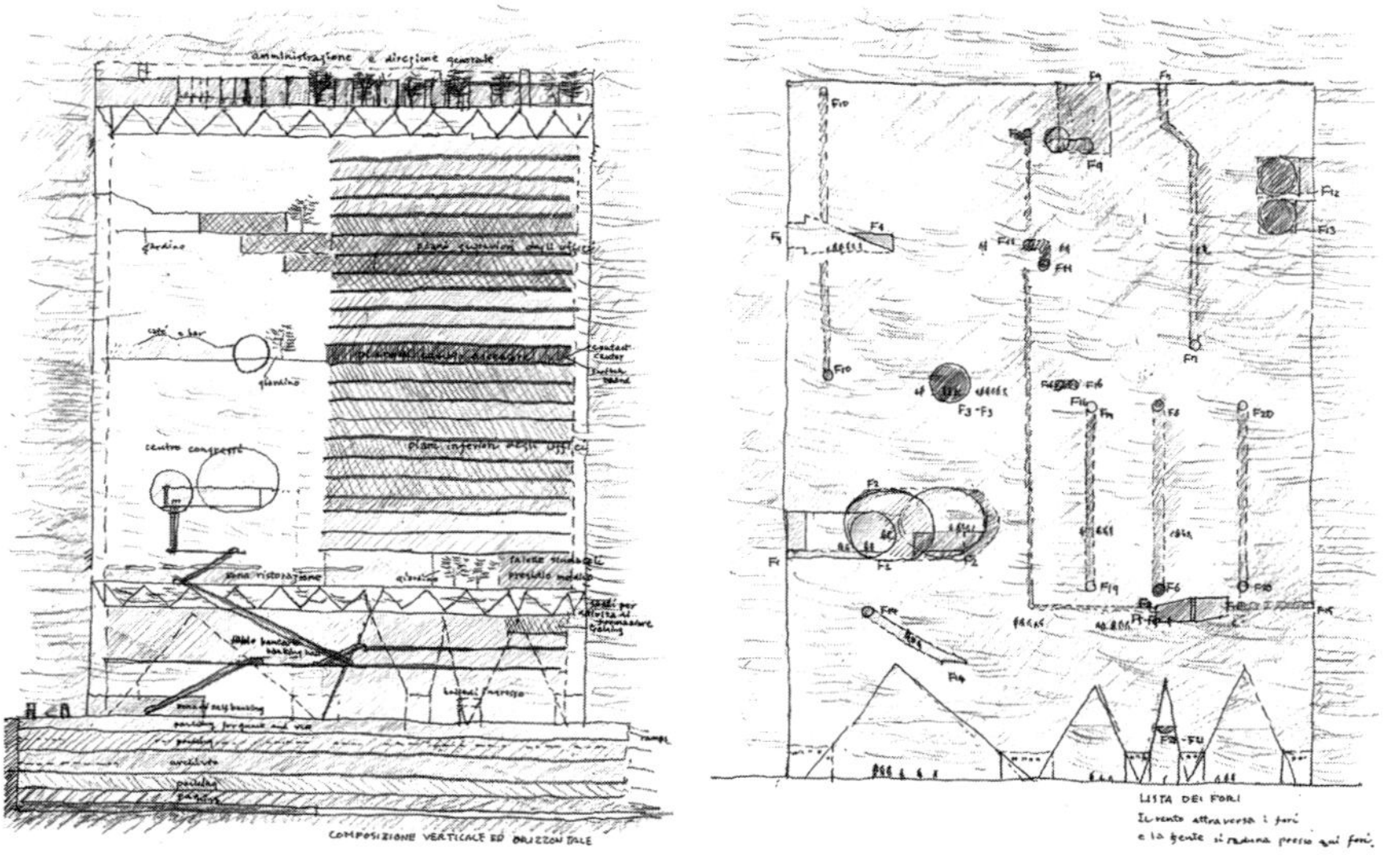

トリノコンペコンセプトスケッチ

は無理です。それをするには、隣の人と共有の曖昧な部分がどうしても発生する。ですから、これは弁証法の問題です。弁証法や「非ず非ず」*が現実的にも新しいものを生み出す、境界を破って集落を呼び出すことができる。しかし、民法も建築基準法も物事の基本が閉じているべしという考え方ですから、都市は縛られているのです。

吉見　とりわけ、今の日本はそれがひどいところまで来てしまった。共有地、コモンズが全然成立していなくて、プライベートな権利の空間が支配している。それから、国家の官の空間がある。その中間のコモンズ的な空間が成立していません。

しかし、もともとは日本の都市にも、共有地的な、コモンズ的な空間が都市の至るところにあったのです。それはどういう空間かというと、路地裏だったり、小さな神社の境内であったり、誰も見向きもしないような谷間の場所、たとえば町のはずれの余った土地だったりと、使い道がない土地によって、都市にはたくさんの「孔」があいていた。実は、かつての東京の中は孔だらけでした。そこは誰のものであるのか、よく分からないけれども、木が結構生えていたり、何となくそこに昔の社《やしろ》らしきもの、あるいはお地蔵さまが残っていたりした。これは全世界どこの都市でもそうだと思います。空隙としての都市が確かにあったのです。そして実は、二十一世紀にあっても、これだけ都市の人工的環境が普遍化してしまうなかで、孔のようになって残っている空間が一番クリエイティブな可能性を残しているのだと思います。

第3章 夜のはずれで

——自滅の先にあるもの

均質空間とはそもそも何か

吉見　原先生は均質空間*について、二つのレベルで語られています。一つは、非常に理論的なレベルで、近代科学の前提に均質空間、つまり、ある連続的な空間概念がある。もう一つは、ミース・ファン・デル・ローエやバウハウス、ＣＩＡＭ*（近代建築国際会議）、具体的な都市空間を均質空間として捉える。

原　均質空間は、まず気候（climate）で考えたほうがいいと思います。われわれは実際に気候の中で生きているわけですが、気候をどのように調整できるか、いつも考えていま*す。均質空間は、いつでもどこでも条件が同じだという快適性を求めます。たとえば、気温は一八度、風速は〇・一メートル、光の明るさはそれぞれでしょうけれども、一〇〇〇ルクスくらい、騒音レベルは四〇デシベル。ファクターが定められた環境の中で、これだったら人間は快適なはずだと考えて、それを実現しようとする。こういう条件を実現すれば、グローバルにいくのではないか、あらゆる人間に受け入れられるのではないかと考えられてきた。

これはしかし、どこでもいつでも変わらないフラットな世界です。これを実現するには、われわれの環境を自然から切断しないと難しい。冷蔵庫みたいに切断すれば可能だけれども、もし切断しきれないなら、太陽の光が入ってきたほうがいいのではないか、風はもっと必要ではないか、風速〇・一メートルはジムにはいいけれども、〇・三メートルの風だっていいかもしれない。人それぞれに違うとすれば、そこに標準はない。場所によって、その活動によって全部違うわけです。これは、つまりユニバーサルスペースを否定していくことです。

ただ、最近では、「ユニバーサルスペース」*という用語は、かつてのミース・ファン・デル・ローエの考えた均質な空間という意味ではなく、障害をもつ人や高齢者のために使っていますね。障害者や高齢者のことを考えれば、たしかにユニバーサルなほうがいいわけですよ。アメリカではその意味でこの言葉が使われることが多い。

吉見　後者は、ユニバーサルアクセスとか、ユニバーサルエデュケーションという話から来ているのだと思います。これらは、第二次大戦後、国連やユネスコなどの国際機関の設立と福祉国家体制、自由主義圏での教育思想に関係します。つまり、前回、議論になったファシズムの差別主義的な超機能主義と闘い、戦後に世界化していった普遍主義に源流がある。その意味では、均質空間とユニバーサルアクセスには関係があります。

他方、気候の問題として均質空間を考えるとき、まずはクリスタルパレス・モデルが浮かびます。一八五一年にロンドン万国博覧会が開かれた際、ハイドパークに水晶宮が建てられました。このとき真ん中の木は伐らず、全部ガラスで温室のような空間をつくった。この時点で、ガラスと鉄によって周囲の環境から遮断して、普遍的な世界をそこに埋め込んだわけです。万国博覧会は、その展覧される世界を、周りの自然環境とは関係なく切り離して、普遍的空間の中にすべてを埋め込んで展示する思想の実現でした。

さらに万国博覧会から少しさかのぼると、普遍的な都市をつくっていく考え方は、フランス革命前後のパリとか、やがてセーヌ県知事オスマンのパリ改造計画にも見出せます。そこでは全世界に西洋文明を行き渡らせていく中心としてパリがありました。しかし、これはコスモロジカルな仕方で西洋文明を世界に広げていく、つまり中心から周縁へという思想で、バウハウス的、あるいはグロピウス的と言ってもいいかもしれませんが、戦後の国際主義、機能主義の普遍性志向とは違ったと思います。

さらにさかのぼって近代的な空間概念の成立まで戻ると、この問題は大航海時代にヨーロッパ人が地球は一つの空間であると知ってしまった地点にまで行き着きます。そのとき、あるパラダイムチェンジが起こった。つまり、世界は神の下に閉じられていた空間から無限の宇宙へと拡張する空間に転換した。そうしてやがて、世界を均質的で連続的なものとし、地球全体、あるいは宇宙全体を連続性として認識する科学的思考が広がっていきました。それこそデカルト座標系やニュートン力学の地平です。

つまり、均質空間にはいくつかの層がある気がします。一番狭くはミース的な均質空間でしょうが、近代社会全体を均質空間として捉えることも可能です。さらに、近代の思考全体を均質空間として捉えることも可能だと思います。

原　段階的ということでしょう。近代においては、均質空間の考え方が基準として存在しなければ、思考はできないようになっているわけです。デカルト座標がなかったら、あるいはユークリッド空間を設定しないと、論理が進まない。この前提からどうしても逃れられないから、基準としてはあるわけです。しかし、これはパラダイムではありません。そうではなく物差し。デカルト座標なしに空間を考えることができるかというと、それはできない。

ここで一番問題になるのは、標準という考え方です。標準をつくることがよいのだという考え方が多様性への志向の反対にあり、安定したものをつくらなくてはいけないという。このことがどこかの段階で出てきたのです。それは、どこでしょう？

吉見　あえて言えば、フランス革命でしょうか。

原　どこかの段階でそれが起こり、それが一般化したときにはまったくアウトになる。平等という理念も、格差をなくしていこうとするのは大変結構なことです。それは一つの必要条件かもしれないけれども、その先で、全部標準でなくてはいけないとなったときに、社会は窮屈になり、共有は配給になり、指示は命令になり、法律になる。

建築の局所性

吉見　現代日本で「均質空間」と言うとき、一番分かりやすいイメージは、大手町とか丸の内の超高層ビルです。間違いなくそれらは均質空間です。アメリカならその極致は、二〇〇一年九月十一日のテロで崩壊した、ミノル・ヤマサキによるニューヨークの世界貿易センタービルでした。この均質空間は、アメリカ資本主義の象徴でしたが、それは同時にイスラームの視点から見れば、アメリカの抑圧的な世界支配の象徴だった。

　原先生の均質空間論は、この近代の平等主義の逆説、ユニバーサル化がそもそも内包している逆説を見事に衝いたように思います。すでに先生は、『建築に何が可能か』でこんなふうに書いている。

> 近代は、連続的な事象をとらえるに成功した。一般によく知られている数学的表示は、連続性の全体的把握である。時空の構造を連続であるとみなしたことから、運動もまた連続としてとらえられ、事物の把握にあっては運動する状態に照準が合わされたのである。法則性のもとにとらえられた運動によれば、未来は予測できる対象であり、時間の場は均質である。……しかし、現実的諸条件のもとでは、運動は不測の現象を派生して、厳密にいえばすべての微小な領域を限定すれば運動を記述できるにもかかわらず、全体を予告できないという危機にさらされた。この危機をのりこえるために、統計学的処理が登場した。
> （同書、六七―六八頁）

　今日のＡＩにつながりますが、近代が設定したのは、空間的にも時間的にも無限の連続性だと思います。均質空間はその究極のモデルだった。でも実は、私たちが現実に生きている都市は、空間的にも時間的にも連続体ではない。都市はノイズに溢れています。非連続なものが接触し、そこから雑音が生まれ、創造的な切断面（エッジ）[1]を形成していきます。つまり、実は、都市は均質空間ではない。均質空間はあくまで近似値で、実際の生きられる空間はそこからずれる。しかし、この両者を一致させようとするとき、そこにとんでもない抑圧が発生することになる。

均質空間の考え方からすれば、最後はすべてが統計の話になっていく。つまり、すべては連続的な確率の世界の中で起きている。でも、このすべてを連続性で覆う試みは、私はいつかどこかで挫折するはずだと思っています。現実にはそこに木があり、谷がある。ある時代から別の時代への変化は、究極的には予測不能で非連続です。現実の都市を歩けば、そこに思わぬ逃亡者がいるかもしれない。さまざまな非連続性を前にして、無限の連続性という幻想はいつか挫折するはずです。しかし、この幻想はなかなか強力な幻想で、近代を通じ、少なくとも現在に至るまで力を失ってはいない。そこに均質空間という仕方で先生が批判しているロジックの根幹があると私は思います。

原　私は、都市というのは大変難しいことだと考えています。建築は、局所的な記述・設計しかできません。建築の局所性*に立って出来事を個別的に記述できるとしても、それを都市にまで延長、拡張できるとは限らないはずです。

建築という局所は、限定的な経験に対応する「実践的惰性態」（サルトル）に準拠しています。都市は、より大きな「惰性態*」の動きに対応した現象にならざるを得ません。これがもともとアナーキーな現象であるのなら、仕方がない。他方、均質空間の理論のように、もし局所性も規制する理論であるのなら、私は建築家としてそれに反抗しなくてはならない。ですから私は、丹下先生のように大局論には立たない。すなわち「日本の伝統は弥生である」とか、岡本太郎や白井晟一のように「縄文」であるとか、「数寄屋」であるとは言わない。そうではなく、「有孔体」というのは、それぞれの人が、ある意味では勝手な立場に立つことを主張した局所論です。この局所論から、私は和辻哲郎の『風土』も批判しました。離散性を強調する"Discrete"(離散的)は、アナーキーな状態を統制された状態よりよしとする態度です。

そんなことでは、全体的な事態の把握はほとんど困難というか、不可能なのではないか、それを言うのは無責任ではないか、と私は批判されるのですが、そのとおりですと言わざるを得ません。ことによると、本格的な社会運動の実践から全体性に至ることができるのではないかと思ったりしますが、その失敗がテロや戦争ですから、そうすると「反抗的人間」であろうとし続けたカミュが正しかったのではないかと考えざるを得ません。ですから私は、そのような全体性への地平から、逃げざるを得ないのです。

資本主義にうっちゃりをくわす方法

吉見 今のお話からすると、私の均質空間についての理解は乱暴なものかもしれませんが、無限の連続性という仮説を近代は持っていた。これが、近代の均質空間を批判していく際の根本中の根本だと私は思っています。この無限の連続性という仮説が、さまざまな近代の時間と空間についての考え方を支えており、それがとてもやっかいな結果をもたらしていった。原先生の均質空間論は、まずこのポイントを衝いている。

原　だから、僕は空間を分化する方針をとったのです。たとえば、飯田の美術館（飯田市美術博物館）は日本画の収蔵をしなくてはいけない。それは財産だから本当に均質空間をつくらなくてはいけません。日に当たってもいけないし、温度管理も求められます。それは完璧につくらなくてはいけないと言われて、それではつくりましょう、しかし、局所的につくりましょうと言った。

梅田スカイビルでも、建物自体はオフィス空間ですから大部分が均質空間です。均質空間としての条件があるし、全部同じようにつくらないとバランスがとれない。それで、全体のデザインに有孔体の形を持ち込んで、形としては、ボックスが消えていくような形にしたわけです。建築家としては、空間を分割する戦略に立って生き延びていく方法をとらざるを得ない。

吉見　それは、巨大なボックスの中に、谷が通っていくというようなことでしょうか。

原　それも考えます。ボックスを崩しながら、全体としてはタワー、連結超高層という形式をつくり出す。その場合に、両側のタワーは単なるタワーではなく、空中庭園の支柱になるわけです。実践的にはそういう方式で逃れました。逃れる方法、だから「逃亡」です。
そのときは、法規上は「総合設計制度」に則りました。集落調査をした一人でもある及川清昭（立命館大学教授）が、大阪府の込み入った制度を読み解いて、できるだけ低く構える案をつくっていました。しかし、どうやっても容積率を満たすことができない。それで、それまでの設計内容をすべて捨てて、新しい案、つまり、メソポタミアの「空中庭園」の幻想を追うことにします。そして、自分たちにも信じられなかったのですが、積水ハウスの担当チームの熱意がそこに加わって、いま建っている案を実現したのです。当然ながら、この空中庭園幻想の建築は、資本主義のど真ん中の事例です。

吉見　それにしても、なぜここまで均質空間は広がり続けるのでしょうか。均質空間以外に、現代のオフィスについての解はないのでしょうか。原先生は、均質空間の拡大によって「求心的空間概念の基礎となった諸概念、すなわち場所（トポス）の境界、方向性、円運動、空間の有限性等はほとんど崩されてゆく」と論じています（前掲『空間〈機能から様相へ〉』六六頁）。場所的な濃淡があり、方向性や重層性を内包していた近世までの空間は、近代を通じてどの部分をとっても同等な均質空間に代わられていきます。なぜ、

梅田スカイビル空中庭園幻想

そうなったのか。近代社会には、均質空間以外の解は本当になかったのか。

原　それは、やはり資本主義ではないですか。

吉見　経済メカニズムとしての資本主義が、均質空間を一番効率的な空間として望むことは理解できますが、しかしローカルには、それぞれの地域や社会的文脈に則したより望まれる空間概念がいろいろあったかもしれない。ローカルに資本と空間が結ばれていく別の回路というか。資本主義は確かに機能していますが、それぞれの現場で均質空間が落としどころだという何かしらの合意があったのか、なかったのか。

原　合意がある。その意味では多数決です。多数決に対して違う何かが決定する委員会の中に発生すれば、違ったこともできるかもしれない。しかし、多数決でやると標準的なものが絶対に勝ちます。建築家は、生き抜くため、それにどう従うかにいろいろ策をめぐらせる。

吉見　まさにそこに、原先生は挑戦してこられたということですね。

原　それは逃げながらです。サイレンが常に鳴り続けている。

吉見　逃げに逃げ、ぎりぎりの土壇場で返り討ちにする。相撲でもあるじゃないですか。

原　うっちゃり。

吉見　一種のうっちゃりですね。逃げながらうっちゃるという。先生が狙ってきたのは。

原　そうそう。なおかつ、さらに逃げるんだよ。次も何か建てなくてはならないからね。ただ、丹下先生はどちらかといえば、資本主義を抑え込もうとされた。

吉見　丹下健三は資本主義を牛耳ろうとされ、実際にある程度、牛耳られた。

原　僕はそういうことはできないから、資本主義と逃げながら組もうと思ったのです。

吉見　丹下さんも資本主義と組んでいらしたと思います。資本と組まないと建物は建たないから、建築家の方々が資本と組もうとされるのは当然だと思います。丹下さんは牛耳って組もうとされたのだけれども、先生は逃げながら組もうとしてきた。

原　どんなに条件を出されても、そうですか、分かりましたと言って大抵従うのです。その意味では闘わない。実現するまでぐっと我慢する。お金の問題に圧倒的に制限がかかります。たとえば京都駅は、施工会社とJR西日本で、このような約束でこのようにやっていこうと決めるわけです。ガラスは何平米使うとか、計算して決めます。京都駅は信じられない複雑さを備えていたけれども、ただ、あのときはコンペティションも通っていたわけです。国際的なコンペティションを通ったのだから、経済的な条件は理解するけれども、自分はこのようにやりたいと、そういう台詞は言えます。コンペティションは、私たちの立場を守ってくれます。

僕の主張は、国際的なコンペティションで決まったルールは変えないでくださいということです。小さな建物でも、いろいろな横槍が入ったりします。そういうときには、これはコンペティションという建築の世界全体で決めたことだから、僕はそれを重視すると言う。そうすると、みんな分かりましたと言います。しかし、ひどい場合には、市長選挙とかで別の考え方の人が勝って、方針が変わったと言われることだってあります。

吉見　資本主義や多数決に対抗するほぼ唯一の方法は、国際的なコンペティションというオーソライズの仕組みだということですね。国際的な仕組みには、国連、WTO、WHO、ユネスコなどいろいろありますが、国際コンペもその一種です。そうしたフレームが、資本主義や多数決から建築家の創造性を守っている。

原　そういうことです。

谷間には谷間のものができる

吉見　均質空間にある種の反撃を加え、孔を穿つ方法は、基本的には二通りあり得ると思います。一つは先生やそれに連なる方々がやったように、均質空間から逃げを打ちながら、その中に集落的な、異質なロジックの空間を埋め込んでいくやり方です。

もう一つは、実はその建物の外側には、きっと実際の谷間、昔からの祠《ほこら》、くぼ地、ちょっとした川、神社などいろいろな異質な空間があります。大手町にある将門の首塚はいまだに超グローバル企業の本社群のど真ん中にありながら、祟《たた》りがあるといって、三菱も三井も住友もどかすことはできない。さまざまな歴史的な記憶や自然からもう一回考えていく。そちらのアプローチも私はあると思います。

内側からの集落の挿入と、外側にまだ存在する集落の痕跡、これは文字どおりの有孔体なのかもしれないけれども、そこに孔をどう通していくか。このつなぎ方にある種のデザイン、考案とか仕掛けの工夫のしどころがあるようにも思います。

原　私は、祟りの話はどちらかと言えば控えめで、局所をつくり上げることが重要です。

吉見　そのバランスは、近代都市計画の浸透の度合いによって、国ごと、地域ごとに随分違う気がします。たとえば、カリフォルニアと日本の太平洋岸を比べると、地形的に似ています。つまり海に面して、サンフランシスコやシアトルはもともとでこぼこして、山があって、湾が深く切り込んでいる土地でした。リアス式海岸のような海岸線が、太平洋を取り囲んでいます。ところが、ヨーロッパ人が来たときに、彼らは先住民を追い払ってヨーロッパ的なグリッド状の都市をつくってしまいました。もともと岬が出て、谷があって、湾があった土地を全部ならしてしまった。丘を削って海を埋め立て、平らな土地をつくったのです。徳川家康もそこまではやっていません。その後に神戸が同じことをやっていくわけで、六甲の山を削り、海を埋め立てて平らな土地をつくりました。

これは、かなり最近になってのことです。戦後の日本は、文字どおり暴力的に山を削って海を埋め立てて平らな土地をつくってしまうようになりますが、明治・大正時代まではそこまではしませんでした。だから地形は残る。川とかくぼ地とか、いろいろなものが残ります。そしてところどころに高い建物を建てていきました。

原　日本の場合は、地形がかなり効いているのです。

吉見　そのとおりです。日本の都市においては、複雑な地形が相当、資本主義の均質空間化する力に対する抵抗力になってきたのだと思います。

原　環境の捉え方としては、はじめに風土があります。小さな地形であっても非常に扱いにくい要素が出てきて、地形が建築に類似性を生むのではないかと思ってきました。斜面には斜面のものがあり、谷間には谷間のものができる。

吉見　建築だけでなく、都市のつくられ方も、そこで展開する歴史や文化も、大陸の平べったいところと、群島、多島海、半島では結構違っています。

原　初めから共通性を持っているのですね。

吉見　持っていると思います。地形的に局所性が条件づけられていると私は思います。日本やインドネシアは、とんでもない数の島々からできていますから、近代化以前は、この地形的条件の中でかなり共通性のある人々の生活が多様に営まれていました。しかし、近代資本主義はそのすべてを変えていった。ですから最近だと、人々の格差を解消し、生活を便利にするために道路を通しましょう、橋を架けましょうとなります。たしかに、ある程度の道や橋は必要なこともあるでしょう。しかし、それは高速道路や巨大な橋梁ではない。本当は、橋や道路がないほうが、島々の文化的多様性は残る。半島になっているところも、それなりに複雑なので、決して一元化されない。標準化されない多様性を地形が残してきました。

原　それはかなり重要です。

吉見　他方、大陸国家、つまり中国やロシア、そしてアメリカは、私には似ているように思えます。大陸は帝国の文明が一挙に広がりやすい。それに対して、日本、韓国、台湾、東南アジア、それに北欧やトルコ、バルカン半島は地形が複雑です。地形がごちゃごちゃしている。入江や川、谷間や湖沼が人々の生活と絡まりあってきた。そうすると、その中でどうしても多様性が発生している場所があるのだと思います。

いささか梅棹忠夫さんの「文明の生態史観」っぽい話ですが、そうした視点も完全には否定できない。ただ、その場合に、私はあくまで大陸の側ではなく、多島海や半島、入江や谷や盆地の側から考えたいと思っています。

原　地政学ですね。いま、アメリカと中国をどう捉えるかというときに、「地政学的に」という言葉がメディアで必ず登場しますが、もっと小刻みな仕方で何かを捉えることができるはずです。メディアで言われるのとは別種の地政学があるということですね。

吉見　中国大陸を中心に考えるのか、沿岸地域の海から考えるのかで、アジアの捉え方はまったく違ってきます。そもそも「アジア＝亜細亜」の「亜」という語自体が、「中国」の「中」と違い、周縁という意味合いを含んでいます。

日本列島が約七千の島から成り、フィリピンには約八千の島があって、インドネシアには約一万七千の島がありますから、東アジアにはおそらく五万近くの島々があるのです。この約五万の島々から成る多島海の歴史的多様性から考えれば、アジアの捉え方も変わります。群島としてのアジアには、常に中国大陸からの圧力があり、近代はそれ以上に欧米と日本から、植民地主義的な力が入ってきました。島々の地形は、それらに対する抵抗力をどう育んできたのか。

「離れて立て」

原　もともと島は離散性です。

吉見　まさにそこです。半島や群島といった地形が持つ潜在的な抵抗性がある一方、均質空間の中で逃げを打ちながら、さまざまな集落的な空間論理を埋め込んでいく建築家もいる。その方法論が、先生の言われる離散性なのではないかと思います。

　他方、二十世紀の終わり頃からわれわれは、情報網として爆発的に広がる均質空間に直面しています。ＧＡＦＡ企業というか、Google や Amazon などのネット空間の拡張が急激です。人工衛星が地球の周りにたくさん回っていて、その人工衛星から常に地球は監視され、ビジュアライズされています。私たちは一人ひとりスマホを持っていて、スマホのＧＰＳで自分がどこの位置にいるかは詳細に分かる。地球全体を覆ってしまった情報的な均質空間の中にいて、道に迷わなくて済むのはありがたい一方で、全地球的に均質な情報に取り囲まれています。これは均質空間そのものです。

原　「離れて立て」*。これが、私が言った言葉の中で一番いいのではないかと思っています。今の状態、全地球を覆う情報空間とか、グローバル企業のことも含めてですが、連続的な一つの通信網が地球上に実現したことは、本当

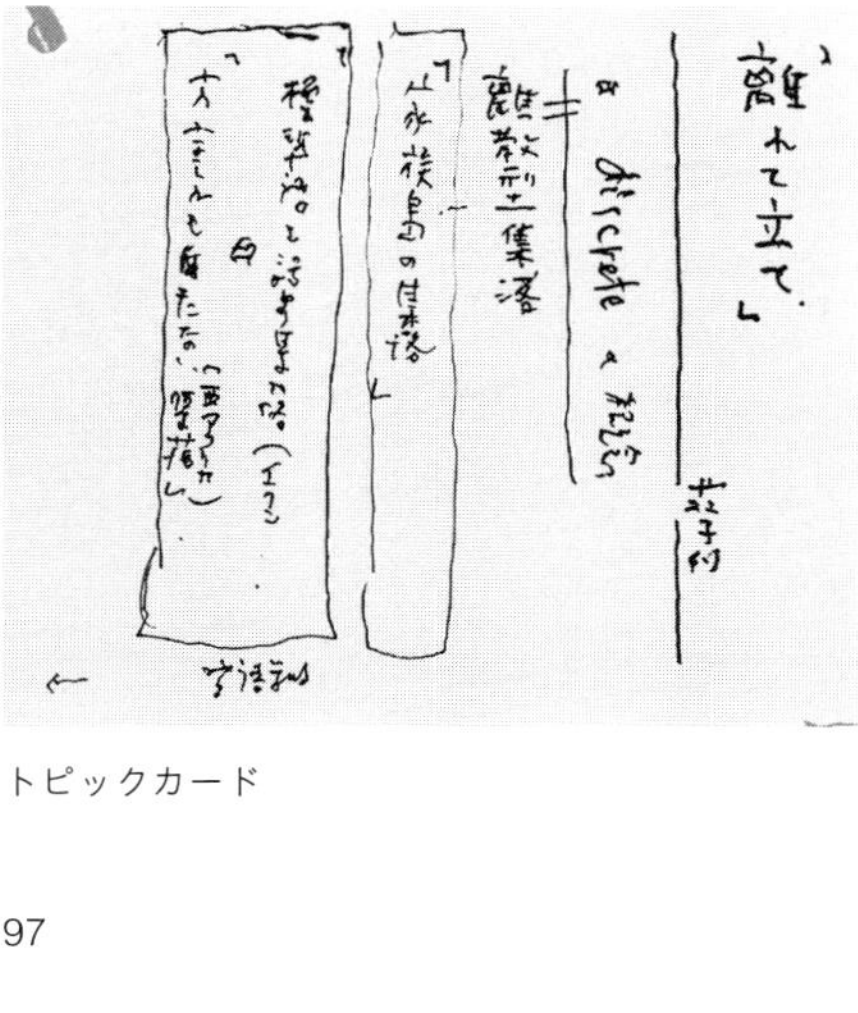

トピックカード

は「離れて立て」に非常にいいのです。通信革命は、それぞれの人間の距離を変え、人がべたべたすることなく離れて住むことを可能にしたのだから、悪いことではないのです。

今日のコミュニティ論のほとんどは、人口が今の四分の一であった二十世紀初頭の論議から生まれてきたものです。その内容を一言で表現すると、「コネクタビリティ＝連結可能性」です。みんな仲よく暮らしてゆこうと、人々の結びつきを第一に置きます。しかし、私にはそれだけとは思えません。遠く離れていること、離れているから仲よくできる。社会がうまく運ぶためには、「コネクタビリティ」とは反対の「セパラビリティ＝分離可能性」が重要なのです。二十世紀初頭の「コミュニティ」社会に対して、電話やインターネットが示唆しているのは「ディスクリート（離散的）な社会」*です。

吉見　たしかに。日本でも山村は離散型ですし、今日の分散型ホテルや二拠点居住への動きを視野に入れると、離散的な居住が未来のモデル②なのかもしれません。

『それから』の世紀としての二十世紀

吉見　さて、均質空間と資本主義、地形と離散性の話ですっかり盛り上がってしまいましたが、実は今回の対談、原先生と私で導入の主題に選んだのは夏目漱石の『それから』でした。なぜならば、おそらく『それから』は、資本の世紀としての二十世紀の本質を、最も早い時期に抉《えぐ》り出《だ》した作品だからです。漱石がこの作品を書いたのは一九〇九年です。これは、漱石の前期三部作をなす一冊で、『三四郎』(一九〇八年)と『それから』、そして続篇といわれる『門』(一九一〇年)の三作には連続性があります。

では当時、世の中はどのように動いていたのか。日露戦争後の世界には帝国主義戦争がどんどん広がります。日本周辺では日韓併合、バルカン情勢が非常に不安定化します。旧帝国・オスマントルコが没落し、列強はその後の領土を取り合う。かたやロシア、メキシコは社会主義革命に向かい、かたやインドや韓国では植民地独立運動が起こり始めていた。政情不安に拍車がかかるこの時代、ほぼ時を同じくして、アメリカではＧＭやフォードに代表される企業を筆頭に、資本主義がたいへんな勢いで発展していく。

『それから』を読み直してみると、漱石は見事に同時代を考察しています。この物語は代助、平岡、三千代(平岡の妻)のあいだの三角関係を描いていきます。よくある話のようですが、この基本的なプロットのもとで漱石が描き出した世界は、二重の意味で重要です。代助を中心に見たときには、経済的な世界、つまりマネー中心の資本主義がいかに文化的・芸術的な価値の世界を征服したかを漱石はクリアに描き出しています。

代助の父、長井得は金持ちの資本家で、幕末から明治に至る激動の時代を生き延び、いわば渋沢栄一的な存在になっています。その次男坊が代助ですから、父親の資産を頼りにできる高等遊民として文化を享受してきました。それに対し、彼の親友、平岡は、資本主義にまみれながら世界を見ている。ここには対立の構造があります。

問題なのは、ここでの「それから」とは何なのかです。漱石自身が東京朝日新聞に本のプロモーションのために書いた文章では、「色々な意味に於てそれからである。「三四郎」には大学生の事を描《かい》たが、此小説にはそれから先の事を書いたからそれからである。「三四郎」の主人公はあの通り単純であるが、此主人公はそれから後の男であるから此点に於ても、それからである。此主人公は最後に、妙な運命に陥る。それからさき何《ど》うなるかは書いてない。此意味に於ても亦それからである」というわけです。このように、物語の変化、人物の変化、そして未来、『それから』の「それ」が意味する「時点」の多義性について、漱石自身がきわめて意識的だったことが分かります。

　実際、この小説の中で、代助が平岡に「それから、以後どうだい」と聞く。そして平岡が「どうの、こうのって、――まあ色々話すがね」と答え、代助も「僕は相変らずだよ」と応答する。「僕は相変らずだよ」と答えているのは、代助はこの時点では変化がないからです。変化がない理由は、彼は経済的に父親に依存しているからです。平岡は資本主義にまみれ、経済的に失敗し定常的な状態から落ちているわけです。二人の対照的な状況のうちに、資本主義がどこまで浸透したかが示されています。

　つまり、極論すれば、漱石は「それから」という時間を指し示すことで、二十世紀とは何かを語ろうとしているのだと思います。

原　代助の知識、父親の資産、彼が持っていたものはもう通用しなくなるわけです。

吉見　『それから』の「それ」とは、まさにその通用しなくなる瞬間ですね。

原　いくらやっても間に合わない、これは駄目なのではないか。そのことについて、高橋康也が『ゴドーを待ちながら』の翻訳のあとで解説しています。他方、『それから』で一番印象的だったのは、「日本人は神を信じないけれども、人間も信じなくなってどうしたらいいんだろう」という言葉です。

吉見　漱石はこう書いていますね。「彼〔代助〕は、現代の日本に特有なる一種の不安に襲われ出した。その不安は人と人との間に信仰がない原因から起る野蛮程度の現象であった。彼はこの心的現象のために甚しき動揺を感じた。彼は神に信仰を置く事を喜ばぬ人であった。又頭脳の人として、神に信仰を置く事の出来ぬ性質《たち》であった。けれども、相互に信仰を有するものは、神に依頼するの必要がないと信じていた。相互が疑い合うときの苦しみを解脱する為めに、神は始めて存在の権利を有するものと解釈していた。だから、神のある国では、人が嘘を吐《つ》くものと極めた。然し今の日本は、神にも人にも信仰のない国柄であるという事を発見した」（新潮文庫、一九四八年）。

つまり、他者への不信が神への帰依を招来する。他者が本当に信頼できていれば、神はいなくてもいい。しかし、現代日本では、他者への信頼も失われているし、神への信仰もない。どちらもなくて、もうどうしようもない状態だと代助には見えていた。

原　そう。だから、人間は何を信じたらいいのだろうか。こうすればいいとは、漱石にも分からなかったのではないかな。

吉見　代助は知識人ですね。漱石の分身みたいなところがある知識人です。

原　でも、その知識はあまり役に立たない。

吉見　はい、本当に役に立たない知識人だった。役に立たなくてどこが悪いんだと、ある時点まで彼は思っていたわけです。彼は、当時の日本を厳しく批評していました。つまり、「生活慾の高圧力」でみんなが資本主義的な「熊手族*」になっていく。自分の経済的な欲で物事を判断していくから、どんどん人間は敵対するような関係になっていく。こうして二十世紀の堕落が起こる。それは「道義慾」、つまり倫理的な価値や文化的な価値を崩壊させてしまう、このことを漱石はかなり明確に書いています。

資本主義と神のあいだで

原　しかし、ここで僕が指摘したいことは、漱石のその図式が単純すぎないかということです。二十世紀初頭は、日本人が何も信じなくなった時代ですね。

吉見　代助が平岡に「文化的な価値」を示すときに、ニコライ堂の話[3]をします。自分が信じる価値は金や出世ではない。少し前にニコライの復活祭に参加し、みんなで歌ったり、神聖な空間に参列したりした。ニコライ堂は東方正教会ですが、自分が信じる価値は、その神というのではなく、そのときに接した崇高なる経験にある。

原　そこは、分かっていた。

吉見　代助は、明治以降の日本のどこに問題があるかも分かっていました。日本はキャッチアップ型だから、必死に一等国に仲間入りしようと軍事力を増強する。経済成長に必死になる。それでどんどん無理をする。つまり、「あらゆる方面に向って、奥行を削って、一等国だけの間口を張」る。しかし、なまじ間口を広く張るので奥行きが全然ない、薄っぺらな国にどんどんなっていく。これは戦後、そして今の日本と同じです。

原　今の日本は、代助の言葉どおりになってしまいましたね。

吉見　二十世紀初頭からすでに、代助の言葉どおりのことが起きていて、これは批評としてはまったく正しいのです。しかし、代助の最大の矛盾は、これだけ正しい批評を言える彼が、完全に父親に経済的に依存していたことです。彼は自分では何も稼いでいない。いくらでも本を読んで、しかし働く必要がない。だからいくらでも時間がある。金を使って十分文化的な生活ができる。社会にまみれる必要がないから、平岡に、お前は何か立派そうなことを言っているけれども、傍観者的な立場にいるからそれができているのだろうと批判もされます。このとき代助は、そうではない、経済的な価値にまみれている人間と自分は違うのだと正当化しています。

原　漱石も代助もそうですが、日本人が神を信じなくなって、人も信じなくなったという図式はおかしいと思います。形而上学的な部分を単純化していないかな。

吉見　私は、『それから』は相当な複雑な小説で、単純だとは思いませんが。

原　神がいないのに、それでも信じるという論理を立ち上げるのは大変です。

吉見　それはゴドーの話ですね。

原　ゴドーの話が漱石の話に引っ掛かっています。資本主義だとか経済的な問題もありますが、両者の核心は形而上学的な問題です。漱石は、その問題をどう考えていたのだろう。

吉見　それは、難しいですね。漱石は、メロドラマ的な三角関係の構図を借りながら、代助がいかに破滅していくかを上手に描いています。つまり、神への冒瀆なき破滅です。

原　その思考の筋道には、『ゴドーを待ちながら』の問題は出てきませんね。

吉見　他方、漱石は「熊手族」に二つの類型があることも描きます。トップレベルの金融資本家と、草の根レベルのビジネスマンです。漱石が金融資本の頂点にいる人間像として描いたのは、代助の父親です。他方、出世と金儲けに邁進する一人のビジネスマンとして描いたのが平岡です。平岡からすれば、自分がどうやって出世するか、経済的に成功するかにすべての価値がありました。彼は、資本主義的な価値ですべてを判断する。要するに、現代のビジネスマンと同じです。だから、やがて代助と平岡は決定的に決裂します。その瞬間から、代助は三千代を平岡の手から取り戻そうとするようになる。しかし、代助の矛盾は明らかで、彼は金融資本家である父親に寄生しているからこそ、冷徹に現代日本を批評できる。

原　そういうことはいいのだけれども、日本人は神を信じない、形而上学的な問題はもういいのだと片づけているところに問題がありはしないか。

漱石はものすごい知識人だろうから、いろいろなことを知っていると思います。しかし、もう一度、本質的に神がいるかいないかを問うてみたほうがいいのではないか。このことを、漱石は分かっていたのかもしれないし、次の『こころ』には、何か宗教的なことが入っていくかもしれません。

吉見　たしかに、『それから』の問いに、あまり神は出てきません。他方、同時代のヨーロッパの社会思想では、ほぼ同じ頃にマックス・ウェーバーが『プロテスタンティズムの倫理と資本主義の精神』(一九〇四―〇五年)を書いていますから、知識人にとって最も重要だった問いは、経済と宗教、要するに資本主義と神の関係の問題でした。

漱石は、そうした問題を、神の問題というよりも、共同体の問題として考えていた。ですから代助は、「大地は自然に続いているけれども、その上に家を建てたら、忽《たちま》ち切れ切れになってしまった。家の中にいる人間もまた切れ切れになってしまった。文明は我等をして孤立せしむる」と述べていきます。この感覚は、漱石自身がこの時代に感じていた感覚です。神と人間に関わる宗教的な関係を考えるもっと土台の部分で、人間がばらばらになり、断片化し、解体されていく様子を、漱石は描き、その描き方がとてもうまいのです。

原　たしかに代助が破滅していく。その立て方がうまいんだよ。そんなことは、熊手族*だったら絶対に考えない。彼らは「お金をかき集める人たち」で、熊手できれいに落葉をかき集めるのと同じです。この名前は、rake(熊手)から raker 族というのを考えて、私が命名しました。漱石はしかし、人間が切れ切れになっていくことを考えざるを得ない立場の人間を作った。

吉見　代助は、そこは十分に考えているのですが、結局は平岡と同じところに身を置かざるを得ない運命を自分で選択していきます。だからそのラストシーンで、彼は「「焦《こ》げる焦げる」(4)と歩きながら口の内で云った。飯田橋へ来て電車に乗った。電車は真直に走り出した。代助は車のなかで、「ああ動く。世の中が動く」と傍《はた》の人に聞える様に云った。彼の頭は電車の速力を以て回転し出した」いうことになる。非常に優れた破滅についての描写だと思います。

原　たとえば、われわれアトリエ・ファイみたいなものすごく小さな会社でも、現場にいるときにはどうやってお金を集めるかしか考えない。それ以外に説得力のある言葉はないのです。不思議に思うのは、それでも帰宅して話すのはまた何か違ったことです。また翌日になると、現場に入って金を集めることだけを話す。分裂があります。

吉見　その場合は、日常的な分裂ですが、代助の場合は、ずっと金のことは考えなくていい立場だったわけです。昔の大学の教授は、まさに代助の立場に近かった。でも今は、大学教授たちもほぼ毎日、お金のことしか考えていません。さまざまな申請書を書いて外部資金を集め、スタッフを雇用し、成果が出た形を作るためにプロジェクトを回す。寄附金が狙えれば、いくらでも頭を下げる。代助の運命とそれほど違いがあるわけではない。建築家も大学教授も、誰しもが代助と運命を共有している。

原　「熊手族」はどこにでもいるのです。その押し寄せてくる熊手族がますます勢いを増していくときに、誰かがストッパーになることは考えられなかったのだろうか。

三千代の視点から読み返す

吉見　何が、「熊手族」に対するストッパーになるのか。熊手族を抑える力を持つものとして、漱石は何に意識を向けていたのかというと、私の理解では三千代だと思います。実際、三千代は『それから』の実質的な主人公です。代助は、三千代のことがあって家の名を貶《おとし》めてしまうことになりました。三千代と代助に関係ができる。不倫の話です。それを兄に問いただされた代助は、「本当です」と答えて勘当される。ここで、代助の財源は途絶する。

『それから』という小説を平岡と代助の関係の話として捉えてしまうと、代助が破滅していく悲劇の物語としてしか見えません。資本主義の中で、あるいは熊手族の中に巻き込まれていって破滅していく物語です。しかし、この小説の影の主人公は三千代です。三千代は、代助あるいは小説全体を動かしている影の力、文学的な力の中心です。

三千代の目からこの小説を見ていくと、まったく違った風景が見えてくる。神ではありませんが、むしろ女性というべきでしょうか。全編を通じ、三千代は物語の中心にいます。

原　三千代は、代助からお金をもらうんだよね。

吉見　三千代が代助からお金をもらうのは贈与関係です。代助が三千代に贈与する。助けるためにお金を渡すのですけれども、これはある意味で、代助は三千代を金で買ったことになります。他方、幼なじみだから代助と三千代のあいだに愛情関係がありました。しかし当時は代助と平岡が親友で、平岡と代助はともに三千代のことが好きだけれども、代助は三千代をお前の妻にするのがいいと言って、二人を結び合わせました。その意味で、代助はひどい。最初に、三千代を平岡に贈与しているのです。代助は、彼の財として三千代を平岡に贈与した。

その後、平岡が熊手族の子分みたいになっていき、代助との仲が決定的に亀裂します。ここで代助は平岡から三千代を取り戻すために金を渡します。三千代を平岡に贈与し、しかし平岡と決裂してしまうと、平岡から三千代を買い戻す。ひどい話です。

原　三千代の魅力は何だったのですかね。

吉見　漱石は『それから』に、二つの異なる物語を埋め込んでいるのだと思います。代助の側から見れば、父親は代助を金持ちの娘と結婚させようとしていますから、女性は一貫して財として扱われています。父親は、代助と金持ちの娘を結婚させ、経済基盤をより確かなものにしようとしている。三千代はまず平岡に贈与され、次に代助から金を渡されている。つまり、女性は経済的な価値としてやりとりされています。これは、男性中心主義的な物語です。

しかし、三千代の側から読み直し、三千代がしている行動を見ていくと、彼女は繰り返しきわめて意図的に代助の無意識の記憶を刺激しています。そこが面白い。これは、柄谷行人さんが指摘しています。『それから』からの引用ですが、三千代が代助と再会したとき、彼女は「奇麗な手を膝の上に畳《かさ》ねた。下にした手にも指輪〔結婚指輪〕を穿《は》めている。上にした手にも指輪を穿めている。上のは細い金の枠に比較的大きな真珠を盛った当世風のもので、三年前結婚の御祝として代助から贈られたものである」。非常に意図的な演技ですね。三千代は、かなり意識的に代助を誘惑しています。もちろん、私は非常にポジティブな意味で、この「誘惑」という言葉を使っています。

さらに、再び代助と会うときに、彼女は百合の花を買って持っている。そこでのシンボルとして百合は重要ですが、代助はそのことに気がつかない。三千代は代助に、「あなた、何時からこの花が御嫌になったの」と妙な質問をかけます。なぜならば、かつて三千代の兄がまだ生きていた頃、代助が百合の花を買って、三千代と三千代の兄の家を訪ねたことがありました。三千代はそれをずっと覚えていたのです。なかなか感動的なエピソードだと私は思いました。

つまり、三千代は代助に対してはっきりとした意志を持っていて、非常に考え抜かれた演技をしています。かなり見事で、代助の教養以上に、こちらのレベルのほうが上です。先生がお聞きになった三千代の魅力とは、彼女の生得的なものというよりも、このような演技、他者の記憶を呼び覚まそうとして演じる意志にあったと私は思います。実際、漱石はそこを認識していて、ある瞬間、「代助の頭の中に、突然三千代の姿が浮んだ。その時代助はこの論理中に、或因数《ファクター》は数え込むのを忘れたのではなかろうかと疑った。けれども、その因数はどうしても発見する事が出来なかった」と書いています。これは、記憶の心理数学のようなものです。

原　記憶を呼び覚ますということは何を意味するのだろうか。

吉見　ポイントは、少なくともこの小説は、単に資本主義に呑み込まれていった代助の悲劇の話ではないということです。

原　それは分かる。

吉見　むしろ、この話を三千代の主体性――非常にしたたかで、ある種フロイト的な策略と言ってもいいけれども――があったという話として読めば、男性中心主義的な話ではなく、フェミニズム的な話だと読むこともできるはずです。

原　小説として、彼女がいなかったら成立していない。三千代は魅力をずっと保持しているのでしょう。代助と平岡は滅びの道を歩いている。一見、彼女も滅びの道を歩いているように見えますが、実はどこか輝いている。

吉見　輝いています。だって彼女は、自分の力で目的を達成しているのです。思うに、漱石は女性の力に非常に敏感な人だったような気がします。必ずしも男の目から女を見ていない。『吾輩は猫である』(一九〇五―〇六年)もそうではないですか。猫が見た人間の世界や、紳士たちの世界を語る。そしてそれを笑う。全体が相対化されるというか、他者の視点から自己が捉え返されている。

原　たとえばガルシア＝マルケスの『百年の孤独』(一九六七年)では、ウルスラが圧倒的に魅力を持っています。『オデュッセイア』も女神アテネが出てこないと完全に敗北してしまう。アテネが必ず助けに来てくれる。

吉見　大江さんの小説もそうではないですか。

原　『燃えあがる緑の木』に出てくる「サッチャン」と同じだね。結局は女性の力と重ねられています。

吉見　舞台の中央に立っているのは男であることが多いけれども、実は小説全体を動かしている最大のモーメントはそこにはない。二十世紀を考え、資本主義のどうしようもなさ――熊手族が跳梁跋扈《ちょうりょうばっこ》し、人々の関係をずたずたにしていく――に対抗できる力学の中心点は……

原　結局は女性ではないか。

吉見　これらの小説にしたがって言えば、そうなります。

原　女性の立ち位置からの力、そこに不思議な力の支点があるとすれば、宗教などともかなり関係が深いでしょう。ただ、『ゴドーを待ちながら』に女性は出てこない。

吉見　あれは違いますね。出てきません。ダイレクトに宗教的な不可能性を語る。だから、救われるのか、救われないのか、分からない。ただ待つのですね。

原　『それから』は確かに資本主義と文化の関係の話ですが、本当の価値はそこにはない。価値があるとすれば、魔力なのか、女性が神通力を持っているところ。

吉見　三千代は無意識の記憶を刺激しているので、何もないところで何かをつくり上げているわけではありません。かつての代助とのさまざまな出来事が下敷きにある。その出来事についての彼女の記憶が、彼女の戦略的な資源になっています。これを拡張して考えれば、近代資本主義の数百年の歴史を通じて女性たちが生き抜いてきたさまざまな経験の記憶は、未来の資本主義を組み直す有力な戦略的資源となるかもしれない。

原　そういう解釈だと、男は全員滅びていくじゃない。

吉見　もう、男たちは一度、滅びたほうがいいのではないですか。経済的に代助は滅びますけれども、そうやって彼が滅びるのは、彼が彼自身の中にあった記憶を蘇らせて、そちらを選択したからです。それで三千代は目的を達成し、物語としては救いのある話になります。

原　代助は父親の言うことを聞いていれば、まだ続いた。

吉見　でも、彼は自分の無意識の記憶を三千代に刺激されて、世界の見え方が変わってしまった。そこから見れば、代助は全然破滅していない。もちろん経済的には破滅して、資本主義的に働かざるを得ない。でも、彼の再生の物語は別の仕方で可能だと思います。

教養あるブルジョアが安穏として、世の中を批評しながら生きることができる世界があるとしたら、そのような世界の限界を三千代が暴いている。あたかも財のように代助から平岡に渡され、後に金の力で平岡から買い戻される、その三千代は、実は代助の思考の地平を転換させてしまう戦略家でもあった。そんな戦略家がいるとしたら、男たちはその戦略にかかってしまったほうがいいのではないでしょうか。

原　それは大都市の話と同じだと思います。大都市は代助の父親のようでもあり、代助でもあり、平岡でもある。

吉見　近代の大都市は、男性中心主義的だということでしょうか。確かに、現代都市の成年男性人口の八割ぐらいは平岡ですよ。東京でも、霞が関や大手町にいるビジネスマンたちの八割は平岡です。最近では、女性たちも、みんなが平岡です。

原　世の中には金を儲けるにはどうしたらいいかという話しかない。

吉見　今の世界はますますそうです。

原　それしかない、何もないわけでしょう。そういう中で、物語の中の女性たちは力を持っているのではないか。つまり、『百年の孤独』のウルスラですよ。

吉見　ただ、それはあくまでフィクションです。

原　たしかに漱石はすごい。そこが、フィクショナリティです。フィクショナリティ*というと、日本では虚構性とか物語性となりがちですが、構想力というか、イマジネーションヨン、つまり想像力を表しています。ただ、「構想力」というと、もちろん三木清が書いた有名な『構想力の論理』(一九三九年)があるのですが、あれはなんだか「構想力は構想力である」というトートロジーになっているので、そこと重ねられるのを避けるため、私は「フィクショナリティ」と言っています。

量子力学と「場」

吉見　漱石の『それから』が書かれたのは一九〇九年ですね、資本主義の恐ろしさをここまでクリアに描いた小説はそうそうないという点で傑出しています。

原　だけど、アインシュタインが特殊相対性理論を発表したのは一九〇五年だよ。

吉見　日本の明治時代、大多数の日本人が日露戦争に熱狂していたときに、アインシュタインはすでに相対性理論を書いていたのですね。つまり、ヨーロッパはすでに転回点にあった。そのくらい、ヨーロッパの近代と日本の近代のあいだにはギャップがあった。

原　たしかに、ギャップは大きい。

吉見　しかし原先生は、近代という時代が本当に転換するのは、一九二五、二六年頃だろうとおっしゃっていますね。

原　そうです。「局所的記述が全体的記述に合致する」、あるいはその逆「全体的記述が局所的記述に合致する」の代表例は、ニュートンとライプニッツの世界像の対立であり、他方、象限は異なりますが、アインシュタインと量子力学の世界像の対立です。

アインシュタインは量子力学の確率論的なパラダイムを認めませんでしたが、同時に量子力学に最も貢献した人でもあります。専門家たちはそれを十分に理解しているので、一九二五、二六年からの劇的な量子力学の展開にもかかわらず、アインシュタインの注意に耳を傾けたのです。

ですから、ハイゼンベルクの行列力学とシュレーディンガーの波動方程式が登場する一九二五年頃を基点と考えて、世界像の確率論的なパラダイムへの転換を考える。そうすると、「一八二五→一九二五」と、「一九二五→二〇二五」のあいだの対比に驚かされます。この二つの百年間の違いは、いろいろな観点で考察できますが、少なくとも量子力学、正しく言えば空間の実在論をめぐり、エレクトロニクスやコンピュータの実用世界での展開に比し、あまりの遅れに驚かざるを得ないのです。

吉見　先生は、一九二五年からの百年間を、空間と時間の概念の確率論的な地平への変容として考えていらっしゃるのですね。私はどちらかというと、ファシズムとマルクス主義、第二次世界大戦から冷戦、そしてポスト冷戦に向かう政治‐軍事的な百年として考えています。見方が違いますが、どうつながりますかね。

原　たとえば、マックス・ヤンマーは『空間の概念』でアインシュタインの立場に立ちますが、彼は、現代の空間概念に関して決定的な記述を避けています。これまで私は、ホモジーニアスな空間に対して、ヘテロジーニアスな空間、言い換えればアナーキーな状態を対置する視座をとってきましたが、ヤンマーの空間概念の誤った理解はしていないと思います。アインシュタインは、特殊相対性理論で光の速度を最大とする大前提を置いており、これは明らかに決定的実在性に言及しています。ですから、その後の一般相対性理論は空間に関係しており、空間が重力の影響によって歪みを生じる現象を、テンソルの記述法*によって、同時にリーマン空間に計量を入れることによって証明することになるのです。

吉見　どこまで理解できたか自信はありませんが、ざっくり言えば、大きな重力場があれば空間は曲がる。すると、これまでのニュートン力学の前提が根本から通用しなくなるわけですね。それでは、量子力学の側は、どうなるのですか？

原　量子力学の側は、局所的記述を基礎としますが、「観測」の記述に意を払いました。波動関数による確率の記述が実在性に迫ります。そして実験による検証という意味で、「観測」にとどまることを確認したのが、この百年です。これは、意識的な保留で、この保留は、「知」を代表している量子力学にとって当を得ている態度です。

この点に関して、私たちにも分かるのが、遠く離れた二つの地点でなぜ同じ現象が「観測」されるのかという問題です。特殊相対性理論の言うように、光が最速であるとすれば、十分遠く離れた点が、ただちに同じ観測結果を得ることができるのは何故か、という難問があります。これに対してアインシュタインは、「量子のもつれ」という概念を提出して難問解決をはかったらどうかと主張しました。

吉見　すでに話は、私の理解力をはるかに超えてしまっていますが、今、先生がお話しされたことは、私たちがこれまでずっと話してきた、集落や都市に住まうこととどう関係するのでしょうか？

原　私は、局所性を基礎に建築を考えてきました。前回、お話ししたように、集落には、時として推考を重ねて鍛えぬかれた集落があって、それらが私たちをはげしく打ちます。こうした集落は、共同体というやや浪漫的な響きとは逆に、強い支配と規制の中で、自然の生産力の配分について厳しく話しあい、周辺の同じ社会の組み立てをもつ集落のモデルを参考にして改良を重ね、社会規約を物象化して、おのれの風貌をつくりました。しかし今日、私たちの社会は、話しあいの契機を欠いており、それぞれが自由に自分の建築をつくります。

このこと自体はまずいとは思わないのですが、ただ個体としての建築を集めてみると、惨憺たるありさまになります。つまり、個体と個体の調整が、私たちの手の外にあるのです。そこで、この風景を救う手だてを手近に探すと、個々の建物を全体的に、上から徹底的に規制し、造形的にそろえてしまえという発想が出てくる。

吉見　近代社会がもたらした自由は、その個人主義を徹底させた先に、ある種のホッブズ状態を出現させてしまう。そこに秩序を与えようとすると、どうしても国家とか、共産主義とか、ファシズムとか、上からの強制的な力で統一を押しつけることになる。風景でも、下からのばらばらな自由と、上からの強制の二律背反が存在する。しかし集落では、そうした二律背反とは少し違った論理が動いていた。

原　つまり、一つの風景を、下から構築してゆく手だてがなく、上から規制する以外に方法が欠落しているという状況認識から、今日の建築表現は始まったのです。この問題に対する最終的な解決策はまだ出ていません。ただ、その解決が、近代の延長線上にはないことは、今でははっきり分かっています。つまり、これは純粋に論理的な課題であって、「部分と全体」あるいは「個と総体」をめぐる論理、さらに言えば「部分から全体へ」の論理構築の作業なのです。そしてこの問題は、ひとり建築領域の課題ではなく、たとえば、科学の方法にまつわってもっとも端的にあらわれ、人間の自由や差異性と同一性を語るときの障害でもあるのです。

吉見 そこで、先ほどの量子力学の議論が出てくるわけですね。

「記号場」としての建築

原 局所性を基礎にし、それが全体化に向けてどのように考えたらよいかを量子力学が問題にしているのだと考えています。ですから、局所性を論じる場合、現在では私たちは「場(field)*」として記述する以外には、いい方法がさしあたりないと思うのです。

吉見 その「場」とは、量子力学的な意味で場であると同時に、記号学的な意味での場でもあるのですね。

原 私たちは、記号に取り巻かれています。これを「記号場(semiotic field)*」と言いますが、僕は、本来の「場」が、関数のスカラー、ベクトル、テンソルなどの量が「領域(連結開集合)*」のほとんどの部分に対応しているところに定義されているのを、むしろ記号に対応させることによって、「記号場」と呼べる「場」ができるはずだとかねてより考えてきたのです。

吉見　少しずつ分かってきました。先生の議論の核にあるのは空間の概念で、これを「場」ないし「記号場」として捉える見方が二十世紀を通じて広がった。その出発点には、量子力学における局所から全体化を考える「場」の考え方があり、その考え方が浮上してきたのが、だいたい一九二五年頃だった。

その後、「場」として空間を捉える考え方は、空間の混乱や分立を上からの強制で統一してしまおうとする流れに反抗しつつ、私たちの空間理解の根底に浸透してきた。そして戦後、それが構造主義的な意味で記号学と結びついていくわけですね。

原　記号場という場合、「記号」はものを現象に転じる性能をもつと考えられます。私が言う「場面を待つ」ものとしての建築は、そうした記号場の働きと深く関係があります。これは、最初は大江文学の「記号的な場所」から展開してきた発想で、果たしてそのようなことが、実際にうまくできるのかどうかが問われます。

大江文学では、根拠となるのが地図で、地図はさまざまな記号をもって、ものが位置と対応することを示します。建築は、局所性の立場に立って都市の中のもの、あるいは出来事を個別的に記述します。私は記号場では、一定の前提の範囲内でフィクショナリティが成立するのだと考えています。

吉見　つまり先生は、建築をもの自体としてではなく、ものを現象に転化さ

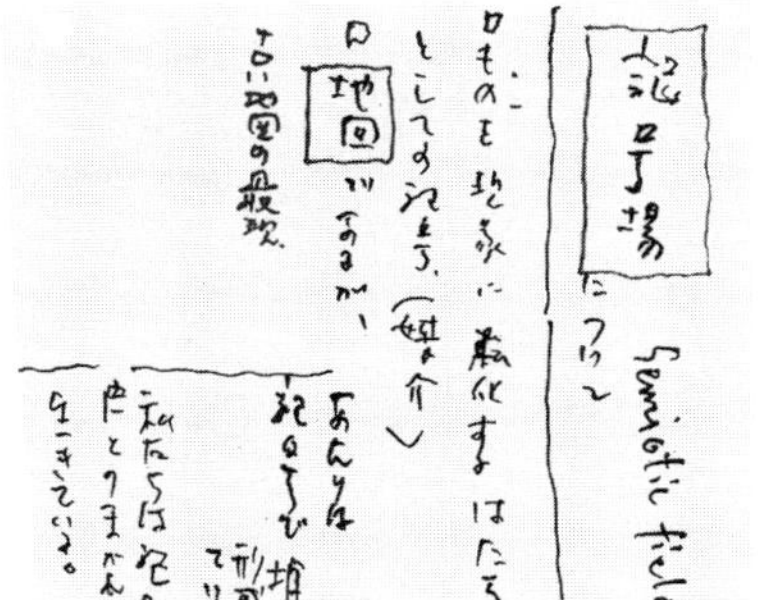

トピックカード

せる記号の場として捉えている。しかし、その転化には、何らかの仕方で人が介在する必要がありますね。

原　記号場としての建築にとって重要なのは、人が「空間を横切る」ことです。誰かが、空間を横切るという身体的移動をするとき、その記号場でものは現象に転化する。

吉見　つまり、私はよくは知りませんが、量子力学的な場では、アルファ線とか、ガンマ線とか、そうした「線」が空間を横切ることで現象が生じるとされるようですが、建築的な記号場では、人が空間を横切ることで現象が生じるということですね。

人口増加と殺人の二十世紀、あるいはモダンとポストモダン

吉見　先ほどの一九二五、二六年の話と関わりますが、原先生は、二十世紀を「人口増加と殺人」の世紀として捉えていらっしゃいます。これは、一般的には二十世紀が「経済発展と戦争」の世紀とされるのを裏返しているわけですね。「経済発展」ではなく「人口増加」、「戦争」ではなく「殺人」として二十世紀に起きた諸々の出来事を捉え返す。そのことにより、私たちの二十世紀についての自明性が少し揺らぐわけです。

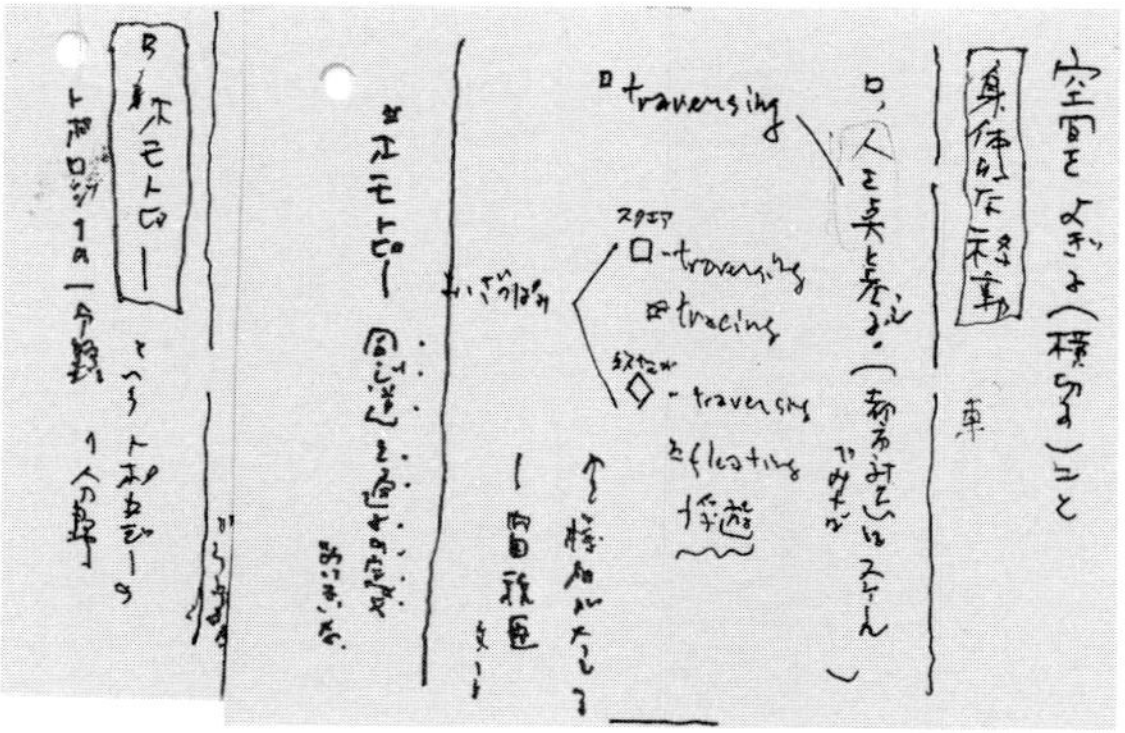

トピックカード

つまり、「経済発展」だとか「戦争」だとか言うよりも、「人口増加」だとか「殺人」だとか言ったほうがずっと即物的です。そのように即物的な物言いをすることによって、そこに異なる可能性、支配的なイデオロギーの下での物語化とは異なる、先生が強調するところのフィクショナリティ*の余地が生まれてくる。

原　このあいだ、桜井啓子さんの『シーア派』(中公新書、二〇〇六年)を読みながら、イランの近代現代史の年表を作ってみて、私の『集落への旅』や『集落の教え100』ではまったく整理がつかなかったところが、かなりはっきりしてきました。結局、新書一冊でかなりこみいった年表となったのです。つまり、過去半世紀の世界の地域研究は、めちゃくちゃに進歩したことになります。実際、桜井さんの本は殺人の連続で、よくまあ吐き気がしないで書けたものだ、というほどです。植民地主義の支配と宗派間の争いで、彼女の文章はいつも殺人によって終わる組み立てになっているのです。

吉見　桜井さんは私の妻・千晶の親友なので、何度もお会いしていますが、彼女の研究を先生は私よりもずっと深く読まれています。そうすると、その先で、中東、あるいは現代世界全体での長期にわたる殺戮の継続をどう考えるかが問題になってくる。

　これについてですが、私は二十世紀には四つの顔があると考えています。第一が「戦争の世紀」としての二十世紀で、両世界大戦、朝鮮戦争、ベトナム戦争、湾岸戦争といった戦争が延々と続いた。第二が「アメリカの世紀」としての二十世紀で、今、例に出したすべての戦争で、アメリカは中心的な役割を果たしています。第三が、「革命と全体主義の世紀」としての二十世紀で、「アメリカ」に括られない多くの国々が、革命と全体主義に巻き込まれました。つまり、「アメリカ」と「革命と全体主義」は補集合の関係にある。そして第四が、「資本の世紀」としての二十世紀です。二十世紀は「資本」の支配を行き着くところまで行かせた。

　そして、このすべて、つまり殺人や戦争、革命、全体主義、アメリカのヘゲモニー、資本の圧倒的な支配に向かうすべてが、一九一四年から二九年までの約十五年間に世界化しているという点で、この時期は二十世紀の出発点なのだと思います。

　たしかに、この二十世紀は人口爆発の時代でした。人類の人口は、一九二〇年代から二〇二〇年代までの約一世紀が激増期です。もちろん、産業革命が起きて十八世紀末からヨーロッパの人口は大幅に増えていき、十九世紀にはアメリカや日本でも持続的な増加が顕著になるのですが、人口増加のカーブは一九二〇年代以降に急になっています。そして、この急カーブは、おそらく二十一世紀後半に終わるのです。

原　今、吉見さんが言われた話は、近代の捉え方に関わると思います。吉見さんは「ポストモダン」という表現をどう考えますか。おそらくあなたが私の研究室にいた頃だと思いますが、チャールズ・ジェンクスから手紙

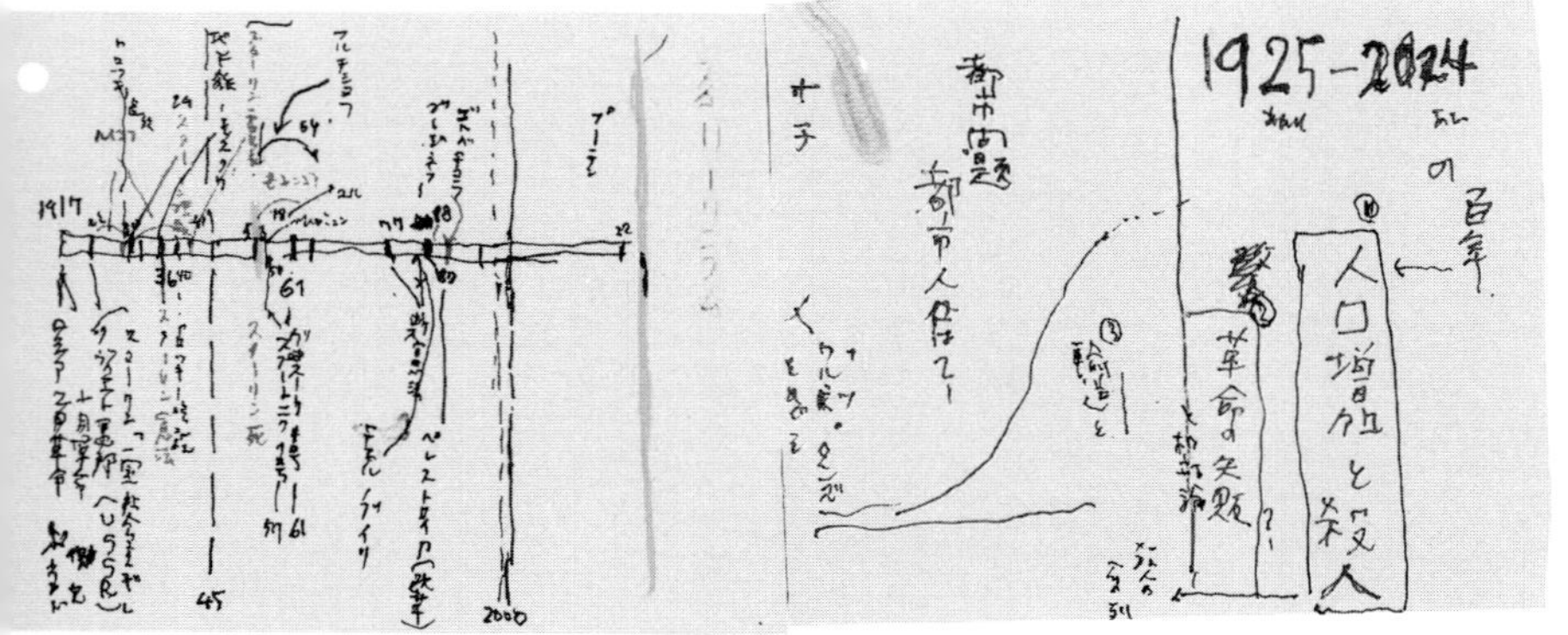

トピックカード

をもらい、『ポスト・モダニズムの建築言語』（エー・アンド・ユー、一九七八年）という彼の本に私の作品を載せないか、展覧会に出品しないかという誘いを受けました。かなりためらった後、結局、返事を送らなかったのです。そのとき、直観的に感じたのは、"Postmodern"という表現です。「ちょっと早すぎる」という感じです。

あの当時、布野修司、三宅理一らとデリダの『グラマトロジーについて』（原著一九六七年）の読み合わせをしていましたが、一九七〇年前後の世界文化革命的な雰囲気はあっても、「近代の後」という実感はなかったのです。結局、ジェンクスの本には、竹山実と磯崎新の作品が掲載されました。それから半世紀ほど経ちましたが、今でも私は、ポストモダンは「早すぎる」と思っています。ですから今日に至るまで、私は自分が「ポストモダン建築」家であると思ったことも、また「ポストモダン建築」について書いたこともありません。

吉見　貴重なお話です。問題なのは「近代」であり、「近代」は今も拡張を続けている。建築の世界だって、「モダン」から「ポストモダン」への転換など起きてはいなかったのであって、そのように吹聴する言説が跋扈した時代があっただけだった。そのように先生がおっしゃられたことは、建築から文化や都市、メディア、消費社会の諸現象まで視野を広げれば、ますます正しいと思います。

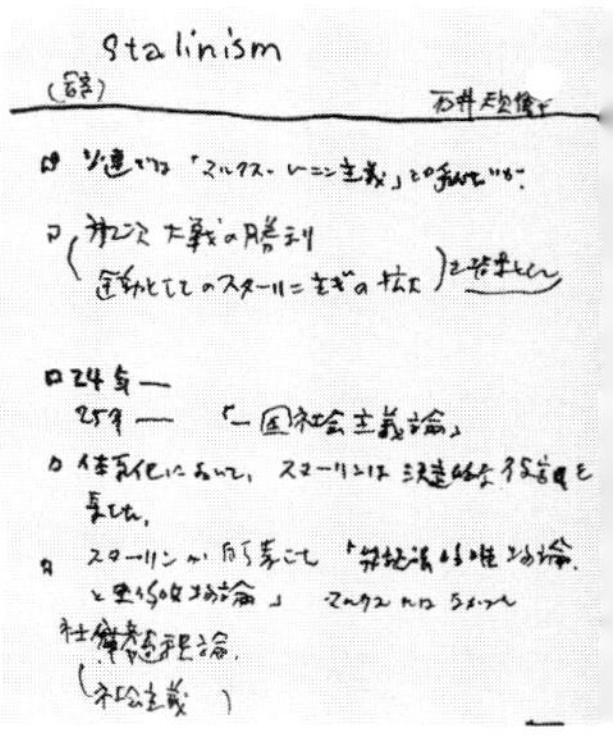

全体主義はいつも「凶悪な敵」を必要とする

原　最近になって、ボードリヤールの『シミュラークルとシミュレーション』(一九八一年)も読みました。かなり正しいことを言ってはいますが、彼の立場に賛成はできません。

吉見　相変わらず問題の根本は近代であり、資本主義にあります。そしてこの資本の時代は、まったく相補的に大衆の時代でした。ハンナ・アーレントは明晰に、「第一次世界大戦は階級の瓦解と大衆化の壮大な序曲となった。紛うかたなく殺人的な恣意の限りを揮った戦争は、「偉大なる平等主義者」たる死の象徴となり、それ故に新しい世界秩序の真の父となった」と書いています(『全体主義の起原3――全体主義』みすず書房、一九七四年、四四頁)。

重要なのは、二十世紀を通じて展開した政治運動、共産主義からファシズムまで、あるいは昨今のポピュリズムも、すべてそうした大衆を組織することで力を伸ばしてきたことです。再びアーレントによれば、「階級構造の瓦解とともに、これまで各政党の背後に立っていた無関心な潜在的多数派は、絶望し憎悪を燃やす個人から成る組織されない無構造の大衆へと変容した」のです(同書、一八―一九頁)。漱石が捉えていた問題を、アーレントは理論化しています。先生が言われた「人口増加と殺人」は、この階級解体の結果として生じた圧倒的な大衆の爆発と相互不信、相剋的な関係の増殖なのではないでしょうか。

原　二十世紀を通じて建築に、そして都市に何が生じたのか。それはつまり、均質空間は西欧近代の支配的な空間概念の物象化で、そのような表現が完成したことは、近代建築が終わったことを意味していました。したがって、この中心部の風景の延長線上には何もありません。逆に、この風景は小規模ながら至るところに蔓延してゆくがために、そして周縁部の惨憺たる風景の悲鳴を文化の問題として設定することを拒否し、ものの豊かさを衰弱させた犯罪性ゆえに、やがてものからの全面的な反撃をこうむるだろうと、私は考えていました。

吉見　そうですね。先生がおっしゃられる「もの」は、「人口増加と殺人」の世紀において、まさしく役に立たないものとされました。そしてその「役に立たないもの」を、ファシズムやナチズムは一貫して排除し、圧殺したのです。この新体制下で、「芸術のための芸術に終止符を打つことが絶対に必要」でした。これは共産主義でも、とりわけスターリニズムでも同じだったと思います。アーレントは、ヒムラーがSS隊員を「いかなる場合でも「それ自体のために或る事柄を行なう」ことの絶対にない人間」として定義したことに注目します(同書、三三頁)。ファシズムが羽を広げたのは、このような徹底的に機能的な空間、自分たちの目的にとって「役に立たない」人間、組織、営みを徹底的に排除する極端なまでの均質空間でした。

原　アーレントの本で「大衆」とある、あの原語は何ですかね。「ピープル(People)」ではないよね。帝国主義の時代における「モッブ(Mob)」というのは、もうどうしようもない連中だと。だけれども、マルキシズムは大衆を大事にするわけ。アーレントで正しいと思うのは、帝国主義時代にはモッブがいて、全体主義では大衆がいる。重要なことは、構造がないこと。つまりモッブにも大衆にも構造がない。その構造がないことが駄目だったわけです。

吉見　社会の中間的な構造が失われると、ポピュリズムは全体主義に向かうわけです。

原　その先にあるのは、やっぱりジョージ・オーウェルの『1984』(一九四九年)だね。

吉見　オーウェルの『1984』には、革命運動の惨憺たる結末が描かれています。それはもちろん、スターリニズムのことです。『1984』で「ビッグ・ブラザー」に反逆を試みるゴールドスタインが、レフ・ダヴィードヴィチ・ブロンシュテインの本名を持つトロツキーをモデルとしていたことは有名ですが、オーウェルはこの反逆者ゴールドスタイン自体も、全体主義国家のプロパガンダが創り出すフィクションである可能性を否定していません。

だからこそ、ゴールドスタインは「毎日数えきれないほどに演壇で、テレスクリーンで、新聞各紙で、書物の中で、彼の理論が拒絶され、叩き潰され、嘲笑され、哀れな虚言にすぎないとして衆目の前で晒され続けているのに――それでも彼の影響力が衰えるようすが微塵もない」のです(『1984』田内志文訳、角川文庫、二〇二一年、二三頁)。ナチスも、スターリニズムも、あるいはアメリカのマッカーシズムも、全体主義はいつも「凶悪な敵」を必要とします。これは、今日の混乱するアメリカ社会でドナルド・トランプが自分を押し上げていく際の常套手段です。

原　哲学的には、そうした否定の論理の極限が問われてきたと思います。それが、テオドール・アドルノにあっては“Vorsëhung”「宥和」と訳されている話です。アドルノは、「矛盾とは同一性が非真理であることの指摘」だとか、「弁証法はいかなる立場でもない」とか、「弁証法とは首尾一貫した非同一性の意識である」とか、おそらく正しい判断を下しています。ところが、アウシュビッツのような事例が出てくると、「可能世界」についての思考につながりそうなこの話が硬直してくる。それでも「科学的真理」が存在するという仮定が背後にあり、哲学もまたそうでなくてはならないと信じているから、Vorsëhungと言っておきながら、対立が残る。

吉見　東西冷戦が終わっても、今日に至るまで、ファシズム的な体制は、敵を必要とするのです。そして、漱石が二十世紀初頭にこの世紀全体を見透かしたように、オーウェルは二十世紀半ばに二十一世紀まで貫かれていく時代の傾向を見通していました。

とりわけ彼がビッグ・ブラザーの権力を支える四つの政治技術としたものは、二十一世紀初頭の世界では馴染み深いものです。たとえば、この独裁国家に浸透するテレスクリーンは、「受信と発信を同時に行う」。ウィンストンが何か物音を発すれば、それがきわめて小さい囁き声でもないかぎり、なんでも拾われてしまう。それどころか、例の金属板の捕捉範囲内にいると、音声のみならず姿までも捉えられてしまうのである。無論、いつ見られており、いつ見られていないのかを知る術《すべ》などありはしない。どのくらいの頻度で、そしてどのようなシステムで思想警察が個人個人の回線に接続してくるのかは、勘に頼るしかない」メディアです(同書、八頁)。今日ではこのようなテレスクリーンが、スマホやスマートウォッチのような形をとって広く浸透しています。

場面としての都市へ

吉見　しかし、他方で、二十世紀半ば以降、このような全体主義化のモーメントとはまったく異なる、むしろこの世紀の傾向に根底的に反抗し、「役に立たないもの」の中にこそ自由の可能性があることを表現してきた芸術作品も少なくありません。原先生がいろいろなところで触れられているティンゲリー(一九二五―九一)やクリスト&ジャンヌ=クロード(クリスト　一九三五―二〇二〇、ジャンヌ=クロード　一九三五―二〇〇九)、ロワイヤル・ド・リュクス(南仏のパフォーマンス集団。一九七九年設立)の場合はどうでしょう。

原　クリストの作品は抜群にいい。僕は、梅田スカイビルをクリストでくるんでしまおうかと思っていました。桁違いにお金がかかってしまって実現はできませんでしたが。クリスト&ジャンヌ=クロードは二人の作品だけれども、物語のフィクショナリティではなく、非常に建築的なフィクショナリティです。

吉見　建造物や自然を「梱包」するという建築的なフィクショナリティに可能性があるということですね。

原　可能性があるどころではないですよ。彼はとにかく天才です。彼は自分のプロジェクトを成立させる資金を稼ぐために、スケッチを売りに出していますが、これがうまい。一本線を引かせてみれば、大体の実力は分かります。しかしクリストの線は描けない。おそらく二十世紀の建築家を集めてもあのきれいな線は描けない、それほど美しく、不思議な線です。あれを、風景とか地図をまねしてひょいひょいと描きます。

吉見　線ですか。ライン⑤ですね。人類学者のティム・インゴルドは、歩くこと、織ること、観察すること、歌うこと、物語ること等々を貫いているのがライン、線だと書いていました。そこから彼は、壮大な線の文化人類学を展開したのですが、クリストの場合、彼も線から出発して都市を梱包する。その場合、梱包して絵になる都市と絵にならない都市があるのですか。あるいは絵になる風景と絵にならない風景とがありますか。

原　いや、あの方法ならば、大抵の都市は絵になるんじゃないかな。

吉見　なるほど。梱包という方法も、ある種の人類史的普遍性を内包しているのですね。それは、なぜでしょうか。

原　一定の期間、建築物を白い立体に置き換える。一か月なら一か月、一年なら一年と期間を設けると、全体にその要素が加わり風景が変わります。その要素が変わるだけで、ほかの要素まで変わってしまうのだと思います。

吉見　それはなぜでしょうか。

原　やっぱり環境でしょうか。環境と隣接するものの作用……

吉見　ティンゲリーの『ニューヨーク賛歌』（一九六〇年）についても原先生は言及されていますね。これは、何でしょうか。

原　それは、自滅機械です。

吉見　自滅機械が、二十一世紀をどう生き延びるのですか。自滅が自滅しない？

原　それは終わりじゃないですか。「文明をこのままやっていたら、あなたたちはこうなりますよ」「この彫刻のようになって、崩壊していきますよ」と言っているのだけれども、そのとき、自分で作品を示して、こういうふうにすると潰れない、崩壊していかないという道を示しています。非常に詩的な感じがしますが、クリストにしても布をかけて隠してちょっと置いておいたらということで、世界を変えられるのです。

吉見　ロワイヤル・ド・リュクスの場合は？

原　彼らはものすごくポジティブで、スケールを変えています。

吉見　人形劇のスケールを変え、街並みと同じ大きさに人形を巨大化させるのですね。

原　そのとき、今までの都市がどのように見えたか。これがたいへん美し

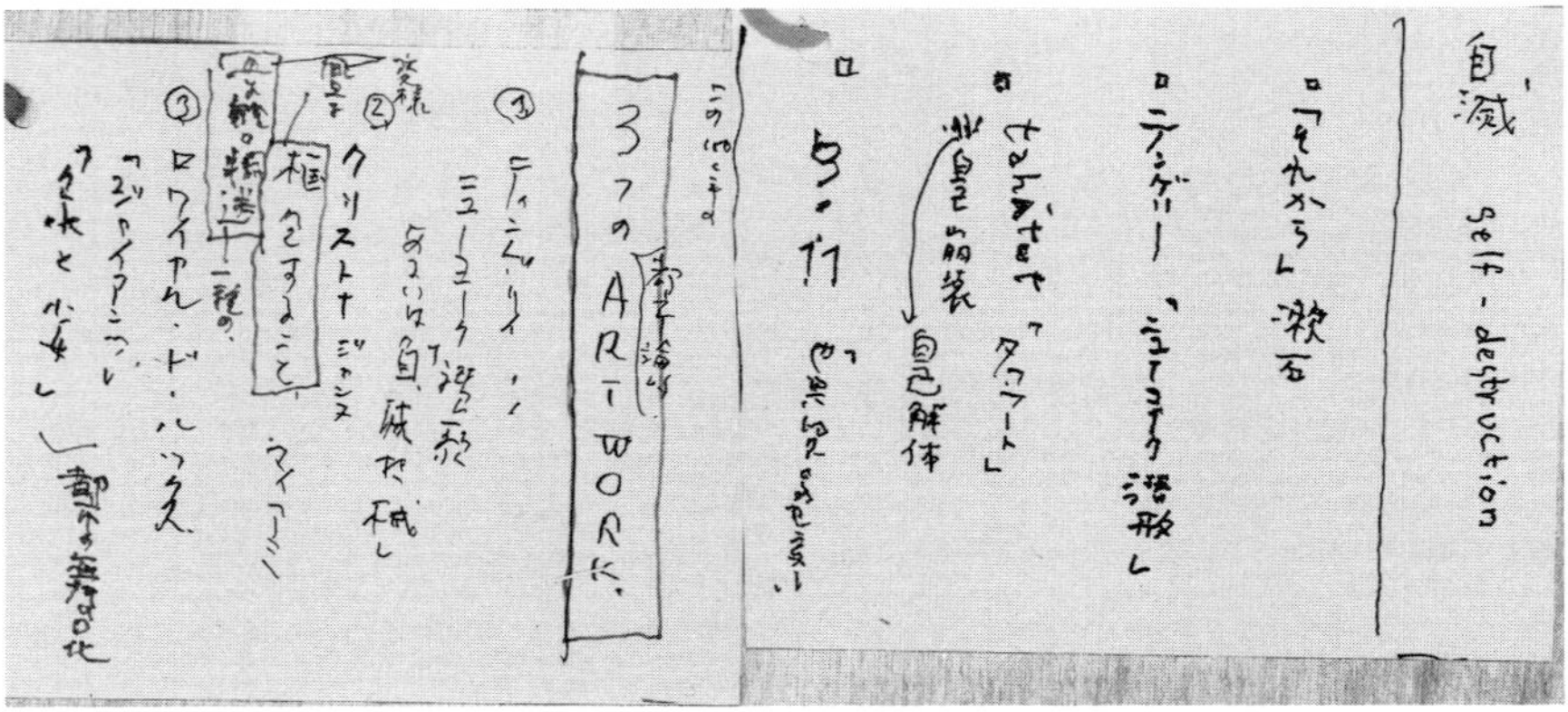

トピックカード

く見えた。巨人が出てきて『ガリバー旅行記』がそのまま実現する。都市はこのままでもいいじゃないか、こうすれば必ず蘇ってくる力があるじゃないかと、訴えていました。

吉見　都市を、シュールレアリスティックな表現の舞台にしたのですね。シュールレアリスムでいえば、絵画でマグリット（一八九八―一九六七）がいますよね。

原　一枚の絵の中に昼間と夜を描く。異なる時間が同時にあることで、彼の絵は手品のような魔術のような、しかし非常に自然です。同じように、デ・キリコもいます。『通りの神秘と憂愁』では、神様と少女とを一緒に描いています。パースペクティブが縦になっている技術などが導入され、伝統も何も入れて、そして素晴らしい遊びを入れた。これはつまり、『ゴドーを待ちながら』と同じような、非常に魅力的な世界を示すことができた。

　振り返ってみるとみんなシュールレアリストです。僕は本当にやられたと思いました。こういうやり方もあるのかと思ったわけです。

吉見　ロワイヤル・ド・リュクスは、私は断片的な映像でしか見ていないのですが、あの少女やガリバーなどは巨大なのだけれども、表情にはすごくリアリティがありました。この少女の表情、巨大でありながら少女であるというリアリティによって、街の風景を変えることができる。これはすごく重要だという気がするのです。

原　僕が一番感心するのは、その寸法ね。建築的なスケールを軽く乗り越えて立ち上げている。建築家は、寸法だけを考えていると言っても過言ではない。最小の寸法は何だろうかといつも考えています。あと一センチ大きければいいのに、一センチやれば儲かるじゃないという話になるわけだから、寸法には厳密なのです。寸法に関する問題意識はよく分かります。

吉見　そうすると、たとえば(フランスの)ナントの街を巨人の少女が歩くときに、人々は少女の目から街をもう一回見返しているということではないのですね。

原　それもあるかもしれないけど、度肝を抜かれるのは寸法のよさです。知っている物語をモデルにするわけですが、目の当たりにすると、なるほどなあと思います。

吉見　その「なるほど」が、私にはよく分かっていないのですが、この三つのアートワークに共通しているものははっきりしています。三つとも都市を場面として描いているわけです。だから、三つに一貫しているのは、場面としての都市です。場面としての都市と設定すると、そこに巨人が現れる。あるいはその主要な建築やシンボルが梱包されてしまう。あるいはその建物が崩壊していく。これはそれぞれ場面です。その場面に先生は何を見出されているのでしょうか。

原　いろいろな記号を増幅したり、縮めたり、なくしたり、変化がない布に変えたりするのだけれども、彼らはその記号を空間的につくるわけではない。それが共通している。寸法を変えながら空間的に配置する。彼らは、そのような配置をきちんとできた人たちだと思う。

吉見　そのように都市に場面が出現する余地が、資本主義的な論理に従順な「熊手族」

がすべてを支配していく二十一世紀の都市では消えていくということですか。

原　それはよく分からない。しかし、こうすればああなる式に、資本主義が期待するとおりにそのままなるなんて思えない。ただ、ここだけは押さえておかなくてはいけないような基礎的な知識というものを作り上げて、一つの方法なり、思想になり、哲学なり、普通の芸術なりに仕立てるために、いろいろな手続きが必要です。

吉見　人形や象が巨大な寸法で街に現れる。巨大な建物が布で包まれてしまう。さらに、ティンゲリーの場面は、都市が崩壊していくという場面ですね。

原　はい。しかも、そのタイトルが『ニューヨーク賛歌』。

吉見　『ニューヨーク賛歌』の場面を彼は、捨てられた機械とかガラクタでつくっていく。廃棄物でニューヨークをつくり上げながら、彼はそれを『ニューヨーク賛歌』といい、しかしその都市は自動的に崩壊していく。

これを東京で考えると、ロワイヤル・

ロワイヤル・ド・リュクスの巨人（原広司・画）

ド・リュクスのようでもあり、ティンゲリーのようでもある不朽のシンボルを私たちは持っています。それは、いうまでもなく「ゴジラ」です。ただ、ゴジラを巨大化して銀座通りを歩かせたとしても、それはなんだか東宝のプロモーションのようになってしまうし、ゴジラが東京を破壊する映像は、私たちにとっては、第一回の対談に出た一九四五年の米軍による空襲の記憶と切り離すことができない。さらに今、誰か日本のアーティストが、『東京賛歌』といって、東京の丸の内とか大手町を廃棄物や壊れた何かをもとにつくってもあまり面白くない気がします。これは、ニューヨークだから面白い。

原　ニューヨークは、要するに集落みたいなものです。

吉見　ニューヨークが？

原　はい。つまりある時代に一つの典型を示し得たのはどこか。これは、ニューヨークに決まっている。

吉見　私には、ニューヨークは世界資本主義の典型に見えますが……

原　たしかに世界資本主義の典型でもある。でも、それが典型だから悪いということにはならない。まあいいんじゃないの、徹底的にやったらという感じが僕はする。

吉見　でも、先生の理論から考えれば、ニューヨークは均質空間の最大集積地です。

原　いや、そうでもない。最大の集積地は今ではドバイ、中国の一部が均質空間です。

ティンゲリーの自滅機械（原広司・画）

そしてどちらかと言えばアウシュビッツ、そして日本の公団住宅が均質空間です。

吉見　しかしながら、９・11で崩壊した世界貿易センタービルは均質空間ですよね。

原　あれは均質空間です。しかし、ニューヨーク全体を見れば、いろいろな空間があらわれている。そうすると魅力はあるよ。だから、ニューヨークは壊せない、生き延びると思います。しかし東京は分からない。ひょっとすると生き延びないかもしれない。

引き算をどう入れるか

吉見　なぜ、彼らの方法が都市の、とりわけ均質空間化した風景を変容させるのかですが、私にはティンゲリーもクリストも引き算をしているように見えます。ティンゲリーの場合は、時間的な引き算でニューヨークが消えます。ニューヨークが丸ごとマイナスされる。クリストは空間的な引き算、都市の風景からこれだと思う要素をマイナスする。周りはどのように変わるか。二人とも、引き算を巧妙にやっている。

原　引き算に限って話すなら、資本主義ではそれは禁じられている。この社会では、引いたら倍にして建てろとか、そういう話になる。

吉見　資本主義は価値増殖を目指すわけですから、成長しなければ、つまり少しでも足し算ができなければ立ちゆかない。資本主義は足し算を運命づけられていきます。

原　だから、引き算によって生きることはできない。しかし、それを９・11ではやってみようとした。それが、彼らの意図でした。僕は賛成ではありませんが。

吉見　代助の破滅をもう一度考えてみると、平岡と代助の父親は足し算しか考えません。平岡はただ細かい足し算を目指す。父親はもうちょっと大きな足し算を狙う。しかし代助の破滅は引き算です。破滅という意味では、ティンゲリーのニューヨークの自滅とか、もっと戦略的に都市の主要な要素を消そうとしたクリストの企てにもつながっている面がある。引き算によって、代助の記憶も、都市の風景も、蘇ることがある。

原　あるでしょうね。

吉見　ようやく、どのような意図で、先生が本日の対談のテーマとして、最初に漱石、ティンゲリー、クリストというふうに並べられたのかということが分かってきました。

原　魅力は、その場所、その人、その方法など、それぞれそのところにあって、その方法が見出せたから言える。何か一つ発見したら、世紀を代表するような大芸術家になれるわけではありません。そのことを思いつく一般論などきっとないのです。それでも、それ自体の個体性とかそういうものではなくて、なお独創性があることは大事だと思います。

　美術の場合は、独創性を厳密にやりますが、建築はもともと、真似してつくり上げる惰性態*です。先例がなかったら建ちません。それを変形していくことで建てる。ティン

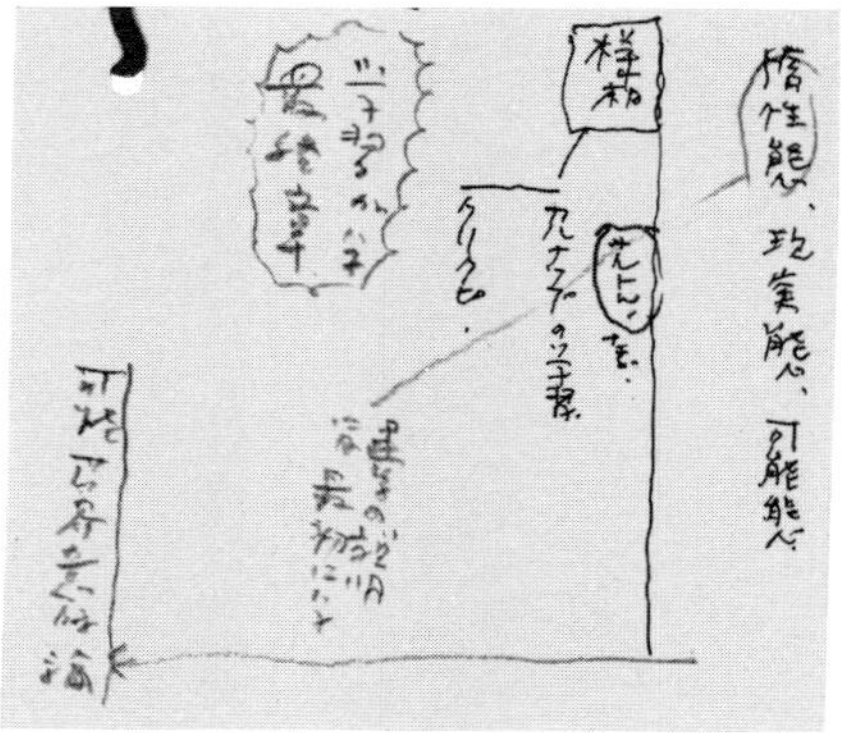

トピックカード

ゲリーが出した自滅の概念、クリストの梱包というアイディア……、ああいうものが単一性です。

吉見　二十世紀の百年を見返すとき、欠かせないのは今日話してきた資本主義です。世界を資本が覆っている。資本の運動は基本的には足し算を重ねていく。そしてあらゆるものが足し算の要素になり得る。資本主義は何でも市場化できますから、どちらの立場でも、赤でも、黄色でも、緑でも、足し算でありさえすれば何色でもいいのです。赤は駄目だとか、青はいいとか、黄色は駄目だとか、そんなことは言わない。そこに小さくても孔をあける活動は、つまりそこに引き算をどう入れるかです。ティンゲリーやクリストがいて、原先生も「有孔体」を掲げた。引き算をどう入れるかの戦術ですね。

原　資本主義では引き算はできません。

吉見　うっちゃりとしてはできるかもしれません。しかし、そのときも熊手族に対し、これはすごい足し算ですよと、見え透いていていても嘘をつかないといけない。

原　もう見抜かれている。

吉見　見抜かれているけれども、さらにその上を行く。

原　それをやるにはどうしたらいいのか。私たちは実にずるいのだけれども、ずるい方法を探さないと建築家は生きていけない。

吉見　詩人とか画家だったら、個人作業だから、真正面からこれは引き算だと言ってのけることができるかもしれない。しかし建築家、演出家、映画監督など、集団で物をつくる人は、お金を出してくれる人に対して、これはいい足し算ですよと言わなかったら成り立たない。宿命です。

原　言うなあ。

吉見　先生もそういう足し算のアピールをされてきたと思いますが、しかし本人は、これは引き算だという確信を持っている。

原　そうそう。どこかでね。なかなか成功したということはないけれども。

吉見　狙いは引き算にある。

第4章

場面を待ちながら

——反抗的人間と建築

建築、あるいは場面を待つこと

吉見　原先生は若い頃、映画監督の大島渚さん、磯崎新さん、黒川紀章さんとで座談会をされていますね。司会はフランス文学者で美術批評家の栗田勇さんです（栗田勇監修『現代日本建築家全集21』三一書房、一九七一年）。この中での磯崎新さんの発言は論理的で分かりやすいのですが、原先生の発言は、黒川さんへの違和感を率直に表明されているだけでなく、内容的にも突出しています。つまり、磯崎さんが記号のシステムとしての都市を饒舌に語られる一方で、原先生は、「自分がここへ壁をつけようとか、屋根を掛けようとか、なんかそういう自分のやっている行為が、どういうわけである建物の総体を決定できているのか」という問題（同書、八六頁）、つまり部分と全体の話をされています。

そして突然、「場面」という言葉が出てきて、場面から触発されるものが自然に建築になっていく回路を探していると言う。

実際、この座談会での原先生の発言で、「場面」はキーワードです。原先生は、「建物を使っている人々が、なんにも意識していないときに、どういう場面にその都度ぶつかっているかということ」に注目されています（同書、一〇一頁）。それで、対話のちょっと後ですが、司会の栗田さんが「どうも原さんの場面ということばは、ドラマの視覚化だね」と聞くと、原先生は「いや、場面というのは人のすれ違い方みたいなものなんですよ」と言下に否定されている(同書、一二七頁)。つまり、「場面」という言葉の普通の意味での演劇論的な解釈を拒否されている。その後の、大島渚さんとのやりとりは興味深いと思います。

原　……さまざまに使われるであろう建物の中でね、ひとつだけアングルと場面をきめてしまうんです。特定の登場人物が特定の動作をするその瞬間をイメージして建物をきめちゃうわけですね。そこで建物をつくっちゃうんです、全部ね。そのために。

大島　それは映画の美術監督のうちの最高級の人が考える考え方だねえ。

原　しかし、実際に出来上った建物にはその場面の跡は消えてしまっていて、その場面とは無関係な生活の時間が続くわけでその両者のずれみたいなものが空間なのかもしれない。それできめたら、いつかは、先ほどの話で、まあ、こわされちゃうかもしれないけど、建物とぼくはその瞬間がくるときを待っているっていうか、場面が実現されるのを待っている。

大島　個人的な興味でうかがいますけども、そういうふうに、あなたが具体的に思い浮かべる場面はなんですか。

原　いろいろさしさわりがあるんでしゃべれないんですけどね。

大島　いや、ぼくがね、うちをつくるときに、ぼくが考える一番の場面は葬式ね、自分の。

原　あっ、そうなんだ。ぼくがいま一番接近している人が倒れるとか、ことによると殺されるとか、（笑）そういったような場面っていうのがあるわけですよ。そのときに人々はどういうように動くかっていうような、その総体がひとつの全体をつくる場面、葬式なんてのをすごく描くわけです。　（同書、一二七、一三〇頁）

私は、先生がここで「場面」という言葉が演劇論的なタームに回収されるのを避けているのはとても理解できます。「場面」は、通常の演劇でいわれる「場面」、つまりドラマの脚本があって、舞台上で演じられる場面ではまったくない。その一方、大島監督の葬式の場面についての発言に触発され、先生は殺人の場面について語られている。つまり、先生の「場面」は死者と深く関わっている。「死者とともに生きよ」です。

原　バリ島の集落の住居には先祖を祠る一画があり、そこには小塔が立ち並んでいる。住居は分棟形式ですが、中央に東屋《あずまや》があり、死が近づいた人は、その東屋に移され、そこから生きてきた世界を展望します。そして、小塔が群立する場所に移っていくのです。私が「場面を待つ」*というのは、建築を他者の観測装置として定義するのとほぼ同じことで、人々は死が近づくとき、そのときに住居の空間を横切っていきます。

これは、身体的な移動であると同時に、ある世界から別の世界への移動です。建築は、この移動の場面に情景図式*を提供します。

吉見　最近、私は東京の街々をよく歩きますが、今の東京で「場面を待つ」のに最も適した場所は、おそらく墓地です。たとえば谷中墓地など、上野台地の東側は鉄道線路によって切り崩された急峻な崖です。向こう側は鶯谷や日暮里のラブホテル街なのですが、屋上のネオンサインが煌《きら》めいているラブホテルの形と、谷中墓地の墓石の形が妙に似ていて、墓地の崖からの風景は、ある種の情景図式を成立させている気がします。

このようなタナトスの空間と歓楽街、生者たちのエロスの空間は、都心のいろいろな場所で細かく入り組んでいます。東京を巨大な集落とすれば、墓地が結構、都心の細かな孔を形成し、場面を待つのに最高のスポットになっています。

原　吉見さんは最近、東京を歩いているといろいろな人の亡霊に出会う①とよく話されていますね。私はあんまりそんな経験はしないけれども、都市は「モノ」であるというよりむしろ「コト」なのであって、さまざまな出来事が展開される場所です。ですから、統計的に決まった確率で起こる必然様相*にばかりでなく、そうなるかもしれない可能様相*に対して、いろいろな場面を構えてつくる建築を考えようとしてきました。これも、私が集落から学んだことです。

このモノではなくコトとしての建築について最も多くを教えてくれ

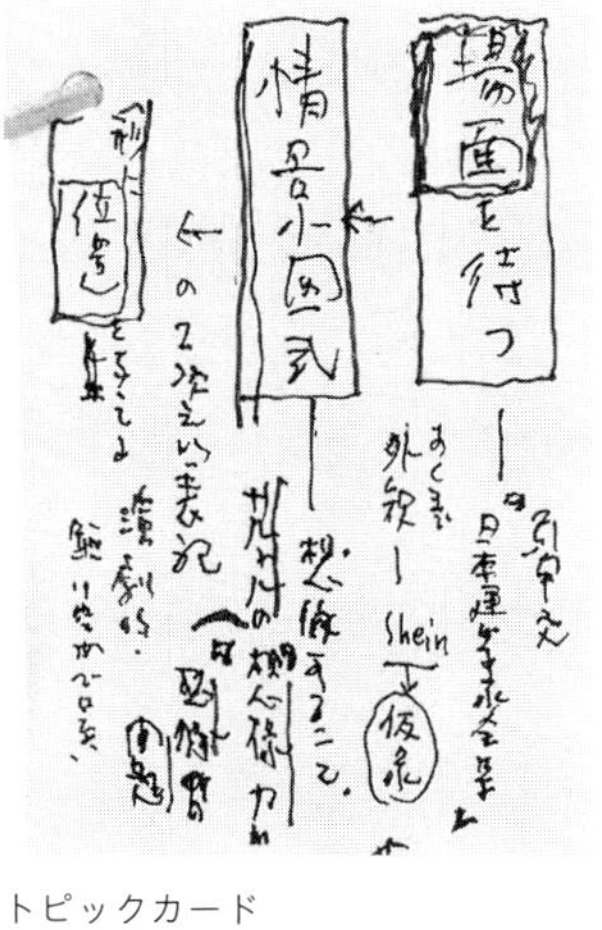

トピックカード

たのは砂漠です。砂漠で現象しているのは状態であり、もしも時間的な変化とその都度の予兆を含めれば状況です。私たちはサハラ砂漠で砂嵐にも遭遇しましたが、たしかに砂嵐そのものはひどいですが、それ以外はむしろ快適です。そのとてつもない解放感と幻想的な風景は、私たちを宇宙に近づいた気分にしてくれました。砂漠の人々に接すると、失われつつあるヒューマニズムの原点、他者の生命を慮る配慮を思い出させてくれます。

吉見　私はまだ砂漠に行けずに東京をうろうろしている人間ですが、先生が今おっしゃった、必然様相と可能様相の関係は重要ですね。私たちは集落でも都市でもさまざまな物語を生きているわけで、そうした意味では、集落の風景も都市の風景も、切り取ればすべて「場面」です。しかし、これらすべてが原先生のいうフィクショナリティ、その仕掛けとしての場面を成立させるわけではありません。

原　今、吉見さんが言った「物語」は、「共同幻想」と言ってもいいと思うけど、私は共同幻想は設計されると書いたことがあります（前掲『集落の教え100』二〇頁）。具体的には、伝説や昔話、社会的な取り決めやタブー、さまざまな信仰ですが、その際、異なる二つのタイプがあります。

一方で、最も希薄な共同幻想では、支配者が慣習化された集落のモデルを繰り返します。これと対極をなす濃密な共同幻想は、弱い自然の生産力

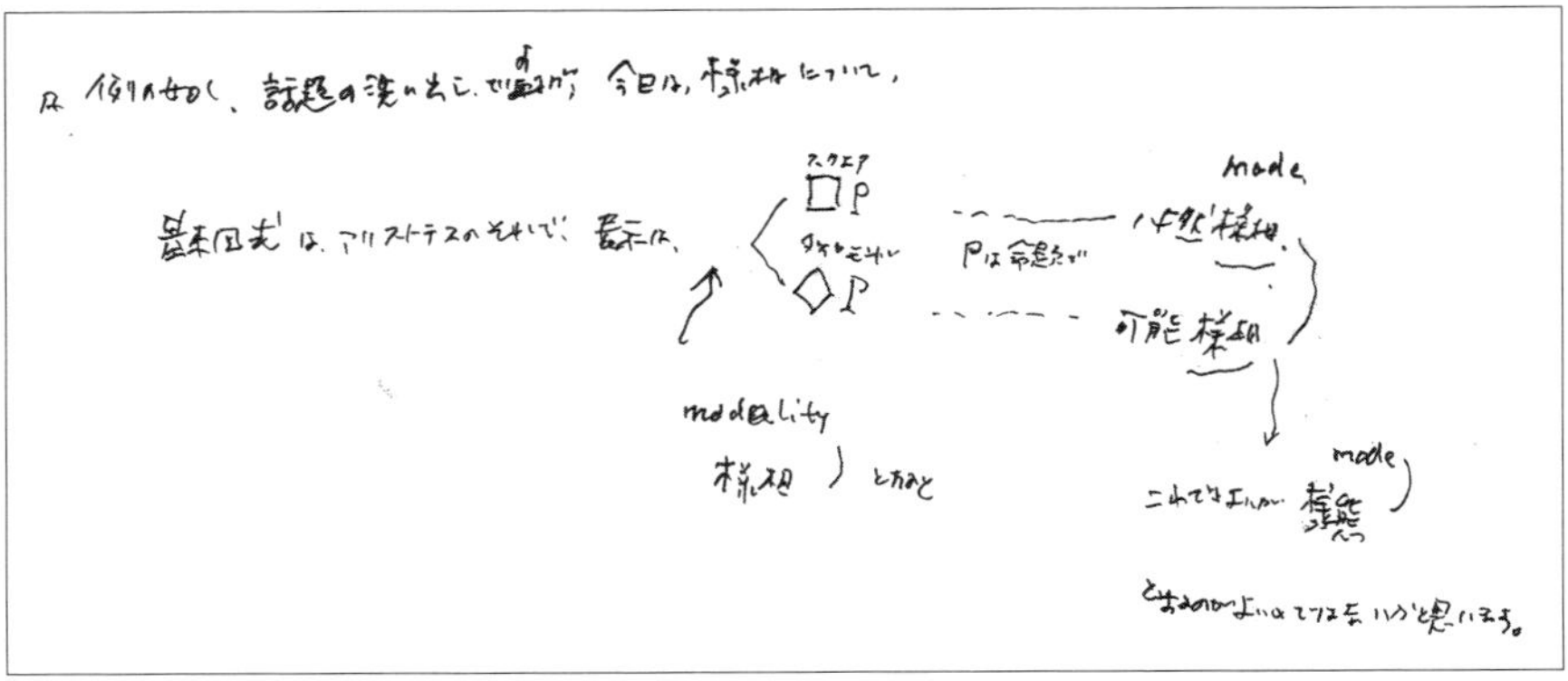

必然様相と可能様相

をもった土地で、かろうじて生き延びるために建設した集落に見出されます。

　前者がするのは、すでに効果が明らかなものの反復です。それに対して後者は、実験精神と不安と夢をもって仕掛けるのです。私は、前者のパターンを必然様相、後者のパターンを可能様相と呼んでいます。チグリス・ユーフラテス河下流の「家族島の集落*」をはじめ、このようにして仕掛けられ、今日まで残る可能様相の集落は、およそ信じがたいまでの非現実性、つまりフィクショナリティをただよわせています。

逃亡者としてのヴラジーミルとエストラゴン

吉見　ここで、いよいよ今日の本題に入ります。今回の対話の主役はカミュですが、その前にまず、今の「場面を待つ」こととダイレクトに結びつくベケットの『ゴドーを待ちながら』について考えておきましょう。

　まず、当然ですが、この作品は単なる救世主願望に回収されてしまうような話ではありません。「ゴドー＝神《ゴッド》」という説は誰でも思いつくのですが、そうした解釈に対する反論も積み重ねられてきました。

　ベケット自身、「ゴドーが誰なのか私は知りません。彼が存在しているのかどうかさえ知りません」と明言していました。そもそも「ゴドー」という言葉は、「どた靴」を意味するフランス語の「ゴディヨ（godillot）」に由来します。

ハジャラ（イエメン）

それを強調するかのように、この作品全体で「靴」「帽子」「ズボン」といった「身体を包むもの」が登場します。西村和泉さんは、「衣服とは身体を意味づけるモチーフであると同時に、複数の身体が共有することで登場人物から存在の唯一性を剝ぎ取るものとして描かれる」と指摘します（「結びのパラドクス」岡室美奈子他編『サミュエル・ベケット！』水声社、二〇一二年、三九頁）。

原　それは、話がうまくあっているな、演劇の中でね。

吉見　どた靴とか靴紐とか、あるいは帽子とかズボンとか、身体を結ぶものや包むもの、さらには首をつるための紐とか、ベケットはそれらにこだわっている。

さらに強烈な議論として、『ゴドーを待ちながら』の原題は『待つ』で、「ゴドー」は入っていなかったことも指摘されています。つまり、ヴラジーミルとエストラゴンは、そもそも「ゴドー」を待っていたとは限らないのです。

原　あの劇には、最初から神はいないんだ。

吉見　そうです。最初から、神はいないことが前提です。

原　だから、若い子が出てきて、ゴドーのお遣いで来たと言うじゃない。その子が、今晩は行けないけれども、明日は来るって言ってたね。遊びだね、あれは。

吉見　そもそものベケットのこの戯曲では、「ゴドー」は出てきていない。これは、重要な発見ですね。『ゴドーを待ちながら』に「ゴドー」は最初からいなかったのです。

アブソウバット（イエメン）

原　それはいい意見だね。私は、『ゴドーを待ちながら』はいいと思うし、その理由は、まさにそこなのです。僕が建築で信用するのは何かというと、場面を待つことです。待ちながら、その場面は来ないのだけれども、待ちながら何かをつくる。建築とはそういう行為なのです。

吉見　ヴラジーミルとエストラゴンも、ゴドーなんていないのはよく分かっていた。でも、彼らはゴドーを待ち続ける。来ないと分かっているのに、待ち続けるのです。

原　しかし、『ゴドーを待ちながら』は、最初に高橋康也さんが訳したわけです。その解説のところで、そんなことが書いてあった記憶がない。私は、康也さんとは気が合ったというか、あまり話さないのだけれども、とても気が合いました。康也さんは、そのことを知っていたわけですか?

吉見　それは、たぶんご存じなかったと思います。最近、ベケットのアーカイブが開示され、草稿資料とかが公開されて、こうしたことが分かってきたようです。

原　康也さんは、『ゴドーを待ちながら』の解説に、ものすごくショックだったと書いていたな。でもそれは、ベケットの草稿のタイトル

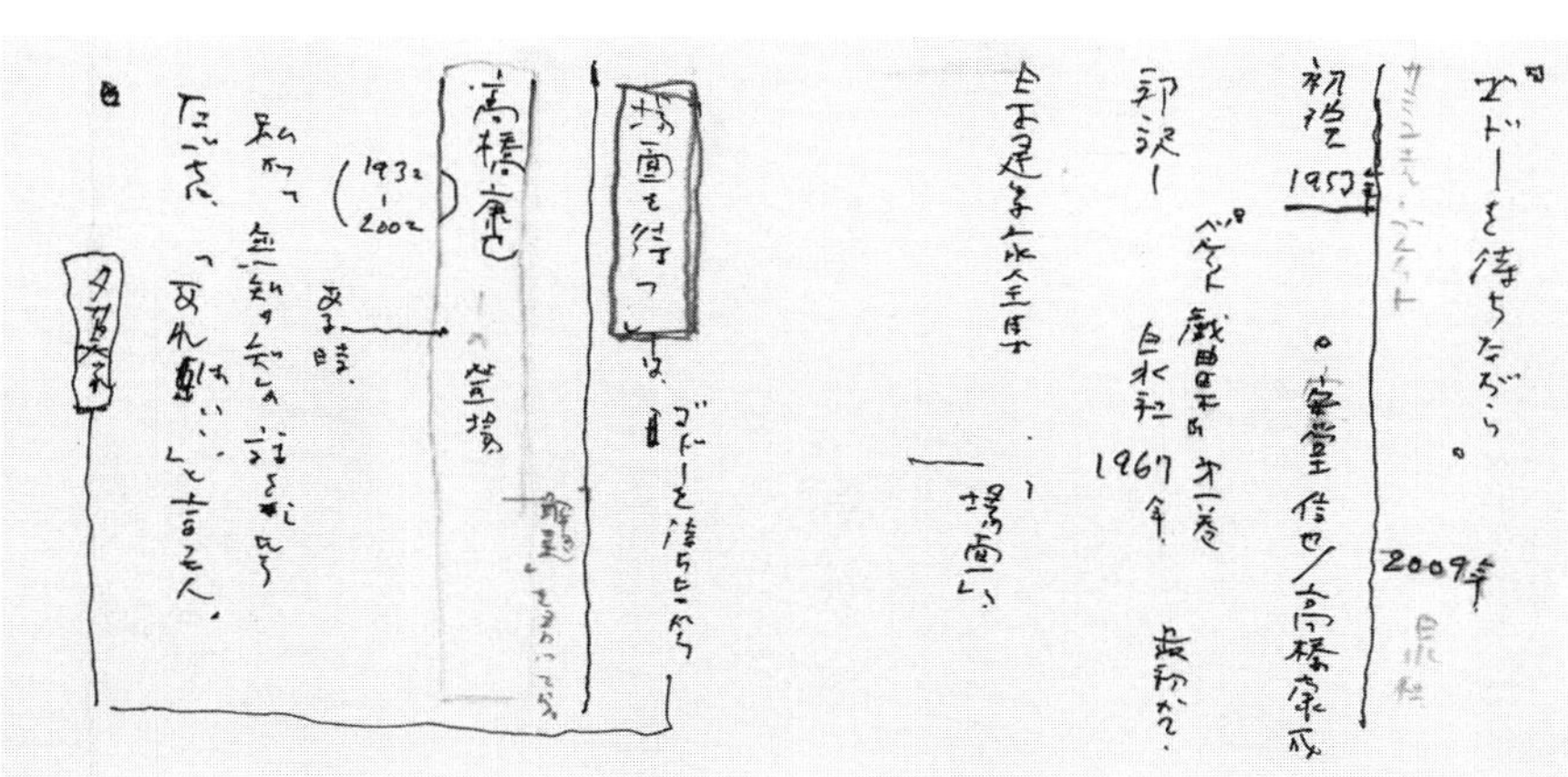

トピックカード

に、そもそも「ゴドー」がないことじゃなくて、戯曲の中身そのものについてでしたね。

吉見　ですから、ヴラジーミルたちがどこで何を待っていたのかは、一筋縄ではいかない話となります。私自身は、強制収容所の囚人ないしはナチズムからの逃亡者という視点に最も納得がいきます。これは、友人のベケット専門家で早稲田大学坪内博士記念演劇博物館の館長(当時)をしていた岡室美奈子さんに教えてもらったのですが、ベケットは『ゴドーを待ちながら』を、カミュの『ペスト』(一九四七年)の影響を受けながら書いたのではないかということです。つまり、ペストに冒されたオランの街の風景と、『ゴドーを待ちながら』の荒野の風景は通じている。

実際、『ゴドーを待ちながら』はエストラゴンとヴラジーミルの緩やかな連帯を描いていますね。『ペスト』では、これは医師リウーとその友人タルーの協力で、ペストに対してレジスタンスみたいなことをやっていくわけです。

あるいは、『ペスト』の中で神父が出てくる。パヌルー神父です。一生懸命「あなたは神を信じないのですか」と言って話しに来る。だけれども、リウーは一番神父が嫌いです。リウー自身は非常に博愛的な、冷静で真っ当な人ですけれども、それでも神父を嫌う。これは、『異邦人』で死刑宣告後のムルソーが、めちゃくちゃ言って神父を拒否することと重なるわけです。

つまり、いずれにおいてもキリスト教的な垂直性は拒否されていて、極限的な状況下で水平的な関係性をどう生きるかが焦点化されています。どちらの場合でも、上空からの救済は来ないのです。上空から来るのは、爆弾だったり、殺人の指令だったり。だから、もう、救済者が来ることは期待されてもいないように思う。超越的な神の存在が否定されたうえで、しかし、何を待つことができるかがテーマになっている。そこに、少しだけ希望があるというか。

原　「希望」なんて絶対に言ってはいけないとカミュは言っていたね。

吉見　たしかに、ベケットにもカミュにも「希望」なんてない。この点で、カミュが『ペスト』を書いた状況とベケットが『ゴドーを待ちながら』を書いた状況は重なります。つまり、強制収容所の囚人か逃亡者を靴紐がつないでいる。これに対し、収容所の看守、ないしはゲシュタポの官憲に相当するポッツォは、追跡のための従者ラッキーを綱で拘束しています。

　このようなベケットの思考は、ナチスに追われた彼の逃亡経験に根差していると考えられています。大戦中、ベケットはパリでレジスタンスに参加していました。このとき、彼の友人のポール・レオンがナチスに逮捕され、殺害されます。ベケット自身も、隠れ家にゲシュタポの踏み込みを受け、危機一髪で逃走します。逃げるのが一瞬遅ければ、サミュエル・ベケットはナチスの収容所で殺害されていたはずです。結局、彼は南仏のアヴィニヨンに逃れ、その東の小村ルシヨンで隠れ家生活を戦争が終わるまで送ります。そこでの生活は、ヨーロッパをナチスが支配し、親友は収容所で殺され、ほぼ幽閉といっていい状況が続くなかで、何かを待つしかない状態だったとされます。ですから、

『ゴドーを待ちながら』が描いたのは、絶望的な環境に閉じ込められながらサイレンが鳴っている状態、不安や恐怖が常態化した世界なのではないかと思います。

ベケットの天才は、このような徹底して非人間化された状況でも、なお連帯が成立する可能性を問うたことです。つまりそれは、いわゆる「ヒューマニスティックな感情とは無縁の場で成り立つ連帯の可能性」です（西村、前掲書、三四頁）。西村和泉さんは、ヴラジーミルとエストラゴンは、「個性やヒエラルキーとは無縁な場で、鏡のような相棒を通してしか自己の存在を確認できない相補的な関係性を持つ登場人物」として描かれ、彼らの関係は「一方が強くなりすぎたり弱くなりすぎたりしないために、つねに微調整が求められ」ていると分析しています（同書、四〇—四一頁）。的を射た分析だと思います。

原　神などいないし、生きていることの理由は見つからない。そうしたなかで、サルトルは実存と言った。つまり、革命以前に、実存があると。しかし、これに対してベケットは、「ちょっと待て」と言う。ベケットはサルトルと違って、どうせ神は来ないだろうから、「ズボンでもぬぐか」となる。靴紐も同じ。実存主義とはまったく違う。

キリスト＝マルクスを拒絶するカミュ

吉見　カミュが『異邦人』を発表したのが一九四二年、つまり戦中期に書いている。『ペスト』も一九四七、四八年ですから、大戦が終わってすぐですね。

原　サルトルも一九三八年に『嘔吐』を発表している。『存在と無』も四三年。早いですよ。

吉見　圧倒的に早いですね。戦時中からもう戦後が分かっちゃっているというか。そして、カミュの『異邦人』が最初に邦訳されるのが一九五一年。五六年に『ゴドーを待ちながら』も邦訳されます。そして、このサルトルやカミュ、ベケットの認識地平が、原先生や見田先生、一九三〇年代生まれの日本の戦後知識人たちに強烈な影響を及ぼしていきます。当時、原先生はサルトルやカミュをどのように読まれていたのですか？

原　ものすごく反省するというか、あまりにも貧乏で、栄養失調だから、貧しさの中にやられているというか、チャンスがあれば読んでいるはずなのですが。

吉見　原先生が、カミュはすごいと思い始められたのはいつ頃なのですか。

原　ずっと後ではないですか。僕は、『建築に何が可能か』を一九六七年に書きます。書いたら、すぐ東大闘争になって、それでものすごく反省して、自分は間違っているのではないかと思い始める。マルクス主義にはいろいろあっても期待する。そういう考え方がしみ込んでいてなかなか脱却できない。でも、六八年ぐらいになって、そこのところの反省で、事によると自分は大きな間違いをしているのではないかということに気づくわけです。

僕はサルトルを読んでいたから、逆にカミュの理解が遅れるのです。サルトルはカミュとの闘いで、カミュを拒絶します。つまり、マルクスが罪人だと、マルクスこそ悪なのだということを言ったのはカミュなのだけれども、そのカミュの言ったことを、サルトルはカミュが死んでも、その後しばらくたっても、まるで信じなかったんだよね。

吉見　一九四二年にカミュは『異邦人』で颯爽たるデビューをして、『ペスト』も世界的な大ベストセラーになって、ノーベル賞も取っている。大スターですね。その後、サルトルとの論争があって、ひどくやられて、時代の流れから排除されていく。

そうすると、一九五〇年代初頭まで、カミュは歓呼をもって西欧世界に迎えられ、やがて遠ざけられていったのはなぜだったのか。ベケットも五〇年代に『ゴドーを待ちながら』で世界に衝撃を与えますが、彼も神はいないと宣言した。カミュほどはっきりマルクスが悪だとは言いませんが、一九五〇年代から六〇年代のマルクス主義が強力であった時代の中でのカミュやベケットの位置は、どう考えればいいのでしょうか。

原　あなたの本(『視覚都市の地政学』岩波書店、二〇一六年)で言及されていたフランツ・ファノンの『黒い皮膚・白い仮面』の最後に、「ファノンの認知」という解説のような文章があります。これを書いたのが、フランシス・ジャンソンです。ジャンソンは、『革命か反抗か』として刊行されることになるサルトルとカミュの論争の火種となったカミュ批判を『レ・タン・モデルヌ』誌に書いた、その人物です。

ファノンの本では、サルトルにあまりに頻繁に触れ、しかもこの本の始まりのあたりでサルトルを厳しく批判しているのに、次第に賛意を表明し、最後のあたりでは称賛しているので、変だと思っていたのですが、ジャンソンの文章でかなり納得がゆきました。

そして、二人ともカミュには一言も触れていません。『異邦人』は、この種の議論にも関係があったはずなのに、まったく触れないのは不自然に感じたのですが、アルジェリア問題でかなり複雑な状況があったようです。

吉見　ジャンソンの文章はファノンの本のとても長い熱烈な語調の解説で、一九六五年、つまりファノンが死んでから三年後に書かれたものですね。その解説では、ジャンソンは一九五二年にファノンに出会っています。この五二年は、まだ二十七歳のファノンが『黒い皮膚・白い仮面』を書き上げた年でもあります。ですので、詳細は分かりませんが、ジャンソンが編集者としてファノンの本に影響を与えた可能性はあるでしょうし、ファノン自身もサルトルの大きな影響を受けていたでしょう。そして、カミュの『反抗的人間』が出るのが一九五一年ですね。当時は、アルジェリア戦争が始まる直前で、フランスとアルジェリアの間では複雑な政治が繰り広げられていたと思います。

原　「不条理」、つまり"absurde"ですが、清水徹はカミュの『シーシュポスの神話』の訳者付記で、「なんとも筋道の通らない」「意味をなさない」「荒唐無稽な」といった意味だと書いていました（新潮文庫、一九八七年、八—一一頁）。それ自体として矛盾していて、とても考えられないような状態や行為を指す言葉だと。ただ、カミュはこの言葉を特別な仕方で使っていて、「この世界が理性では割り切れず、しかし人間の奥底には明晰を求める死物狂いの願望が激しく鳴りひびいていて、この両者がともに相対峙したままである状態」を「不条理」というとしていました。ですから、カミュのいう「不条理」には対立関係が含まれています。

吉見　つまり、ベケットの「ゴドー」と似ていますが、カミュにおいても「不条理」は、何か抽象的な、原理のようなものではなく、第二次大戦中から戦後にかけての非常に複雑で矛盾に満ちた政治的対立状況と結びついていた可能性があるということですね。実際のナチズムや第二次世界大戦が終わっても、サイレンは鳴り続けている。

原　『反抗的人間』の「反抗」は、「神聖な世界」に対する「反抗の世界」という二項対立を前提としますから、西欧思想の中でしか意味を持たないとも言われたりもします。カミュはサルトルに対し、「われ反抗す、ゆえにわれら在り」と言ったのです。

吉見　造反有理ですね。

原　ただ、カミュは「反抗」と「芸術」の関係について、「どんな芸術でも全的拒絶の上に生きることはできない」とも言っています。カミュが言っているのは、「根本を拒絶する」と同時に、「現実のある様相を昂揚する」ことです。

吉見　カミュの中にラディカルなアナーキズムがあった。では、その場合の「根本」、つまり彼が根本的に《ラディカル》「拒絶」をしようとした「神聖な世界」とは何なのでしょうか。

原　カミュは、マルクス主義の中に、キリスト教的なメシアニズムを見ます。マルキスト的世界の統一性に、キリスト教世界の統一性が継続されていると見るわけです。たとえば、両者はいずれも自然を制御すべきものだと考える。この考え方は、ギリシア人たちが自然は従うべきものだと考えていたのとは対立する。したがって、二十世紀におけるマルキシズムの失敗は、十九世紀のブルジョアたちの楽天主義の失敗の延長線上にあることになる。

吉見　つまりカミュは、キリスト教からヘーゲル、マルクスまでの近代思想の主軸をなしていたパラダイム、あるいはもっと大きくは、歴史が直線的な時間軸の上でユートピアないし終末に向けて進んでいくというヘブライズム的な歴史概念を、ギリシア的というか地中海的な世界像の側から否定しようとしていたのではないか。

原　カミュはしたがって、歴史への奉仕はニヒリズムになると言います。

吉見　その歴史は、あくまでユダヤ・キリスト教的時間を前提とした歴史ですね。

原　おそらくそうなのでしょう。私は、弁証法や「非ず非ず」は、多様性(差異)を生み出す not をめぐる仕掛けであると考えています。たとえば、『シーシュポスの神話』は一九四二年に書かれたでしょう。そのなかで真と偽に対してアリストテレスが言っていることを挙げているのです。真と偽を定義するところから間違っているのだと。そこが間違っていて、確かめることができることに「真」を入れたり、そうではないことに「偽」を入れたりすること自体、本当にそうなのか。「真」と「偽」がそんなに簡単に言えるのか。フィクショナリティというのはそこが重要です。

しかし、「真」とか「偽」とかを言えないことは仏教では当たり前なわけじゃない。仏教はそのことを言っているわけで、カミュは仏教と同じことを言ったんだよね。カミュは用心深くて、これから神のことを批判するけれども、それはヨーロッパのこと、他のところは関係ありませんよと言っている。他方、私の背後には仏教、あるいは禅が色濃くあるのですが、しかしそれが普遍的とか絶対的とかいうことはありません。

吉見　歴史上、起こった事件や文明が地域で異なるという以上に、そもそもの真偽の関係をどう考えるかという認識のパラダイムそのものに普遍性などないのですね。

三度、殺されるカミュ

吉見　私は、カミュが重要なのは、彼が反抗や革命が独裁や監視国家に転回していく瞬間を、一九五〇年代、特異なほどに早くに鋭く見据えていたからだと思います。

原　今、カミュの全体を読み直してみると、とにかく作家としてもいいし、言っていることも非常に正しいと思うね。たとえば彼は、マルクス主義者たちが、他の連中は殺してもいいけれども、マルクスだけは殺さないという態度をずっととってきたと批判した。

吉見　カミュからすれば、マルクス主義の根底にキリスト教がある。

原　その話が重要です。カミュもベケットも無神論者なんだ。われわれはそのカミュ自身に気がついたほうがいい。

吉見　しかし、一九五〇年代以降、実際に起きたことはまるで逆でした。カミュは五〇年代、サルトルに拒絶されただけでなく、その後、構造主義者によってもマージナライズされる。さらに八〇年代以降、時代はポスト構造主義からポスト植民地主義へと流れていくのですが、ポスト植民地主義の中でもカミュは否定され続けるのです。

構造主義者によるカミュの扱いで、典型的なのはロラン・バルトです。バルトは一九五三年に出た『零度のエクリチュール』で、カミュの文体を「言語の痕跡をもった秩序への一切の隷従から解放された白いエクリチュール」と批判します。バルトによれば、「白いエクリチュール」は、「カミュの『異邦人』によって創始されたが、それはほとんど文体の理想的な不在といっていい不在の文体を成就した。エクリチュールは一種否定的な法《モード》に還元され、そこでは言語の社会的あるいは神話的な性格は廃棄されて、形式の中性で無気力な状態に席をゆずっている」（『零度のエクリチュール』みすず書房、一九七一年、七二―七三頁）。つまり、カミュの文体には政治性がまるでないということですね。

原　バルトを僕は信用してきたけれども、相当ひどいな。

吉見　彼は、カミュを自分の土俵に引き入れて、自分で料理できる限りでしかカミュを理解しようとしていません。こんな言われ方をしたら、カミュはいたたまれないでしょうね。ここには何かの錯誤があったのではないでしょうか。『異邦人』は、植民地アルジェリアに住む人物によるアルジェリアを舞台にした小説でありながら、宗主国フランスの文壇に大歓迎されました。この受容を、バルトはカミュの文体の非政治性に帰したのですが、それは正しい判断だったのでしょうか。

フランス文学者の千々岩靖子さんは、『カミュ　歴史の裁きに抗して』（名古屋大学出版会、二〇一四年）という本で、このカミュに対する断罪を問い返しています。実際、カミユは一九三〇年代後半から、共産党員としてファシズムとの闘いを続けていました。その中で、アルジェリア独立派とも連携し、フランスの植民地主義との闘いにも関与していました。少なくとも、カミュが政治的人間でなかったとは言えないのです。

原 バルトは間違っている！

吉見 しかし、ポスト植民地主義の思想に決定的な影響を及ぼしたエドワード・サイードによるカミュ批判は、もっとひどいです。彼は、カミュを「帝国主義のアクチュアルな現実が、本来あっておかしくないにもかかわらず、すっぽりと抜け落ちている作品を書いた」と断罪します。さらに彼は、カミュは「歴史を、たいてい無視するか軽んじている。しかし、フランス人の存在が権力の暴力的行使の日常とむすびついていたアルジェリアにおいて、アルジェリア人が、歴史を無視したり軽んずることはない」と言うのです（『文化と帝国主義1』大橋洋一訳、みすず書房、一九九八年、三一三、三一九頁）。

サイードのカミュ批判は辛辣を極めています。彼は、カミュの小説においては「いかにもとってつけたようなアルジェリアという場所が、小説における身近で逼迫した道徳的問題と、必然的なつながりがないように思われる……たしかにムルソーが殺すのはアラブ人となっている。けれどもこのアラブ人には名前がない。父親や母親のみならず経歴すらないようにみえる。たしかに、オランでペストに倒れる人びとはアラブ人ということになっている。しかし彼らにも名前がないし、物語の筋立てのなかで前面に押しだされるのは、フランス人のリウーでありタルーである」（同書、三二〇頁）。

結局、バルトもサイードも、カミュとその小説を政治的な「正しさ」の基準で葬り去りたいようです。サイードのスタンスははっきりしており、『異邦人』でも『ペスト』でも、「アラブ人の死によって照明があてられ、暗黙のうちに強調されるのは、フランス人の登場人物が陥っている良心と自己反省の苦境でしかない」というわけです（同書、三二八頁）。彼が描いているのは、「アルジェリアの土地の領有権を主張しながらも、きびしく弾圧されておとなしくなり、数も減らされたイスラム教徒住民に、フランスが勝利したあとの世界なのだ」とまで断罪しています（同書、三二九頁）。

しかし、サイードのカミュ批判は、いくつかの根本的な誤りを犯していると千々岩靖子さんは指摘しています。何よりも、サイードの「重大な誤りは、ムルソー＝カミュをフランス人（＝植民地主義者）として扱ったこと」です。実際に「テクストを丁寧に辿っていくと、小説世界内の異邦人はアラブ人ではなく本国フランス人」なのが分かってきます（千々岩、前掲書、一八頁）。たとえば、パリ出身の養老院の門衛に、主人公は「ああ、あなたはこの土地の人ではないのですね」と言います。また、死刑判決を宣告された主人公ムルソーは、それが「フランス人民の名において」なされることを「不明瞭な観念」だと感じます。彼は、パリを「汚ない街だ。鳩がいて暗い中庭がある。みんな肌が白い」と見ています。彼は、レイモンの白い腕を見て「ちょっと気持ち悪い」と感じ、褐色の肌を持つマリーを美しいと感じています。

これらは、主人公が本国のフランス人を「よそ者」と思っていたこと、彼のアイデンティティは、クレオールとしてのフランス系アルジェリア人にあったことを示します。このクレオール性は、本国のフランス性と同一視できません。

原　僕はサイードのファンではないけれども、『オリエンタリズム』(一九七八年)は読みました。

吉見　『オリエンタリズム』は間違いなく名著です。そのサイードがここまで一方的にカミュを断罪しているのは、とても残念なことです。『異邦人』のいくつかの場面で、主人公は状況をフランス側からではなく、アルジェリアの内部から見ている。カミュの位置は、サイードと対偶のようなところがある。カミュはアルジェリアの貧しさの中から出てきた人ですが、サイードは中東の豊かな家庭出身で、アメリカ留学後はめちゃくちゃエリートです。まさにそうだからこそ、サイードは意志的に反植民地主義の、そしてパレスチナの立場に立とうとし、カミュではそうした政治性は一見、曖昧に見える。でも、「曖昧」なのと「ない」のとは全然違う。

要するに、実存主義のサルトル、構造主義のバルト、ポスト植民地主義のサイードという、戦後西欧の知的世界を形づくってきた主要な流れのいずれからも、カミュは排除され続けてきたのです。これは、どういうことなのか。このことは、逆にカミュの特異性を示しているように思われます。

原　サルトルが原因だと思うね。

吉見　しかし、サルトルを批判して構造主義が出てくるわけですから、構造主義は基本的に「アンチ・サルトル」ではないですか。そのアンチ・サルトルも、「アンチ・カミュ」だった。

原　それはよく分かるけれども、そこまでの色づけは、サルトルがいなかったらやらないのではないか。

吉見　サルトルはカミュを受け入れなかった。サルトルとは別の意味で、構造主義もカミュを受け入れなかった。どう受け入れていいか分からなかったのだと思います。サイードですら、カミュを受け入れなかった。サイードがサルトルに従ったとはまったく思いませんが、ポスト植民地主義にとっても、カミュはやっかいだったようです。

原　しかし、今考えてみても『反抗的人間』に書いてあることは大抵正しくない？　それにもかかわらず、サルトルからサイードまで、錚々たる連中がみんな間違えてしまうんだな。

吉見　みんなが間違えたということなのか。実存主義と構造主義とポスト植民地主義は、それぞれ違う思想的なパラダイムに立っていますけれども、三つがそろいもそろってカミュを排除していく。その位置にカミュがいるというのはどういうことなのか。

原　スターリニズムの実態を見て、マルキシズムが破綻したことはみんな分かっていて、いろいろなことを言うのだけれども、結局は初期の『経済学・哲学草稿』を読んでみろと。そうすると、もう一人のマルクスがいるではないかとなる。階級史観は間違っていた、問題は唯物弁証法にあったといろいろ言う。そうすることで、マルクス本人を守っていく。その守る姿勢をカミュは批判する。マルキシズムは基本的にキリスト教と同じだから駄目なのだとカミュは言う。みんなは、マルキシズムにはいろいろ問題があるにしても、マルクスが駄目だったら希望が全部なくなってしまうから、マルクスだけは残しておこうというスタンスです。だけれども、カミュはそうではない。

カミュは、「マルクスはキリスト教の神と同じだ」と言い切ったのですね。これは、サルトルに対してだけではなく、世界中のマルキストに対して、さらには革命の理念そのものに反抗したことになる。そこでサルトルは、カミュに絶縁状を叩きつける。その理由は、「お前は、エゴイストだ!」ということです。つまり、サルトルは「みんなが一緒に救われなくてはならない。仮に、救いが存在するのなら」と考えていた。サルトルは最後まで全体化にこだわっていたので、自分だけで反抗するなんて許すことはできないと思っていた。

吉見 カミュは、「ちゃぶ台返し」だったのですね。多くの人が信仰上の教義で論争しているのに、カミュはそんな信仰はやめてしまえ、「勝手にしやがれ」と言った。

原 きっとそうなんだな。みんなは、希望がまだあるではないかぐらいの感じ、全部消してしまうというのは、それではあなたは何を信じるのだと問われたときに、何も言えない状態になってしまう。それは避けたいというのが、共通の前提だった。

吉見 たしかに、実存主義と構造主義、ポスト植民地主義はパラダイムが大きく異なりますが、いずれもマルクスに対する批判的受容という点では共通しています。だから、大きくはまだマルクスに希望があると思っている。サルトルはもちろん、ロラン・バルトもエドワード・サイードもちゃぶ台返しはしていません。

「奴隷の世紀」としての二十世紀

吉見　なぜ、カミュはそうした選択をしたのか。そこには彼の歴史への判断が前提になっていたと思います。彼は、反抗の諸段階を考えますね。その最初に来るのが、個人的な反抗としての殺人です。誰かを暗殺する場合もあるかもしれません。原型的には、「奴隷が主人に反抗するところでは、一人の人間が他の人間に立ち向っている。そこは諸原理の天界からは遠く、残酷な地上である。その結果は、一人の人間を殺すだけである」(『反抗的人間』カミュ著作集4、佐藤朔・白井浩司訳、新潮社、一九五八年、八五頁)。

他方、反抗が集団化することもあります。「奴隷の反乱、百姓一揆、乞食の戦争、百姓の反抗は、生命対生命という対等の原理を提出する」のです(同書、八五頁)。

こうして、現代の「革命的行動は、その論理の明白な帰結として、武装して歴史的全体性を要求する」に至ります(同書、八四頁)。このように全体化への道を進んだ反抗は、やがて「統一を予想」します。フランス革命では、「サン・ジュストはある理想都市を夢想し、そこでは風俗がついに法律と一致し、人間の無垢が実現し、理性と人間の本性とが一致する筈」だと考えました。このとき、もしも誰かがこの夢に異論をはさめば、

「批判者は裏切者で、共和国を公然と支持しない者は、注意人物」となります（同書、九六頁）。

つまり、「理性や個人的自由な意見が、組織的に統一を打建てることができなければ、異分子をすべて排除する決心を固めなければならない」のです（同書、九六頁）。このようにして、あらゆる革命はテロリズムに転化します。[2]「叛逆者には、自由のない正義などは考えられないらしい。だが正義が自由の抹殺を要求する時が来る。すると大なり小なり恐怖政治が行われ、革命を完成する」と、カミュは述べています（同書、八三頁）。たしかにこれは、きわめて先見的な「反革命」的主張です。

原　私の『建築に何が可能か』が一九六七年に出るのですけれども、それだって「文学に何が可能か」という問いをサルトルが出したから、これは建築の側でも何か出さなくてはいけないのではないかと考えたからでした。しかし、サルトルは全体化という言い方で、みんながバラバラの状態を認めない。だから、自由で平等と言っていたマルクス主義が、独裁化に向かっていく。要するに、サルトルを信用しすぎたんだよね。

しかし、ある意味では今もサルトルの仕事を受け継いで僕はやっているのです。どうしてかというと、サルトルが『想像力の問題』で出した言葉、「ピエールは喫茶店にいるか」。僕がずっと考えていたのは、この問いなのです。

吉見　『想像力の問題』は、サルトルの初期の著作ですね。ほぼ同じ頃に、彼は『嘔吐』を書いて小説家としてデビューしています。続編の『存在と無』もそうですが、この頃、サルトルは現象学と格闘していた。

原　フッサールが出てきて、意識は何々に向けてという形でしかありえないということで、サルトルはそのとおりだとなった。いろいろな心理主義が駄目なのは駄目でいい。しかし、何々に向けてというときに、「ピエールは喫茶店にいるか」ということが識別できるのはなぜかと考えるわけですよ。

そのときに、それは記号ではないか。ピエールという記号があるのではないか。彼の意識の行動というのは存在と無だけれども、対自・即自という二つの、pour soi と en soi という概念で自分個人の中で存在自体を定立できたと思うわけです。だけれども、両方とも自分のことしか言わないわけです。対自でも即自でも、それは自分の中の現象ではない。それなのに、何でピエールが喫茶店にいるかどうかを言えるのだろうか。

その問題を解くためには、サルトルみたいに頭のいい人だから、本当は記号が単に言語だけではなしに、森羅万象全部記号で、それを空間の中に置くことが重要だとなぜ考えなかったのだろうか。それはどうしてかというと、モノをここへこのように置くことを説明できるとしたのは、フランスの数学者アンリ・ポアンカレです。彼が『トポロジー』という本でやったのです。

吉見　ポアンカレ予言*の話ですね。その話は、私には手も足も出ないので、話を歴史的な地平に引き戻させてほしいのですが、カミュの「反抗」の話は、前回議論した二十世紀をいかなる時代として捉えるかという問いに直結しています。カミュからすれば、近代の臨界点である二十世紀は、紛れもなく全体化が極限まで進んだ世紀です。二十世紀を「奴隷の世紀」として捉えるカミュの視点は冴えています。彼は、「もしニヒリズムの唯一の希望が、幾百万の奴隷がいつか永久に解放される人類を構成しうるということであれば、歴史は絶望的な夢にすぎない」と言い切ります(カミュ、同書、一八一頁)。

これはどういうことかというと、近代は「人間を神への従属関係から解放したはずでした。しかしその結果、今や人は、かつて「祭壇に身を投げたように党の永続性に頼ることとなる。故に最も反抗的だとあえて自称する時代は結局、適応主義《コンフォルミズム》しか選択」できないのです。マルクス主義への挺身であれ、進歩主義の信奉であれ、「二十世紀の真の情熱は奴隷根性」です(同書、一八一頁)。

原　しかし、サルトルにしても神がいないことを認める雰囲気はあったわけです。ただそのときに、偶然性のことはよく分かっていない。偶然が変に時間性をつくり上げるとか、ベルグソンの「エラン・ヴィタール(生命の躍動)」みたいなものが跳躍するとか、これらが偶然性とどう結びつくのか、とか。

吉見　両世界大戦を通じ、十九世紀的な進歩とか啓蒙の概念が壊れます。壊れた先でナチスやスターリニズム、全体主義が広がっていった。ひどい戦争をみんなが経験した。収容所が至るところにできた。このような悲惨さを経て、カミュやベケット、そしてジョージ・オーウェルが次々に重要な作品を書いていった。カミュの『ペスト』(一九四七年)も、ベケットの『ゴドーを待ちながら』(一九五二年)も、オーウェルの『1984』

（一九四九年）も、ほぼ同時的に書かれています。つまり、『ペスト』も『ゴドーを待ちながら』も『１９８４』も救済の物語ではない。最初から救済の可能性なんて否定したところで、絶望的な状況をいかに生き抜いていくかが共通のテーマになっている。

原　そのことは、今も同じなわけです。

吉見　そのとおりです。すると、カミュが探したのは、全体化とテロリズムに行き着くのではない反抗の方法だったように思います。彼はニーチェに言及し、ニーチェはニヒリズムを検証した結果、「自らと他人のうちに、信仰の不可能と、あらゆる信仰の根拠の消滅を、つまり人生の信頼の消滅をみとめた」と述べています（カミュ、同書、五四頁）。それでニーチェは、「ニヒリズムをぎりぎりまで追いつめ、沙漠まで行き、未来を信頼すれば、人はこの原始的な行動に苦痛と悦びを感じる」と考えたというのです（同書、五四頁）。この思考の展開は、カミュ自身のそれに重なるように見えます。

おそらく、そこで出てくるのが不条理で、カミュは「不条理の感情からまず行動の法則を引きだそうとすると、殺人などという行為は少くともどうでもいいこと」になると述べていきます。すべてが無意味ならば、「すべてが可能となり、なにも重要でなくなる」のです（同書、九頁）。カミュはここから出発して、「反抗の仕事のなかに、不条理によってあたえられなかった行動の法則」を探します。すなわち、「人間は現状を拒否する唯一の被造物である。この拒否が人間をして自分と他人を破壊するにいたらしめないか、あらゆる反抗は全般的殺人の是認とならないか、または反対に反抗が不可能な無罪を主張することなく、当然の有罪の原則を発見しうるかどうか、を知ること」が大切だとしていくのです(同書、一四頁)。真っ当な議論だと思います。

ユダヤ・キリスト教的時間と地中海的時間

原　しかし、「ちょっと待て」と、僕はさらに言いたいね。サルトルやカミュ、ベケットよりも前に、「サイレンを鳴らす人」は大勢いたのではないか。早い話が、家族島の集落*に神はいるだろうか?——いないのですね。メソポタミア初期から五千年くらい経って、シーア派の人々が住んだら神が持ち込まれますが、それまで集落には一神教の神はいない。

吉見　非ヨーロッパ世界のほうが、カミュと親和性があるということでしょうか。

原　私は、サルトルにもカミュにも「神が不在」であることを前提に、それらに対して「有孔体 - 浮遊」の建築を考えられないかと思ってきました。

吉見　原先生は、神を信じなくなることが人を信じなくなることに直結するわけではなく、そこに「形而上学的な部分」があるとおっしゃられています。つまり、「神がいないのに、それでも信じるという論理」を考えようとされている。この原先生のいう「形而上学」は、私たちの議論の機軸であるフィクショナリティの問題と重なります。そして原先生においては、フィクショナリティが実現されていく場が集落であり、それを実現する方法論が「有孔体 - 浮遊」なのですね。

原　アーレントが『人間の条件』で、すべてを失ってしまうとき、人間について書くことが可能になったというようなことを書いていたと思います。人々が全部駄目になり、社会も駄目になっても、それでも人間は残り、その残っている部分が重要で、そのためにつくるということだよね。神がいないときに建築の原型を出すには一体何をすればいいのか。僕は、幾何学かなと思ってきた。幾何学と物語が一緒になったような、そういうイメージですね。

吉見　二十世紀を通じて、全体的状況は絶望的なわけです。そして、どれほど絶望的でも、もう救済者は来ない。カミュの『ペスト』もベケットの『ゴドーを待ちながら』も、そんな状況下でドラマを成り立たせている。

原　『ペスト』はあまりいい作品ではないと思います。

吉見　私は社会学者なので、文学作品としての出来不出来は分かりませんが、『ペスト』は一九三〇年代以降の全体主義的な抑圧状況、戦時期の収容所の拡散やホロコースト、ナチスの空爆、さらにはアメリカの空爆や原爆投下に見舞われていく街や人々の状況すらもよく描いていると思います。もちろん、『ペスト』は感染症パンデミックの話なのではなく、二十世紀以降の私たちの日常の話です。

原　そこのところは、もちろん分かってるんだけどね。

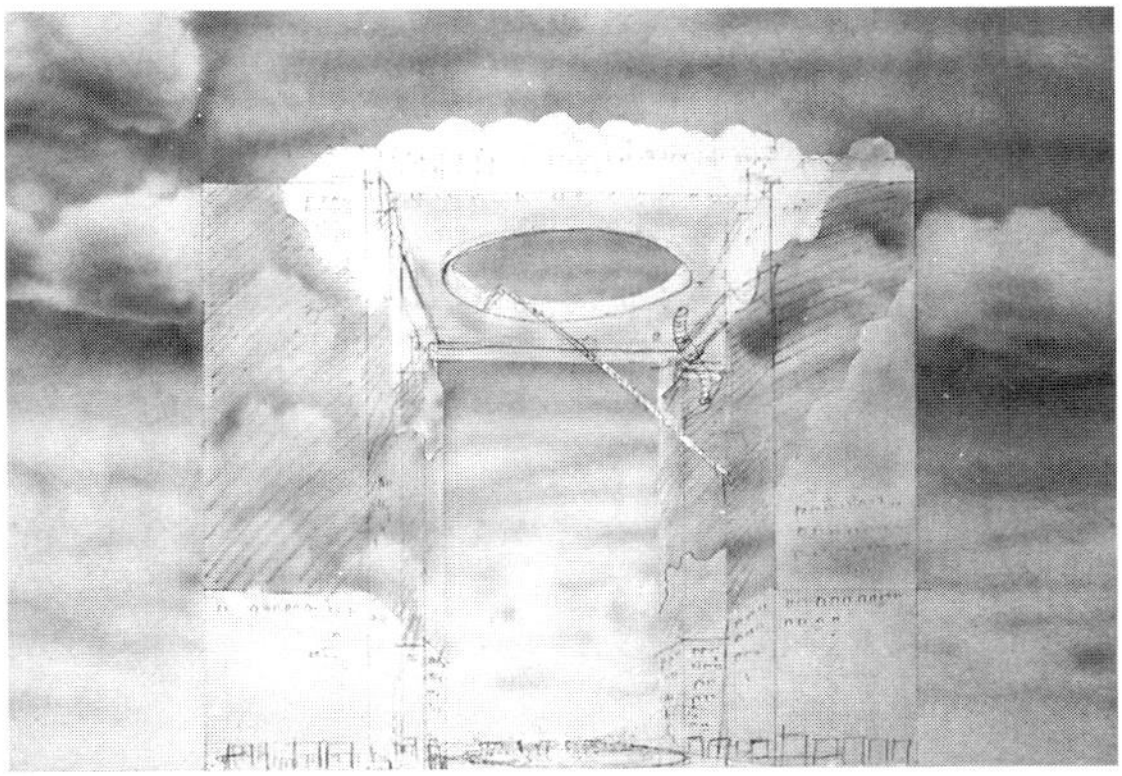

梅田スカイビル初期スケッチ

吉見　原先生が『異邦人』をすごく評価され、『ペスト』はそれほどでもないのは、一つには両者で北アフリカの自然の意味が異なるからではないでしょうか。『ペスト』では、自然が恐怖の源泉に反転しています。非常時においては、自然は人間を包み込むものではなく、人間を滅ぼすものになる。しかし、『ペスト』がそのような自然を描くのは、自然が自然自体というよりも収容所のメタファーだからだと思います。

原　私は、サルトルにもカミュにも「神が不在」であることは分かっていて、それを前提に有孔体や浮遊の建築を考えるわけです。そして、記号場とマイクロ・デュレーション（徴持続*）という考え方が出てきます。それらはすべて、神なき時代のフィクショナリティの形而上学です。

吉見　その際、カミュは無神論ですけれども、なぜ無神論なのかというと、それはユダヤ・キリスト教的な時間、つまり未来に向かって進歩していく歴史意識を、彼は根本的に信じていなかったからだと思います。過去から未来に向かって直線的に人類が進歩していく、そういう時間意識が、ヘーゲルからマルクスへと受け継がれている。この目的論的な時間を、カミュは早い段階から拒否していたのではないか。

　カミュは根本的に、もう少しギリシア的ないしは循環的な時間意識を持っていた。カミュ自身、『反抗的人間』の中で、「キリスト教徒は人生及び連続した事件を、起源から終末にむかって展開される歴史とみなした最初の人間である。この歴史の流れのなかで人間は救済をうるか、罰をうけるかする。……〔これに対し〕生成というギリシア的概念は、歴史的発展というわれわれの考えとはなんの共通点もない」と、きわめて明快に語っています（カミュ、同書、一四六頁）。

原　それは確かなのだけれども、循環ではないいんだよね。それはもっと偶然性の時間。「非ず非ず」の教えによれば、すべてのマイクロ・デュレーションは、同じ持続であると同時に、一つとして同じ持続はない。

私たちが経験している時間は、「連続体（continuum）*」と思われています。しかし、時間の解釈はさまざまで、世界は想像もつかないような事例に満ちあふれています。とりわけイスラーム世界に現れたカラーム（Kalām）の時間論は、際立って創意にあふれています。私は、この時間論に、マックス・ヤンマーの『空間の概念』で初めて出会いました。ヤンマーによれば、カラームでは、キリスト教のような初めにすべてが決定された創世記的世界像に対し、もし神が全能なら、あらゆる瞬間に神の意志が挿入されるはずであるとして、時間の原子論を構想したのです。つまり、時間は連続体ではなく、非連続的な要素の系列です。連

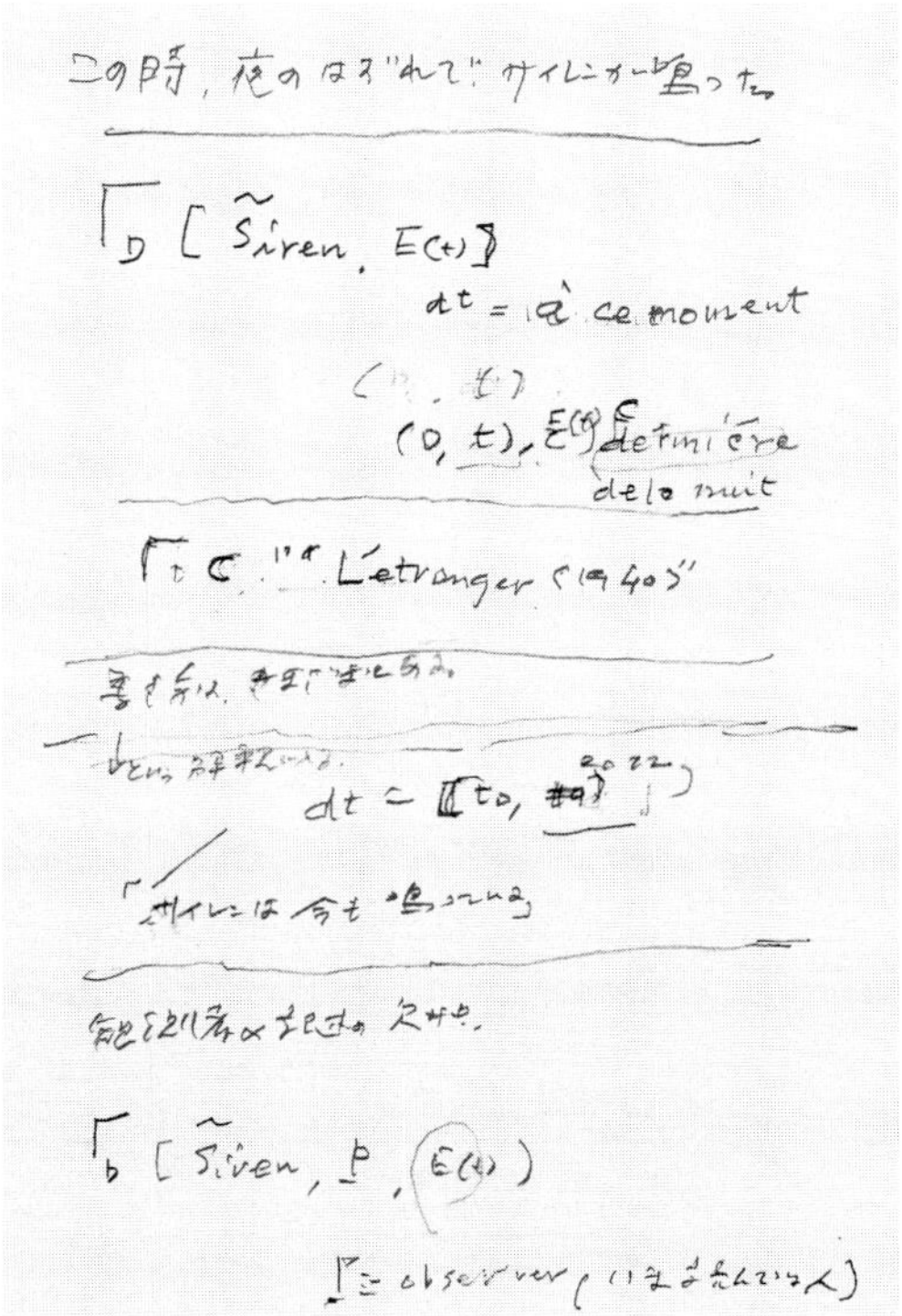

本書のマイクロ・デュレーション表示

続体に対応させれば、時間は、「孤立体(individuum)」のつらなりなのです。

神ではない私たちも、瞬間を適当にまとめて、区切り、他の人々の時間の区切りと調整を図りつつ生きている。しかし、この区切り方はきわめて便宜的で、あいまいです。こうした概念的な道具がマイクロ・デュレーションになります。

吉見　カミュは直線的に未来に向かう時間を拒否していて、そうではない、もっと瞬間的、偶然的な時間を書いていた。その時間の理解が、今、原先生がご説明されたマイクロ・デュレーションの考え方につながるのですね。

原　そこはとても重要だと思う。

吉見　他方、マルクス主義は、近代市民社会のブルジョア的諸価値を否定しながらも、「前進の思想だけは倒さずにのこしておいたのであって、この思想を彼らは社会的進歩と混同し、必然的なものであることを確認したのである。ということは、十九世紀流のブルジョア思想を継続したということ」なのです(同書、一五〇頁)。

原　だからそれは、結局は国家の時間なのですね。集落の時間は、それとは異なります。集落の美学は、そうした前進にあるのでも、恒常的な状態の持続にあるのでもなく、絶えずゆらぎを発生させている状態なのです。祭になれば集落の状態が一変するように、また雨期ともなれば植物があたりの風景を一変させるように、時間とともに変化します。そして、集落によっては、次に現れるであろう場面を待ちうけている構えがうかがえます。そうした予兆、きざしの構えが、集落の様相となるわけです。

吉見　つまり、「場面を待つ」ということが集落の時間の基本型なのですね。そして、カミュの時間意識を支えていたのは、おそらく地中海の自然でした。彼は一九三七年二月八日に、共産党主催の文化会館の創立記念講演をしていて、そこで「伝統」とは「現在を偽る過去」に過ぎず、私たちはそのような「伝統に隷属したり、まだ生きている私たちの未来を、すでに死んだ過去の栄光に結び付けたりすることなどでき」ないこと、そうではなく「私たちを取り囲む地中海は、それとは逆に、戯れと微笑みで満ちあふれた活気ある地域」であることを宣言していたそうです（千々岩、前掲書、二七頁）。つまり、カミュは歴史や伝統に対し、地理と自然を対置させているのです。

原　世界を旅してくると、集落の一つひとつが美しい衝撃となって現れます。この衝撃は、おそらく言葉に還元しきれないでしょう。しかし、これらのいくつもの集落が同時に光彩を放つ地平では、言葉こそ光を浴びるはずなのだと思います。つまり、そこではものから言葉が誘導され、その言葉がさまざまな景観なり場面なりを呼び出して、いつしか私には、現代都市や集落が立ち並ぶ〈世界風景〉*が立ち現れるのです。カミュの小説は、そのようにして発せられていった言葉であるように私には思えます。

吉見　カミュの思考全体に、地中海の自然が及ぼしていた作用はとても大きいですね。このあたりが、パリのアパルトマンで思考を形成していたサルトルとの決定的な違いなのかもしれません。カミュはもちろん、古代ギリシア文明に親近感を抱いていましたが、それは文明自体よりもその根底にあった地中海の自然への信頼なのだと思います。

カミュ自身の言葉では、古代ギリシア人は「彼ら自身がその一部をなしている自然をまず信じていた」わけで、「自然に抗うことは、自分自身に反抗することになる。壁に頭をぶつけるようなものだ。だから、一貫した唯一の反抗は自殺である」というのです（カミュ、同書、二五―二六頁）。古代ギリシア人は、自然から離脱や超越はしていません。

このへんは、見田宗介（真木悠介）先生が『時間の比較社会学』で明晰に示した点ですが、彼らは自然を数量化はしましたが、自然から離陸はしていないのです。それに対し、新しい神の時間を導入することで、自然から不可逆的に離陸していったのはユダヤ・キリスト教文明です。そこから、垂直的な、直進する時間が始まった。

空間を横切る

原　ここで仮に、空間を横切ることができるように、時間も横切ることができると考えてみましょう。つまり、物語において出来事の順序が置き換えられて、昔生起した出来事が今起こり、今起こるはずの出来事は昔の時点で起きるのです。そうすると、その結果は登場人物の死を導きます。空間を横断してゆくことは、出来事の展開をみることであるから、そのまま時間的な事象です。したがって、空間的に「記号化された場所」と時間的な「順序の入れ替え＝死」とは、作品のプロットに対応する横断によって同時に記述されることになります。

吉見　そのような時間概念を、ユダヤ・キリスト教文明は拒絶しました。カミュにとって、それは問題だったはずです。実際、カミュが問題の根幹に時間概念があることに気づいたのは早かったようです。というのも、彼は一九三五年にアルジェリア共産党に入党する時点で、「西欧の伝統的主流をなしていた歴史観、すなわちユダヤ・キリスト教からヘーゲル、マルクスへと受け継がれていく終末論的・目的論的歴史観を否定していた」。彼は、作家として華々しいデビューをする以前から、現在を過去の帰結として因果関係のもとに考える歴史の理解に懐疑的で、そうした考え方が、「第二次世界大戦後、歴史主義・マルクス共産主義批判として前面に押し出される」のだと千々岩さんは述べます（千々岩、前掲書、五頁）。

原　同じような意味で、私は最初の本である『建築に何が可能か』の中で、連続性ですべての出来事を捉えていこうとする近代に反対したのです。あの本で私は、世界が必ずしも連続的にできているのではなく、非連続的な構造領域をもっていることを強調しました。基本的なモナドでもある人間は、一元化された世界のなかに生きているのではなく、相のずれたなかで生きています。

このように世界が空間的にも、時間的にも非連続である以上、計画は部分についての考察から始まるべきです。部分における関係の把握から、それらをより大きな集合における関係の抽象へと向かってゆくべきで、その上向的構成において、非連続性が現れようと苦にしてはならないのです。これが、私の原点にあった認識でした。

吉見　そうした非連続性や多様性からの上向的な計画の方法論を見つけに、先生は世界の集落調査の旅に出られ、砂漠地帯で逃亡者の集落に出会っていったのですね。その最も重要な現場が、カミュにとっても最も重要な現場であったアルジェリアでした。古代からアルジェリアは、エジプトやモロッコとは異なって、ずっと通過点でした。つまり、エジプトやモロッコに都を置く二つのイスラーム国家のあいだに広がっていたアルジェリアは、一貫して旅人たちの土地、あるいは逃亡者たちの土地でした。通過点ですから、そこに巨大な富は蓄積されていきません。

　集落の旅人である原先生が、エジプトよりもアルジェリアに惹かれていくのには必然性があると思います。アルジェリアの自然は、古代にカルタゴが滅びて以降、ずっとさまざまな部族、民族、盗賊、行商や軍隊、学者、そして逃亡者が通り過ぎ、時には住み着き、しかしまた流れていくような開放性を内在させてきたのだと思います。

原　なるほど。なぜ私が、この対話でカミュをテーマにしたいと思ったか、その理由を明快に説明していただきました。

吉見　私はまだサハラ砂漠に行けてないので実感としては分かりませんが、『異邦人』のムルソーの視線の先にあったアルジェリアと、原先生が集落調査で目にしたアルジェリアが、重なるという以上に共鳴するのだと思います。その根底にあるのは地中海の自然と砂漠の蜃気楼であり、そこを「場面」にしていくのが砂漠の旅人たちなのです。

再び、建築家とは誰のことか

吉見　私たちはこれまでこの対談で、谷間について話し、集落について話し、自然について話し、逃亡者について話し、女性と記憶について話し、場面について話してきました。またその一方で、均質空間、資本主義、熊手族、全体主義と神、あるいはマルクス主義についても話してきました。大江健三郎、夏目漱石、ハンナ・アーレントとジョージ・オーウェル、それにサミュエル・ベケットとアルベール・カミュといった作家たちは、この対話の導き糸でした。これらのさまざまな対話の投錨点は、相互に何層にも結びついていると思います。

そして、そのような対話的思考の多層的なネットワークは、伊那や四国の谷、北アフリカやイラク、イランの砂漠地帯、中南米の高地や密林地帯、中国や東南アジアの農山村にも広がっています。さらに言えば、この対話的思考のネットワークを、現代のグローバル資本主義の中心地である北米大陸に広げていくことも可能なはずです。ニューヨークやボストン、サンフランシスコやロサンゼルスは、確かにＩＴや金融ビジネスの世界的な中心地で、谷間や集落、逃亡者とは無縁なようですが、むしろそこに、私たちが議論してきたことの核心的な何かが伏在してすらいるのではないでしょうか。

原　そのとおりです。私はかつてヴァルター・グロピウスを訪ねましたが、実はこれがソローをはじめとする十九世紀アメリカの自然と文化の関係を知るきっかけとなり、集落調査以後の私の自然観につながってゆきます。グロピウスは、ナチスによってバウハウスを閉鎖に追い込まれ、一九三七年に渡米してハーバード大学の教授になります。私がグロピウス邸を訪ねたのは一九六八年のことで、渡米からかなり時間が経っていました。車で連れていってもらったので、当時はグロピウス邸の位置をあまり考えませんでした。しかし、それから数年後、グロピウス邸が、ヘンリー・D・ソローがウォールデン湖のほとりに彼の家を古材で建てた位置のすぐ近くだったことを知ります。グロピウスは、ソローが家を建てた場所のすぐ近くを選んだのです。

吉見　私は、二〇一七年から一八年にかけて、ハーバード大学で教えていたときに、車でウォールデン湖のあるコンコードまで行き、グロピウス邸も訪れています。今は、建物はミュージアムのような仕方で公開されています。しかしそのとき、まったく悔やまれるのですが、ソローの家に行きそびれてしまいました。ちゃんと探せば車で行けたはずなのに、愚かでした。ただ、周辺の湖畔や森の風景はとてもよく覚えています。当時、一番思ったのはアメリカ先住民③のことで、イギリス人たちが来るまで、彼らはこの水辺の実に豊かに散在する森林地帯で、満ち足りた生活を送っていたに違いないことでした。イギリス人たちはここに入植し、先住民からすべてを奪ったのですが、ソローはその原罪に最も自覚的だった書き手だと思います。

原　私は、ソローが建築家だと考えています。実は私は、多くの「建築家」とされる人々は、建築を実現する当事者ではあるとしても、本来的な意味での建築家ではないのではないか、という疑念を抱いています。もちろんこれは、建築家の定義に関わることです。その際、私がフィクショナリティこそがきわめて重要だと言うのは、ソローのように、実在と虚構が同時存在していることを重視するからです。つまり、さまざまな虚言や妄想に惑わされないで実在を観察してゆくと、人生はおとぎ話のようなものになるはずだと私は思っています。

吉見　ソローが建築家というのは、深い話ですね。ソローは『森の生活』（一八五四年）で、「われわれが簡素に、また賢明に暮らす気になれば、この地上で自分の身を養っていくことは苦痛であるどころか気晴らしにすぎない」と書いています。つまり彼は、「簡素に暮らす国民の労働は、もっと人為的に暮らす国民にとってのスポーツとおなじようなものだ。私よりも汗かきのひとならいざ知らず、人間はひたいに汗してパンをかせぐ必要などないのである」と主張しているのです（『森の生活』上、飯田実訳、岩波文庫、一九九五年、一二七頁）。アメリカは、マックス・ウェーバーが示したように、プロテスタンティズムの倫理が資本主義の精神へと転化していく最大の実験場だったわけですが、そのアメリカでは、これはかなり珍しい考え方です。

ですからソローが建築家だとすると、彼の建築は、何らかの生産的な目的をもった、必要を満たすための機能的な空間ではあり得なくなりますね。むしろ、スポーツとしての建築、先ほどの先生の言葉で言えば、おとぎ話としての建築となるのは必然です。

言うまでもなく、これはディズニーランドのアトラクションのような建築を意味しているわけでは絶対にありません。それとはまるで正反対のもの、それが、先生が先ほど言われたフィクショナリティ、「浮遊の建築」なのだと思います。

原　通常、「無常」の概念を明確にした鴨長明と、プラグマティズムの思想家、詩人、奴隷解放に重要な働きをしたソローの二人は結びつけられないし、この二人が建築家としての側面を持っているとは思われていませんね。しかし、私は、『方丈記』と『ウォールデン　森の生活』を残した二人の「建築家」について話したいのです。つまり私は、鴨長明やソローが、比喩的な意味ではなく建築家であったと言っているのです。多くの建築家であると考えられる人々は、実は、建築を比較的実現した当事者であることは間違いないでしょうが、本来あるべき姿の建築家ではないのでないか、という問いを提起したいと考えています。

吉見　つまり原先生は、ソローや鴨長明も建築家であったと言いたいのではなく、ソローや鴨長明こそが建築家であったと言いたいのですね。それは、とてもラディカルな主張だと思います。原先生ご自身や磯崎新さん、槇文彦さん、そしてもちろん丹下健三さんが戦後日本を代表する建築家だと思わない人はいないと思いますが、その「建築家」の概念を、自らひっくり返そうとされている面がある。

原　ソローが建築家であったとするのは私だけではありません。先ほどお話ししたように、グロピウスはソローがウォールデン湖畔に彼の家を古材で建てた位置のすぐ近くに自邸を建てました。グロピウスがソローに倣ったことは明らかだと思っています。

吉見　その場合、ソローとグロピウス、そして原先生をつないでいる「建築」の概念は何ですか？

原　「生きる」に場所を挿入する方法が「建築する」という動詞だとすると、ほとんどすべての人は、ア・プリオリに「建築する人」なのです。すなわち、すべての人が、雨を避ける、強い日差しを避ける、風通しをよくする等々の方法を知っています。「建築する」が、「生きる」に場所を挿入して「住む」に変えることであるのなら、それはまことにすべての人の能力です。これは、私たちが集落調査から得た教えの一つです。

吉見　そのような意味で、「生きる」に場所を挿入した達人がソローなのですね。

よく観察すること

原　ソローの『森の生活』は、ほぼ次のように要約されるでしょう。まず、人の人生は、それぞれ独立した人生であるから、その都度の実験であり、他の人々の経験などあてにならない。次に、それ故、

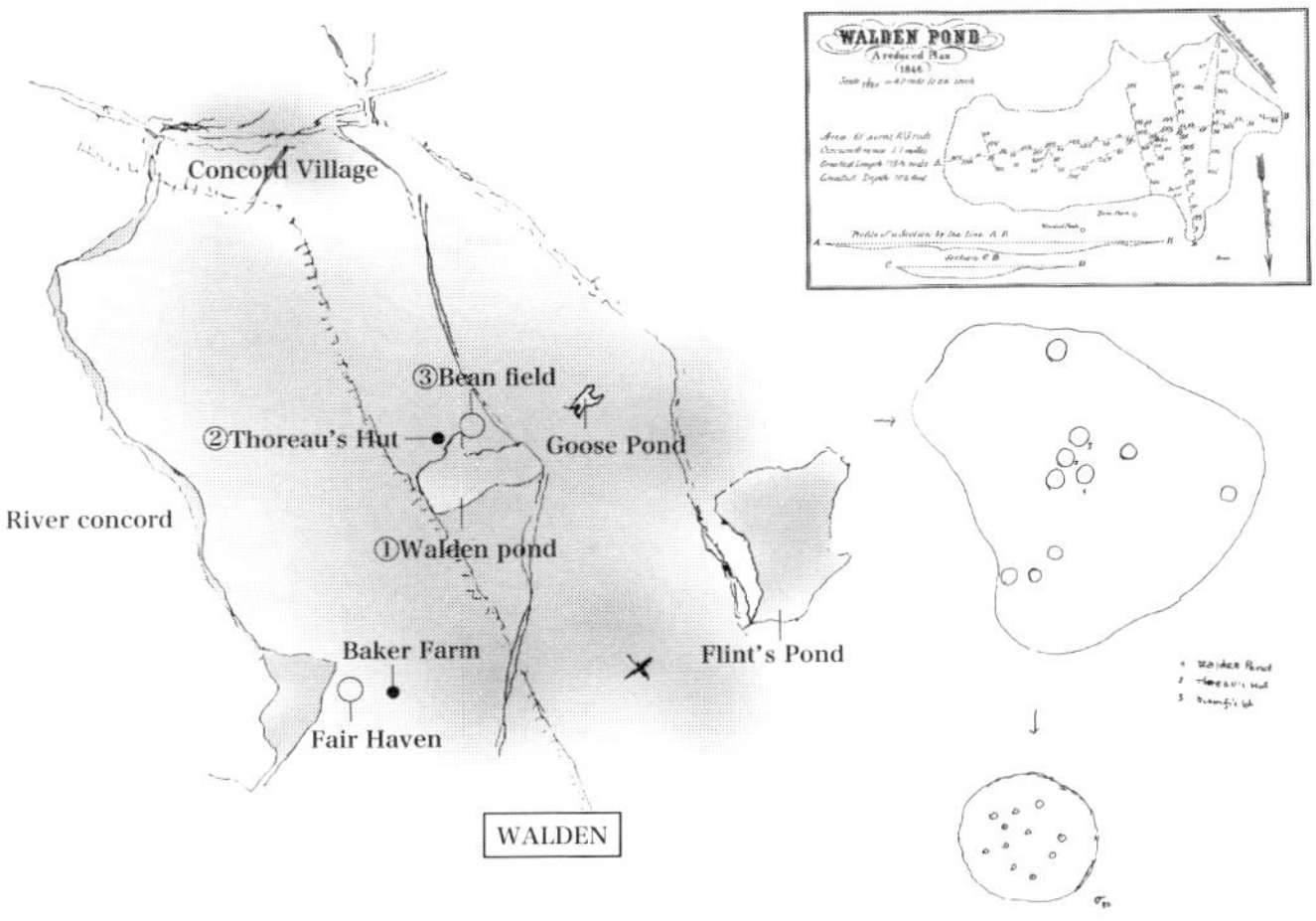

ウォールデン湖

現実をよく観察することが、人生の基本となる。たとえば、透明な「空の水(sky water)」と呼ぶべき湖は、地球の反対側までつき抜けていると思われていたけれども、ソローは実際測量して、そうではないことを証明します。この地球に孔があいているという発想は、有孔体について考えてきた私には、素晴らしい着想であると思えました。そして最後に、だからと言って、ウォールデン湖が底なしではないという訳ではないのです。人が「無限」を信じるかぎり、底なしの湖は想像力において実在するのです。

吉見　実際、先生は、「大地の芸術祭」が開催される新潟・越後妻有《つまり》の十日町にある里山現代美術館「キナーレ」(現モネ)中央の正方形の池を[4]、ソローのウォールデン湖に重ねられましたね。天気のいい日だと、あの池の水面は、すばらしい仕方で空を映していて、本当にそれが地球の反対側の空だと言われても納得してしまいそうになります。実際、この美術館を上空から見た写真では、池の底は地球をずっと貫通して、中南米のどこかの青空が見えるかのようになっている。

原　ここでは実在をよく観察することが重要です。私は、ウォールデン湖はとても深い湖で、地球の反対側までつき抜けていると信じていますが、実際に測量してみると、そうではないことが証明されました。しかしこれは、私が間違っていたということでは必

キナーレ(現モネ)上空からみた孔

ずしもありません。人が無限を信じるかぎり、底なしの湖は想像力において存在するのです。そうすると、地球には孔があいていることになります。これは、有孔体としての建築を提案する私には、素晴らしい着想であるように思います。

吉見　ソローという補助線は、北米の湖畔とアルジェリアの砂漠、中南米の高地をつなぐのですね。そこで最も重要なのは時間だと思います。ソローの生活は、曜日や週、月といった区切りとは無関係で、「一時間ごとに切り刻まれることも、時計のカチカチという音に悩まされることもなかった」とソローは書きます。彼は、「プリ・インディアンのように生きていた」のです。先住民たちは、「昨日、今日、明日をただ一語であらわし、昨日に対してはうしろ、明日に対しては前、今日に対しては真上を指すことによって、意味のちがいを表現」していました(同書、二〇四頁)。後にレヴィ＝ストロースが『野生の思考』(一九六二年)で理論化するように、彼らにとって、時間は空間でした。そうした時間概念に、ソロ

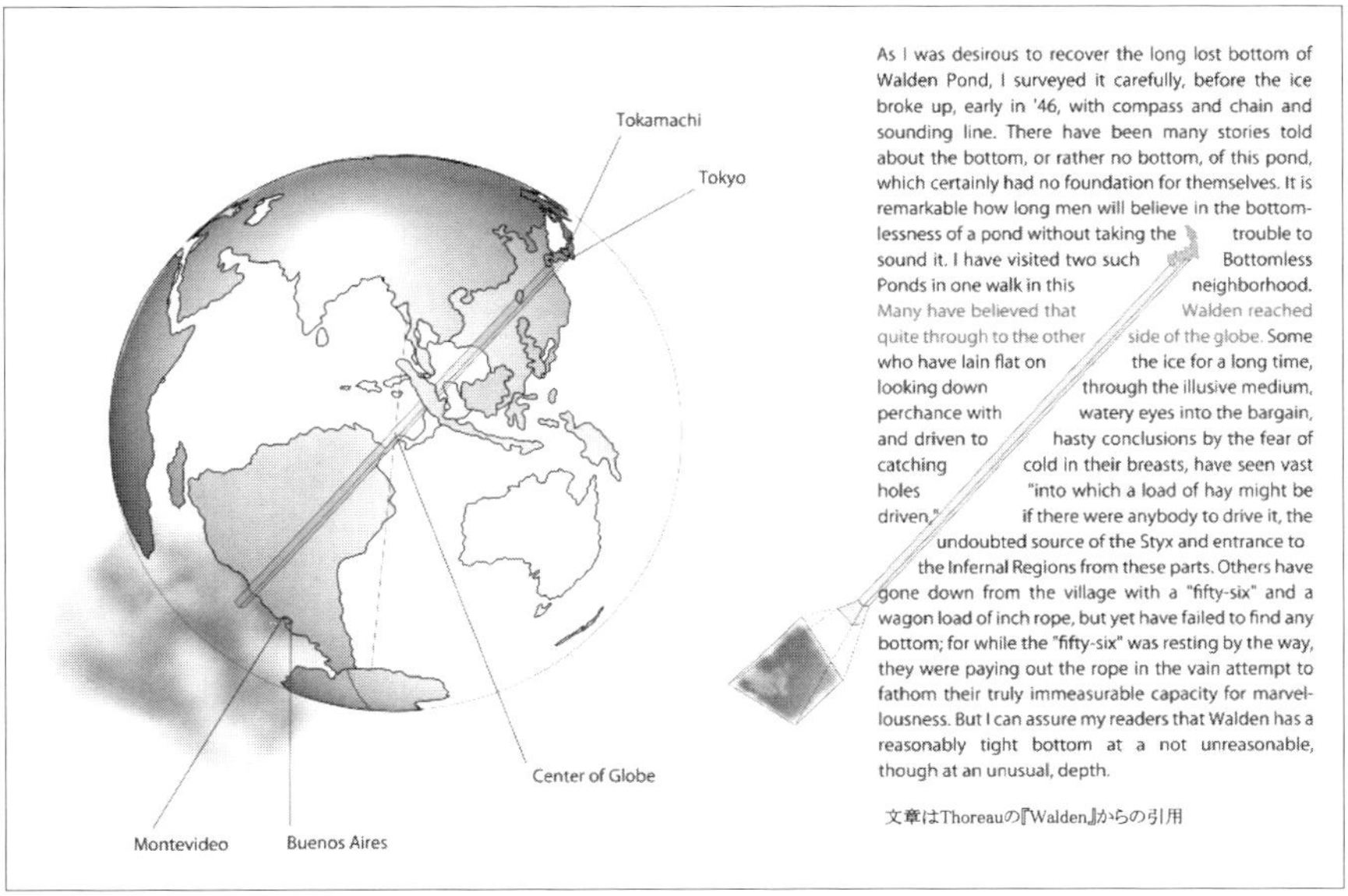

原広司による越後妻有里山現代美術館の池を上空から見たイメージ図

ーも近づいていたということだと思います。

原　局所的な自然と対話して生きてきた人間の作業の結果について、もう一度解読しなおしてみることが必要です。集落調査を通じ、私は、集落が多様であると同時に、集落のあいだにさまざまな相関があることに気づいていきました。奇妙なことに、グロピウスが否定しようとした民族的なるものすなわち集落のなかに、彼が構想し、そして残していった言葉「インターナショナル」の像を感じとることができるのです。これが、グロピウスが自分の家を、ソローの家のすぐ近くに建てたことの意味だと思います。

吉見　文化人類学者の今福龍太さんは、「ソローにとって「歩く」こと、逍遥することは、なによりもまず、自分自身を既存の社会秩序から自立させるための特権的な方法」だったと書いています。つまり、歩くことが「空間の移動であることを超えて、認識の大きな飛躍をもたらす身体知の技法」だったのです。ソローにとって、「外界としての自然に向かって歩き出すことは、同時に自らの内にむけて意識の世界を拡大してゆくこと」でした(『ヘンリー・ソロー　野生の学舎』みすず書房、二〇一六年、三〇—三一頁)。

実際、ソローは、コンコードの森で毎日のように重ねられるこの小さな旅において、「森の木々や葉、動物や鳥、雲や氷や年輪にいたるまで、自然が書きつけたものを深く読みとろう」としました。彼は、「自然そのものが書物を生み出す知性を内在させていること」を固く信じていました。この関係性の営みを、今福さんは「森羅万象と、体内の器官と、自ら語り書きとめる言葉とのあいだを貫く、野生の知性」という美しい言葉で表現しています(同書、四―五頁)。

「生きる」と「澄む」と「住む」

原　私の中で、ソローに通じるのは石牟礼《いしむれ》道子さんです。世界の集落調査で、私は機会のあるごとに漁村を探したのですが、これといった集落形態は探せませんでした。

吉見　探されたのは、おそらく陸側からですね。いろいろな険しい道を行かれて、少なくとも陸路で探すかぎり、これといった漁村の集落形態を見つけるのは難しい。

原　ですから、集落はどうも農民の生活世界、農耕人(cultivator)たちが定住していくという契機のなかで形成されていく。そこで彼らは、すごい集落を実現し、自然との平衡状態を実現した。

吉見　では、漁民たちは、先生が言われるような意味ではどこに住んでいたのでしょうか。漁民たちの集落形態を、どのように考えたらいいのでしょうか。

原　ある座談会で、『苦海浄土』(一九六九年)を書かれた石牟礼道子さんに、「海の中は澄んでいるんです」と話したら、「住む」とは「澄む」なんですと話されました。これはつまり「生きる」と「住む」には、ニュアンスの違いがある。「生きる」には、場所の指定がないのに対して、「住む」には、どこに住むかの場所の指定がある。「生きる」ための場所を指定する。「生きる」に場所が挿入されて、具体化され「住む」になるのだと思います。そして、海は自然が用意した場所です。漁師や海女《あま》たちは、不知火《しらぬい》の海を生きる場所とした。『苦海浄土』には、水俣病で体が動かなくなった患者たちが「澄んだ海の上はよかった」と嘆くところを記録している。「生きる」に、公害が挿入されて、海が汚れ、「住む」は「澄む」ではなくなってしまった。

吉見　漁民たちの集落は、陸上だけに閉じられてはいないのですね。陸上の集落と海上の漁船のネットワークを連続的なものとして理解する必要がある。その海が工場の廃水で汚され、魚たちが大量に死滅していくとき、そうして海がもはや「澄む＝住む」場でなくなっていってしまった。その近代化、産業化の極点が一九六〇年代末で、しかしそうなると陸上の集落だけではもうどうにも続かない。持続可能ではないということですね。

原　ですから、海を「澄む＝住む」場とした漁民たちの局所主義は正しいのです。建築は、微気候（マイクロ・クライメイト）*、微地形（マイクロ・トポグラフィ）にならった、微持続（マイクロ・デュレーション）を基本としているはずです。マイクロ・デュレーションは、建築的な理念を継続させるための概念で、これは「自滅する」の反対概念です。そのマイクロ・デュレーションの問題として、これも考えることができるはずです。

吉見　しかし近代は、そのようなマイクロ・デニレーションの場としての集落を、海であれ陸であれ、片っ端から壊してしまいましたね。

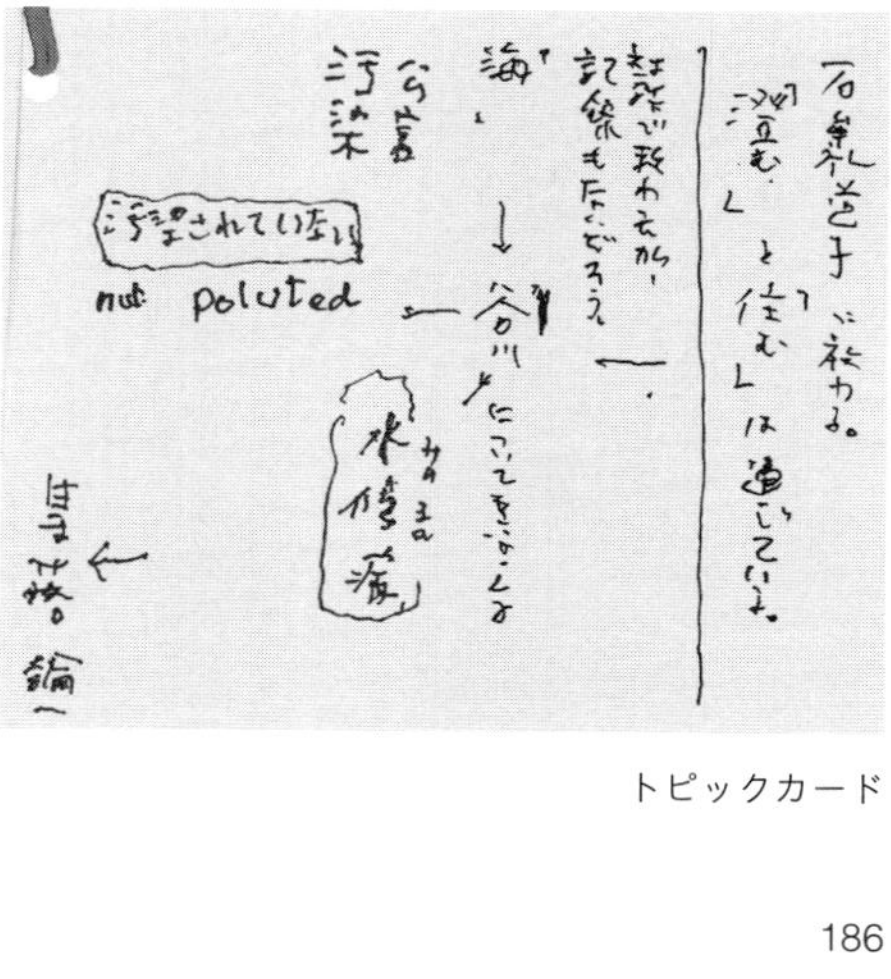

トピックカード

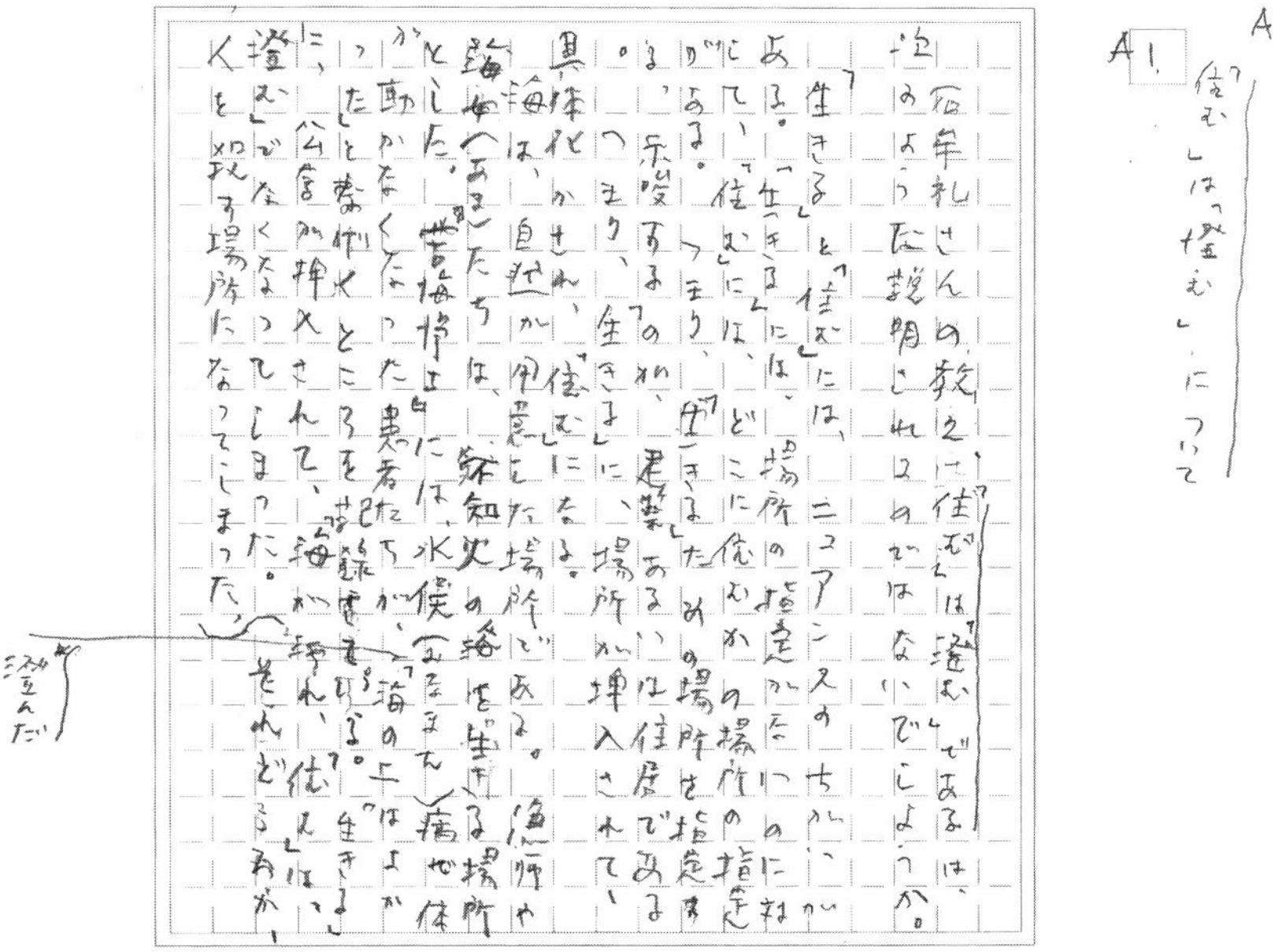
石牟礼さんの教えに「住む」は「澄む」である」は、
このように説明されるのではないでしょうか。
「生きる」と「住む」には、ニュアンスのちがいが
ある。「生きる」には、場所の指定がないのに対し
て、「住む」には、どこに住むかの場所の指定が
ある。
澄んだ
A1.
「住む」は「澄む」について

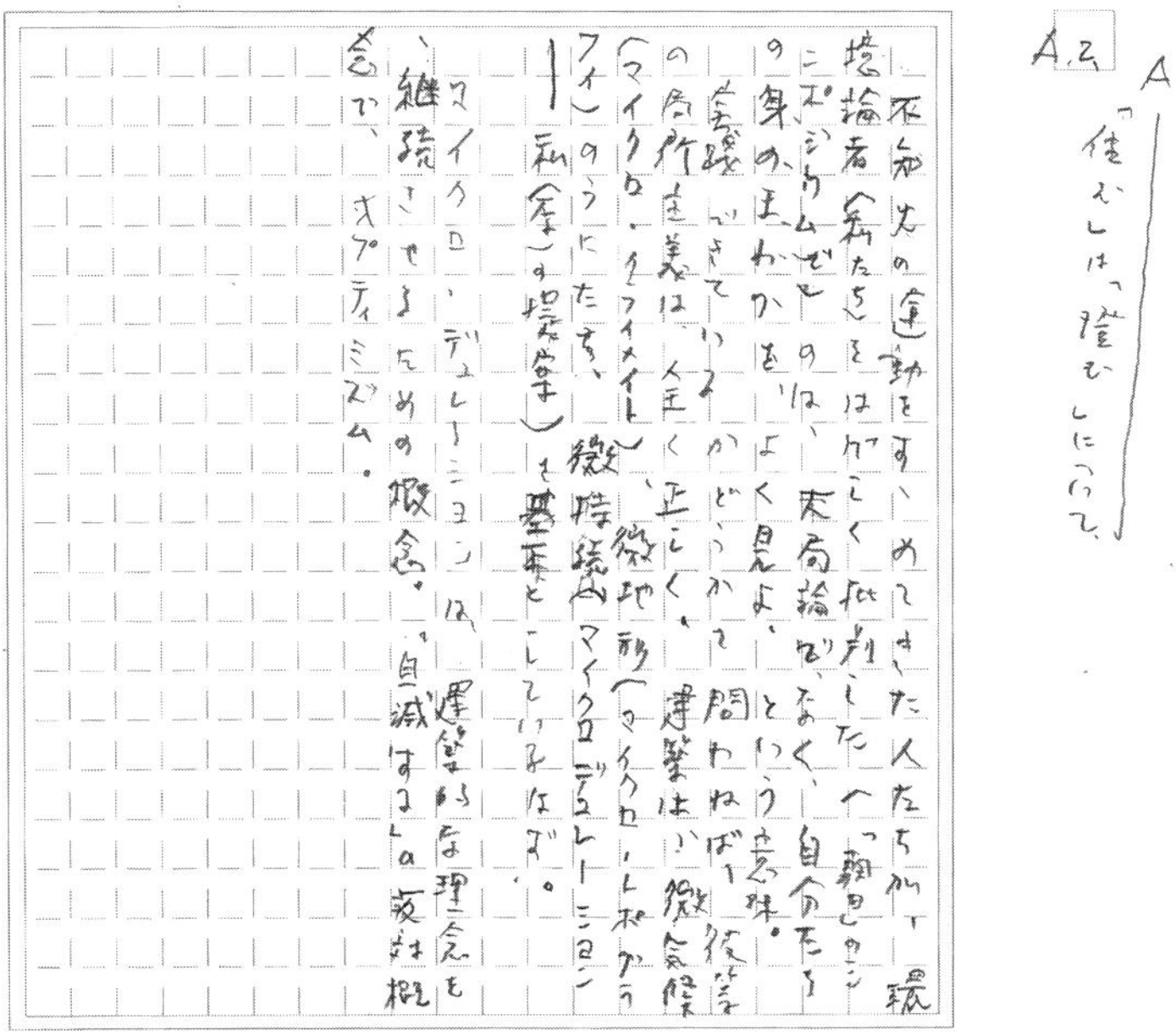
不知火の運動をすすめてきた人たちが、環
境論者（私たち）をはげしく批判した
の身のまわりをよく見よ、という意味。
（マイクロ・クライメイト）、微地形（マイクロ・トポグラフィ）のうえにたち、
「マイクロ・デュレーション」は、
、継続させるための概念。
念で、オプティミズム。
A.2
「住む」は「澄む」について

「住む」と「澄む」について

原　近代は、すごい建築でないと驚かないから、すごい集落は廃棄されていってしまいます。ですから、建築としての集落の実現が、こういう問題からみて重要な課題でした。社会学では、これは生活世界の問題となるのですか。

吉見　社会学では普通、「生活世界」は、構造機能主義的な社会システム論に対する対抗的な概念として提起されてきたもので、アルフレート・シュッツ以来の現象学的社会学はこの概念を軸に展開されました。当事者の日常を取り囲んでいる意味世界のことですが、社会システムの論理と生活世界の論理を公共圏概念を軸に対抗的なものとして捉えたのは、フランクフルト学派のユルゲン・ハーバーマスでしょう。

原　吉見さんとの対談の準備として、フッサールの「生活世界」とハーバーマスの「生活世界」について予習したのです。

吉見　ありがとうございます。しかし、社会学における「生活世界」概念は、今しがた先生がお話しになられたような規範的なというか、つまり近代を相対化していこうという挑戦的意識を欠いているのが一般的です。ですから、見田宗介先生は、もちろん生活世界をめぐる社会学での諸々の理論的背景はすべて分かったうえで、あまりこの概念を前面に立たせませんでした。これは意図的だと思います。見田先生にとっては、近代そのものが問題だったわけで、社会学的概念としての「生活世界」(5)は、あまりに射程が短すぎると考えていたのだろうと私は思います。

原　グロピウスにせよ、ミース・ファン・デル・ローエにせよ、民族的なものの温床であった場所性、地域性を超えた建築を構想しました。場所性、地域性の土台をはずしたところに、普遍的なるものがあると仮定したのです。他方、集落は、地形といった微視的な自然によって影響されます。地形は、それぞれの場所によって異なるので、大局的に展望し、気候区に準拠する〈世界風景〉*としてのゾーニング論にとっては不利です。もし地形による領域区分をしようとすれば、地理的には非連続な類別になるでしょう。つまり、地形という要素を条件の一つに数えるとすると、もはや砂漠は、ヨーロッパは、といった語り口は適当ではなくなります。

吉見　まさにそこで、グロピウスはグロピウス自身を反転させたというか、ユニバーサルスペースの思想のファウンディング・ファーザーであったにもかかわらず、そうした微地形的な自然に寄り添うように家を建てたソローに近づいていったのですね。

この反転に通じるような概念的転回は、社会学の「生活世界」概念にも不可能ではないと思います。既存の社会学によるこの概念の理解を私は全然面白いと思いませんが、この概念を自然の微地形や歴史的な記憶の積層を含み込んだものに転換していくことは不可能ではありません。だいたい昨今の多くの社会学者は、地形や自然、長期の歴史的変化の位相を無視して細かな社会調査に終始しています。しかし本当は、それらの社会学とは非常に異なる社会学の構想は可能で、そこでは地理学的な想像力や先住民的な生活誌を取り込み、その生活世界を現代に再生させる、つまりグロピウスの均質空間がソローの古材による家に裏返っていくような転回が生じるはずなのです。

追記

第1章

（1）**デ・キリコの絵**　原先生は、一九七〇年代、東大駒場キャンパスでの授業の中で、何度かこのデ・キリコの『通りの神秘と憂愁』(一九一四年)に言及していた。この絵画で、デ・キリコは光と闇、子どもの遊びと戦争の予感、複数の視界＝焦点を一枚の絵画に共存させることで、時空間の不安を表現し、シュールレアリスムに決定的な影響を与えたとされる。つまり、ここには鋭く非連続な空間と時間が存在しており、観る者を捉える不安は、その非連続を跳躍する作家の想像力と表裏をなしている。そしてこの想像力は、原先生が後に語っていくティンゲリーやクリスト、ロワイヤル・ド・リュクスにも通底するものである。つまり、本書の議論の底流には、一貫して二十世紀初頭からのシュールレアリスムの水脈が伏在しており、それが二十世紀半ばの不条理とも結びついている。

（2）**八王子のセミナーハウス**　八王子セミナーハウス(大学セミナー・ハウス)は、吉阪隆正が一九六二年から六五年にかけて設計した集落である。中央の広場に当たる場所には、逆ピラミッド形の本館が建つが、敷地全体にさまざまな群をなす宿泊棟が配置されている。吉阪は、セミナーハウスの設計に当たり、「なるべく美しい多摩の丘陵を傷つけずに生かすこと」と「大学セミナー・ハウスを象徴する形」を見つけること、それに宿泊者を「どんなグループ分けにするか」に注力したと書き残すが(『建築の発想』吉阪隆正集第七巻、勁草書房、一九八六年)、このうち「象徴する形」は、ピラミッドをひっくり返したような形となり、グループ分けは、それぞれのユニットが群れをなす集落的配置となった。一九七〇年代、見田宗介先生は、このセミナーハウスで学生たちとの合宿をすることを好んでいた。今回、私は本書の原先生との対話が途中で継続困難になると予想していなかったので、いくつかの重要なことをより深く聞けていない。その一つが、原広司の集落思想と吉阪隆正の建築論との関係である。とりわけ、原の離散型集落と、吉阪の「不連続統一体(Discontinuous Continuity)」のあいだには、やはり通底する思想があるのではないか。吉阪は、それぞれは完全に独立した単位でありながら、他と結びつくことで別の単位となるような状態、しかもこの結びつきは絶えず変化し、したがって個々の単位そのものも変化していくような状態をこの言葉で呼んだ。貝殻や鉱物の結晶の集まりのように、「別々でありながら一つであり、一つでありながら又個々に存在している」状態である。個々の住居は独立して個性がありながら全体として融合的に統一されている状態を希求すると吉阪は述べていた(『不連続的統一体』吉阪隆正集第十一巻、勁草書房、一九八四年)。

(3) 高山英華　私には、高山英華がコーディネートした駒沢オリンピック公園は、ある種の集落的な成り立ちをしているように思える。駒沢公園は、ループ状の園路でまとめ上げられ、それぞれの競技施設はその園路から木々のあいだに見えてくる。もともとゴルフ場だった土地に樹木が多数植えられ、公園全体を森のようにすることが目指された。高山は、計画立案にまず建築家ではなく造園家を入れ、「森のなかに、さまざまなスポーツ施設が点在し、公園中を巡る散歩道がある」風景を目指した。代々木では、オリンピック施設と公園がはっきり分断されてしまったが、駒沢オリンピック公園では両者が混在している。たしかに駒沢公園の中に建てられていった施設群は、国立代々木競技場が丹下健三の強烈な個性で統一されているのと異なり、建築デザインとして力強いインパクトを持ったわけではない。しかし、駒沢公園の計画は、異なる立場の専門家が話し合い、協調しながら計画を組み立てた点で、計画プロセスとして集落的なものだと私には思える。

(4) 一九四五年四月の川崎大空襲　米軍による川崎への最大規模の空爆は、一九四五年四月十五日の夜十時から十一時過ぎにかけて行われた(川崎大空襲)。襲来したB29は約二百機。三月十日の東京、十二日と十九日の名古屋、十四日の大阪、十七日の神戸などに続いて米軍は川崎を襲うわけで、重化学工業地帯として川崎や大田区南部が攻撃目標として重視された。この空襲による罹災者は約十五万人、死者は約一千人と、三月の東京大空襲に比べれば少ない。東京大空襲以降、川崎市民は大規模に疎開し、空襲への備えがある程度はできていたということだろうか。

(5) 半島のフロンティアだった日本列島　古代朝鮮半島の人々にとって、日本列島はフロンティアだった。「文明」の中心はあくまで中国大陸にあり、そこから離れるに従って「野蛮」に近づいた。当時、朝鮮半島は日本列島よりも文明化された地域であり、高句麗と新羅、百済などの紛争の中で、大量の渡来人が日本列島に来て文明を伝えた。やがて彼らは、この地で土着民と婚姻しながらクレオール的支配部族を形成していった。だから、半島から渡って来た人々にとって、最初にこのフロンティアとしての日本で見た風景は岸壁や浜辺の風景だったはずで、やがて彼らは入江から渓谷へと川をさかのぼっていったのである。これは、大江健三郎の作品世界と同じである。換言すれば、彼らがたどった瀬戸内海や大阪湾、伊勢湾、東京湾、それに関西や関東の川筋は、遠く日本海や東シナ海の大洋へとつながっていた。谷間の風は、東北アジアの半島や大陸からの風でもある。京都は、閉ざされた国としての日本の唯一の都なのではなく、谷間や海を伝ってくる風の、アジア的広がりをもったネットワークのハブの一つにすぎない。

(6) 鶴見俊輔さんや鶴見良行さんがやられたこと　鶴見俊輔と良行の実践としてここで言及しているのは、私自身が『アメリカの越え方』（弘文堂、二〇一二年）で論じたように、彼らの〈脱〉日本と〈非〉権力の方法に触れたかったからである。俊輔の徹底した〈非〉権力への意志については、鶴見俊輔追悼のために開かれた座談会で、直接、俊輔と接した経験が多くある見田宗介先生が貴重な証言をされている。それによれば、「鶴見さんを見ていると、どう言ったらいいのか、自分が強過ぎるものだから、周りの人を傷付けないかってことを、絶えず意識しているようなところがある。つまり彼自身は、本当はものすごく強い人なもんだからね、身をちぢめてるというか。だから、周りにいる弱い人を傷付けないかって気にして、絶えずこうなんか、身をちぢめているようなイメージがある」（栗原彬・見田宗介・吉見俊哉「〈座談会〉追悼　鶴見俊輔」『思想』二〇一五年十二月号）。大日本帝国の中枢にいた後藤新平を祖父に持つ鶴見俊輔は、後藤たちによって築かれた日本国家の外を希求し続けたし、小さな集まりの場でも自らが力の中心に立つことを可能なかぎり避けようとし続けたのだ。

（7）（柳田）「美しき村」　柳田國男のこのエッセイは、村の風景が自然の営みと人々の作為のいかなる相互交渉を経て生成されていくかを見事に捉えている。柳田は、自然の中に人々が家を建て、苗木を植えて介入するのを否定しない。人々は、その地域の地形を巧みに読み取り、老木のあいだに家を建て、長い時間をかけて魅力的な風景を形づくってきた。彼は、村の風景は「住む人のほんの僅かな気持から、美しくもまづくもなる」と言う。つまり、その土地にどのような樹木を植え、どのように家を建てるかが、それぞれの時代の住人の作為であったとしても、風景はずっとゆっくり変化していくのであり、私たちはそうした個々の意識を越えて長い時間をかけて生成された風景にしばしば感動するのである。集落の美しさについての柳田のこの指摘は、原広司の集落論に通じる視点を内包している。

第2章

（1）**逃亡者の集落**　近代社会においては、逃亡者の集落がここで話したような想像力に富んだ姿をとっていくとは限らない。社会全域に監視システムが広がるなかで、逃亡者たちは「犯罪者」「不法移民」「難民」「流民」「浮浪者」などといったように「真っ当な」社会の外部の存在としてラベリングされ、人々の日常的な視界の外に排除される。そのような人々が溜まっていくのは、たいていは大都市の中のゲットーや場末、初期シカゴ学派社会学が「遷移地帯」と呼んだどこかであり、近代以前のように監視の目が届かない谷間にひっそりと集落を構えることはできなくなっている。しかも多くの場合、それらの逃亡者たちはいずれ収監され、一般社会に適合した存在へと矯正される。つまり、ミシェル・フーコーがこれまたすでに異論の余地のない仕方で解き明かした一望監視の仕組みのなかで世界は均質空間化されるのである。

（2）**遠心的な社会**　大雑把に言うならば、中世は遠心的な社会であり、古代や近代は求心的な社会である。人口が増加し、生産力が拡大し、成長する統一国家や拡張する帝国、大文明が形成されていく社会では、その中心である都や主要な都市への求心力が広く働く。古代ローマも、隋・唐帝国も、日本の古代律令国家もそのような求心的な力が働いた社会であり、近代西洋文明の拡張も、膨張する産業都市への人口の集中化を伴っていた。近代日本はこの力学を極端なまでに徹底させたのであり、人も情報も資本も何もかも東京に集中させてきた。しかし、古代文明の歴史が示すように、この過程はいずれ限界に達する。成長が飽和し、もうこれ以上は人口も富も膨らまない限界点がどこかで来る。そのとき、大文明は長い崩壊に向かっていくことになるが、これは求心化から遠心化へのさまざまな動きの反転をもたらしていく。古代ローマでも中華帝国でも、帝国が限界に達した後に起こった分裂では、大文明が生み出した諸要素が遠心的なネットワークとして結びつくようになり、多くの人々がその拠点のあいだを旅した。おそらく近代社会がそのような飽和に達した後で訪れる「ポスト近代」の社会は、同じような遠心化への動きを経験していくことになるであろう。

（3）**ボロロ族の集落**　レヴィ＝ストロースは、集落や住居の空間形態が、踊りや儀礼の形式と同じように住民の意識にあるモデルに結びついた集合表象であると考えていた。人々の生活は、ちょうどさまざまな色の糸が一反の織物へと織り上げられることによって模様をなすのと同じように、住居や集落の空間に織り上げられている。だから、ボロロ族の集落では「男の家」の周りに小屋を環状に配置することは、社会生活や儀礼の慣行にとって、極めて重要な意味をもっているので、ダス・ガルサス河地方のサレジオ会の宣教師たちは、ボロロ族を改宗させるのに最も確かな遣り方は、彼らの集落を放棄させ、家が真直ぐ平行に並んでいるような別の集落にすることにある、ということを直ぐに理解した」のである（『悲しき熱帯』中央公論社、一九七七年）。集落の空間的変化は物理的な空間の変化という以上に住民が自分たち自身を語る方法の喪失を意味した。ここにおいて、空間は人々の生活が囲い込まれる容器以上のもの、それ自体に記号論的な構造を含んだものとして機能していた。

（4）**ヴァナキュラー**　ジョルダン・サンドは『東京ヴァナキュラー』（新曜社、二〇二一年）で、一九七〇年代以降のさまざまな知的・社会的運動がどのように東京の中のヴァナキュラーな生成原理を掘り起こしていったかを鮮やかに捉えている。サンドによれば、あらゆる都市は「その都市だけのヴァナキュラー（土地ことば）、すなわち住まうことをめぐる地域の歴史によって形づくられた作法・空間・感覚の言語をそなえている」。旧住民は、「ヴァナキュラーを直感的に会得しており、意識せずして［それらの］記号の奔流を泳ぎこなす」のだが、新住民は「翻訳を要する記号の奔流のなかで、その都市のヴァナキュラーに直面する」。ヴァナキュラーな都市の景観は、「絶え間なく織り出される布地のようなもの」で、「過去の縦糸に現在の横糸が織り込まれていく」。つまりそれは、「固定された伝統というより、生成し続ける文法として」、現代の大衆文化を組み込み、同時に伝統的な都市の空間言語を息づかせているのである。

（5）**未来としての過去**　未来を無限に先にあるものとして考

える社会は、歴史全体を見れば少数派である。もちろん、明日や今秋という未来は誰もが考える。しかし、ずっと先の未来に絶えず人々の意識が向けられていく社会は、近代以降に西洋世界から広がった新しい現象である。真木悠介(＝見田宗介)は『時間の比較社会学』(岩波書店、一九八一年)で、「現在〈昼〉であるならば、すべての〈夜〉はたがいに同等に過去として現在に対立している」ような時間意識について語った。レヴィ＝ストロースは、彼のいう「構造」が「未来に向けられた時間」の中にある社会を「熱い社会」と呼び、これに対して生きられる時間が昼と夜、明日と昨日のあいだを行き来し続けるような社会を「冷たい社会」と呼んだ。冷たい社会では、「時間」が「構造」の中にある。だから当然、未来は常に過去の中に見出されるわけで、そのような社会を生きる人々は、過去を失われたものとして捨て去る感覚を決して持たないのである。

(6) **自己が大地の一部であること**　真木悠介は、私や友人たちが若い頃に愛読した著書『気流の鳴る音』(筑摩書房、一九七七年)で、カルロス・カスタネダの著作を手掛かりにアメリカ先住民の知覚世界における大地との、あるいは自然との関係を、これ以上ないほど明晰に浮かび上がらせた。近代的合理主義を支える真理の地平は、キリスト教的な一神教の神への信仰によって支えられてきた。実存主義はこの神を否定するが、その先に広がった虚無もまた「ユダヤ・キリスト教的世界の即自的な円天井を明断に対自化してみせた」にすぎない。しかし本当は、「円天井は天上からでなく、大地によって支えられなければならない」。近代は、さまざまなテクノロジーによって人類が何かを獲得していった時代なのではなく、むしろそれによってもともと原生的な集落の人々がもっていた自然の中での感覚世界を喪っていった時代である。つまり、さまざまな部族社会で先住民たちがもっていた驚くべき視覚や聴覚を、私たち現代人が退化させてしまったことは、「われわれをとりまく自然や宇宙にたいして、あるいは人間相互にたいして、われわれが喪ってきた多くの感覚の、氷山の一角」なのではないかと真木は問うていた。やがて、「自然とか宇宙のうごきにたいする感応の深さやゆたかさがそのいくつかの質的な次元において喪われたとき、きりつめられ貧困化された感性と理性とは、それなりで自己充足的な明瞭さの空間を張って安住し、通常は喪われた諸次元について思いをはせることもない」。

第3章

(1) **創造的な切断面(エッジ)**　このような切断面を最も実感できるのは、街歩きの実践である。さまざまな過去と現在、異なる文化、あるいは異なる階層の居住形態は、都市の中で融合してしまうのではなく、非連続的な風景として折り重なっている。注意深く街歩きをすれば、異なる層の非連続面に気づくことができる。そこから発生するノイズを創造的なものにすることが、都市が魅力的な場面を生んでいく原基なのだ。

(2) **離散的な居住が未来のモデル**　二十一世紀の居住や仕事、学びに決定的な影響を及ぼすのはモビリティの拡大と多様化である。私たちは、もはや家庭と職場、郷里と都会、地元と旅先を単純に行き来する社会に生きていない。二拠点居住や関係人口が示すように、選択的に複数の足場を持って人生を送る人口は増えていくし、旅は必ずしも日常から切り離された非日常的行為ではなくなっていく。現代において「定住」の概念は変化しつつあり、移動性を前提にした社会では、離散的であると同時に親密的であり、ネットワーク的でもある定住のモデルが求められる。

（3）**ニコライ堂の話**　代助がここで、プロテスタントやカトリックの教会ではなく東方正教会のニコライ堂を挙げているのは偶然だろうか。聖ニコライはロシア正教会出身の司祭で、箱館から東京へと移動してきた。神田で伝道を始めるのは一八七二年で早い。彼がニコライ堂を完成させたのは一八九一年で、漱石が『それから』を書く十八年前である。以来、明治の東京で、ニコライ堂は神田駿河台の風景を特徴づけるランドマークとして人々に親しまれ続けた。内部や典礼は、東ローマ帝国時代のキリスト教を彷彿とさせる雰囲気を残しており、他のキリスト教会とかなり異なる。他方、漱石が『それから』を書く直前には日露戦争が起きていた。その戦後、代助はロシアとの結びつきが強いニコライ堂で聖なる時間を経験するのだ。明治日本のキリスト教は、アメリカのプロテスタンティズムの影響が圧倒的に大きいが、そうした流れとは異なるもう一つの「西洋」が、ニコライ堂にはあったわけである。

（4）**「焦げる焦げる」**　若林幹夫は、その優れた夏目漱石論で、『それから』のこのラストシーンと『三四郎』で主人公が上京して目にした東京の街頭や電車についての場面の対応を指摘している。すなわち、この記述は「小説冒頭の俎下駄の幻影と照応すると同時に、「顔の中心に一種の神経を寄せて」、職を求めて「電車へ乗って飛んで行く」平岡の姿を見て、「あんなに、焦《あせ》って」と口の内で呟く小説の前半部の記述とも対応している。同時にそれは、上京した三四郎が東京の街頭の風景とその中を走る電車に見出した、あの「現実世界」の動く様を思い起こさせる。「この劇烈な活動そのものが取りも直さず現実世界だとすると、自分が今日までの生活は現実世界に毫《ごう》も接触していない事になる」という三四郎が抱いた思いは、この場面で代助を襲ってもまたよいはずだ」と若林は言う（『漱石のリアル』紀伊國屋書店、二〇〇二年）。的確な指摘だと思う。

（5）**ライン**　私は、本当はここで、線＝ラインをめぐるティム・インゴルドの比較人類学的省察に話をもっと展開し、クリストの線がなぜ美しいのかについて原先生と話すべきであった。インゴルドは『ラインズ』（左右社、二〇一四年）において、「歩き、話し、身ぶりでものを伝える生物である人間は、あらゆる場面でラインを生み出す」と語った。彼によれば、あらゆる表記法は線＝ラインから成り立っており、「ラインを解読するためには、（羊皮紙や紙の）真っ白な表面を、旅される風景や植民地化される空間、身体の皮膚や精神の鏡といったものに比較してみること」が必要だ。そもそも「描く（draw）」ことは糸を引っ張ることであり、「書くこと（writing）」は鋭利な刃物で骨や石のような硬い素材に軌跡を刻むことであった。北極圏のイヌイットは、大地を途切れのない表面としてではなく、織り合わされるラインの網の目として知覚してきた。オーストラリアのアボリジニもまた、「自分たちの領土を、いくつかの区画に分割できるような表面的領域としてではなく、ラインあるいは「通り道」の「絡みあう網目」として思い浮かべる」。線を描くことは、散歩するようなことで、旅人は旅先との交渉のなかで線を描き続けている。

第4章

（1）**亡霊に出会う**　都市において亡霊に出会うという言い回しは、都市が劇場であるという認識と表裏の関係にある。私は、演劇とは死者と出会う技法なのだと度々主張してきた。もし、都市がいわゆる劇場を超えて劇場なのだとしたら、そこで演じられる演劇もまた、生者たちだけの出会いのドラマではなく、生者と死者、過去の出来事との出会いのドラマでもあるべきだ。つまり、実際にどのくらいリアルに出会えるかはともかく、都市空間には、そうした異なる時代の他者との出会いの舞台が仕掛けられているべきなのであり、有孔体はそのための方法論たり得る。このような考え方が、原広司の「非ず非ず」や「死者とともに生きる」話とどうつながるのか、第6章で議論するつもりであったが、果たせなかった。

（2）**あらゆる革命はテロリズムに転化**　真木悠介は、一九六〇年代末の東大闘争に直面する中で書いた『人間解放の理論のために』（筑摩書房、一九七一年）で、コミューン運動がテロリズムに転化する構造的な契機を明晰に描いていた。コミューンは、あらゆる「不信」を止揚し、「不動の信頼感」を育んでいこうとする。歴史的には、コミューンの構想は原初的な共同体への復帰運動であった。確かに、旧体制の抑圧からの解放の瞬間、欲求の背反性は何度も止揚され、個体相互の相剋性は共同性のなかに溶融していく。ところが、そうしたコミューン的な共同性を持続させるには、「各成員が、将来もうらぎることがないという未来の自己限定を抵当に、他者たちの未来の同様な限定を確保」しなければならなくなる。これを効力あるものとするのは、「可能なうらぎりへの粛清の恐怖《テロル》」である。結果的に、溶融的なコミューンの先にあったのは、いつも「味方にたいする「友愛の暴力」であり「同胞性＝テロル」」だった。つまり、「〈コミューン〉の理念においては、人間存在がその個体性の契機から疎外され抽象されて、純粋な共同性としてとらえられ前提されている。したがってそれは原理的に、瞬間としてしか実現されえない。この抽象を強引に持続する現実たらしめようとするとき、たえず頭をもたげてくる諸個人の個体性の契機を、暴力的に否定しつづける以外にはない。したがってそれは必然的に、全体性の名における多様性の暴力的な抑圧の体系に転化せざるをえない」。この溶融的なコミューンへの警戒は、原広司の「離れて立て」の思想に通じていると私は考える。

（3）**アメリカ先住民**　十九世紀を通じ、北米大陸では白人入植者が先住民を僻地に追いやりながら占領地を拡大させていった。一八一〇年代には五大湖周辺への大規模な入植が始まり、三〇年代に入植はミシシッピー川を越える。彼らは先住民を力で追い払いながら砦を築き、町を築き、そこがアメリカ人の「自由の地」であると宣言した。一八二九年、西部で先住民の虐殺や掃討を重ねてきたアンドリュー・ジャクソンが大統領に就任し、翌三〇年に先住民を遠隔の保留地に強制移住させる「インディアン移住法」を制定する。この政策で、先住民は先祖伝来の緑豊かな土地から引きはがされ、大陸中央部の痩せた土地に強制移住させられていった。ここで決定的な意味を持ったのが、先住民と白人入植者との大地に対する関係性の違いである。一方で、先住民は大地を「所有」する観念を持たなかった。人間は大地の一部なのだから、その人間が大地を所有したり、売買したりするなど思いもよらないことだった。他方、白人入植者にとって、土地は「不動産」であり、何よりも所有され、売買されるものだった。こうしてアメリカの土地は所有され、売買されるものとなり、その枠外にいた先住民は自然豊かな大地から半永久的に追放されたのである。

（4）正方形の池　この対談の中で原先生が、あまりにソローは実際にウォールデン湖の底の深さを測量したのだと言うものだから、私は二〇二四年、「大地の芸術祭」を訪れた際、実際にこの正方形の池に持ってきた巻き尺を垂らし、池の深さを測ってみた。結果は、二十八センチメートル。原広司は、実際には深さ二十八センチメートルの池が、地球の反対側まで貫かれていると主張していたのである。このフィクショナリティは、ある意味でソロー以上だと思えてならない。

（5）社会学的概念としての「生活世界」　いわゆる現象学的社会学の中での「生活世界」の概念に私が不満なのは、それが、人々に生きられる世界の集合的性格や身体的、さらにはその歴史的ないし無意識的な次元まで深入りしていないように感じられるからである。たしかに、ピエール・ブルデューのハビトゥス論は、生活世界の身体性や集合的性格を重視しているし、生活世界が集団的に経験されるものであることは、都市社会学ではアンリ・ルフェーブルの都市論からも、デヴィッド・ハーヴェイの都市論からも読み取れる。さらに多くの都市人類学や都市民俗学の探究が、生きられる世界の集合的、身体的、無意識的な次元に注目してきたわけで、私自身の関心も、それらの作業の延長線上にある。ただ、狭義の現象学的社会学は、調査可能な個人の経験や内面から出発しすぎているという印象を私は抱いており、それがここでの発言の背景となっている。

（吉見俊哉記）

原広司の思考のネットワーク（トピックカード一覧）

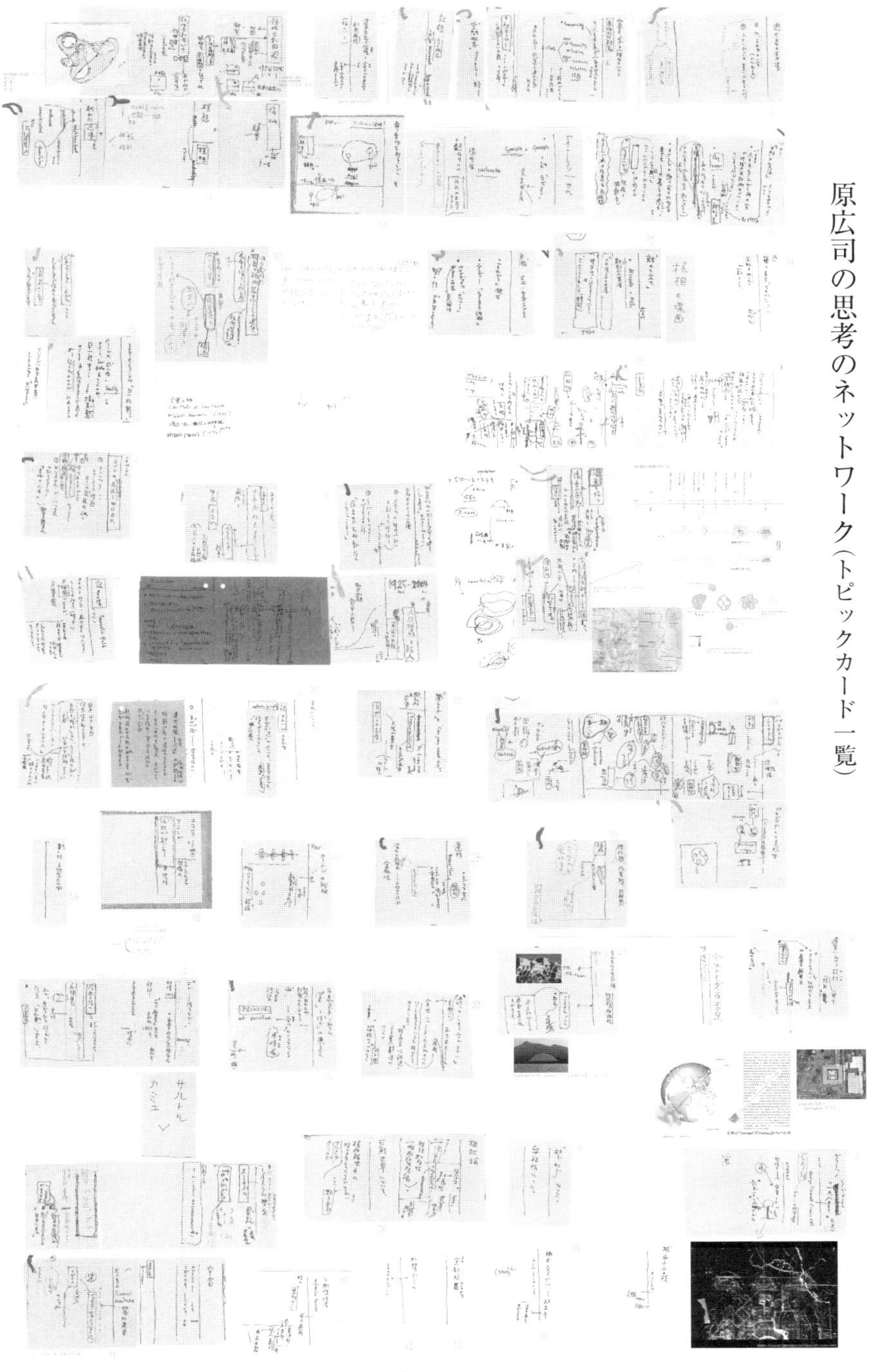

本書関連年表

世界史の出来事

34 ヒトラー総統
45 第二次世界大戦終戦
45 GHQ統治(始)
50 朝鮮戦争(始)
52 GHQ統治(終)
53 朝鮮戦争(休)
53 スターリンの死

重要人物の作品等

36『想像力』(サルトル)
40『想像力の問題』(サルトル)
42『シーシュポスの神話』(カミュ)
42『異邦人』(カミュ)
47『ペスト』(カミュ)
49『1984』(オーウェル)
51『反抗的人間』(カミュ)
51『全体主義の起原』(アーレント)
52『ゴドーを待ちながら』(ベケット)

ジャン＝ポール・サルトル
Jean-Paul Sartre
(1905 – 1980)

アルベール・カミュ
Albert Camus
(1913 – 1960)

35 1940 45 1950

原広司 年譜

1936年9月9日生

1 六郷川から伊那谷へ

川崎市立宮前小学校

空襲直前 長野県飯田近隣に避難 一時 市田村→飯田

2 飢餓と貧困

飯田市立大久保小学校

47 飯田大火

飯田市立飯田東中学校

長野県立高公高等学校

凡例

1 ライフステージ
● 建築 ● 計画
▼ 展示 ■ 著書
＊ 集落調査

編集者

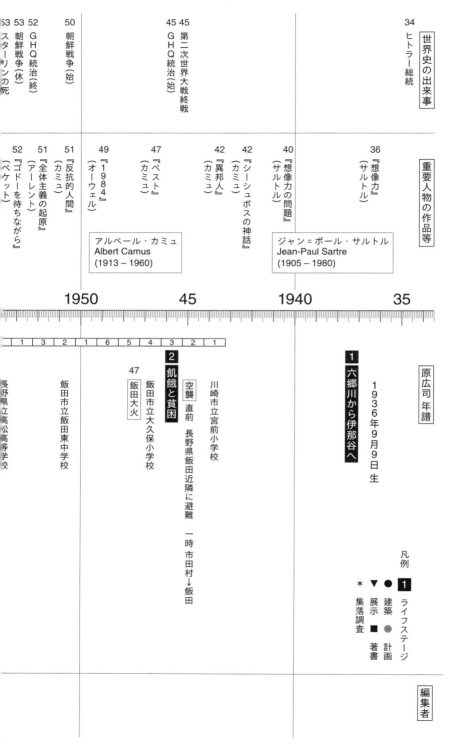

57 カミュ、ノーベル文学賞受賞
61 ベトナム戦争(始)
61 ガガーリン、有人宇宙飛行
64 東京オリンピック
69 アポロ11号、月面着陸
70 大阪万博
75 ベトナム戦争(終)

ハンナ・アーレント
Hannah Arendt
(1906 – 1975)

58『人間の条件』(アーレント)
63『革命について』(アーレント)
64『個人的な体験』(大江健三郎)
67『万延元年のフットボール』(大江健三郎)

大江健三郎
Kenzaburo Oe
(1935 – 2023)

55 | 1960 | 65 | 1970 | 75

3 | B1 | B2 | B3 | B4 | M1 | M2 | D1 | D2 | D3 | 東洋大学 建築学科 助教授 | 東京大学 生産技術研究所

3 駒場寮とひとり暮らし
東京大学教養学部 理科一類(駒場寮生活)
東京大学工学部 建築学科

4 建築と向き合う(1) 大学院M
東京大学数物系大学院 建築学専攻 修士課程

5 建築と向き合う(2) 大学院D
同 博士課程

61 ■『アルミニウム建築』ワイドリンガー編著、内田祥哉・原広司訳
62 ● 久田学園佐世保女子高等学校
64 ■ 博士論文

RAS ― 田尻裕彦

6『建築に何が可能か』
66 ▼ エンバイラメント展:パネル「有孔体の世界」・北川若菜と結婚
66 ■『国際建築』「特集:有孔体の理論とデザイン」
・ベルリンでの体験(北半球一周旅行)
67 ■『建築に何が可能か』
67 ● 伊藤邸
68 ● 慶松幼稚園 ・グロピウスに会う(インターナショナルセミナー)
69 ● 国民宿舎丹沢ホーム

アトリエ・ファイ

7 70年の亀裂
71 ■『現代日本建築家全集21 磯崎新・黒川紀章・原広司』

8 反射性住居
72 ● 粟津邸
74 ● 原邸
76 ● 工藤山荘
77 ● 倉垣邸

9 集落調査
72 ＊[第1回] 地中海周辺
74 ＊[第2回] 中南米
75 ＊[第3回] 東欧・中東
77 ＊[第4回] イラク・インド・ネパール

85 ゴルバチョフ政権(始)
89 天安門事件
89 ベルリンの壁崩壊
91 ゴルバチョフ政権(終)
94 大江健三郎、ノーベル文学賞受賞
95 阪神淡路大震災
95 地下鉄サリン事件
99 プーチン政権(始)
01 9・11 同時多発テロ

79『同時代ゲーム』(大江健三郎)
87『懐かしい年への手紙』(大江健三郎)
88『新しい文学のために』(大江健三郎)
93『空中庭園幻想の行方』序文 人間、モデルを作る動物。モデルを発見する動物。(大江健三郎)
93 燃えあがる緑の木 第一部『「救い主」が殴られるまで』(大江健三郎)
94 燃えあがる緑の木 第二部『揺れ動く(ヴァシレーション)』(大江健三郎)
95 燃えあがる緑の木 第三部『大いなる日に』(大江健三郎)

1980 85 1990 95 2000

東京大学 生産技術研究所

78 ● ニラム邸
78 ＊ [第5回] 西アフリカ
79 ● 松欅堂
79 ● 秋田邸
79 ■『建築文化』「文化としての住居――原広司・作品と思想 1970-1979」 ―― 都崎覚明

10 〈文化の現在〉の仲間たち

81 ■ SD別冊『住居集合論』(1〜5)
81 ■「場面を待つ」『時間を探検する』(叢書文化の現在7)
82 ■「5 空間の把握と計画」『新建築学大系23 建築計画』
82 ■『建築文化』「特集：原広司 Encyclopedia over Hiroshi Hara」 ―― 中山重捷

11 大江健三郎「四国の谷の森」

12『機能から様相へ』

86 ■『建築文化』別冊「建築――あすへの予感 離陸への準備」原広司・石山修武・伊東豊雄・山本理顕・高松伸
86 ■『建築文化』「特集：機能から様相へ」 ―― 田尻裕彦
86 ● 田崎美術館
86 ● ヤマトインターナショナル
87 ■『集落への旅』 ―― 林建朗
87 ● 那覇市立城西小学校
87 ■『空間〈機能から様相へ〉』 ―― 大塚信一
中川和夫
87 ■『建築文化』「特集：建築が変わりつつある」 ―― 田尻裕彦
87 ■『建築文化』「特集：様相の経路」 ―― 遠藤信之

13 空間的に位置付けられた記号 記号場

14 3つのアーバンコンプレックス

89 ■『建築文化』「特集：世界風景のテクノロジー」 ―― 田尻裕彦
92 ● 内子町立大瀬中学校
92 ■『建築文化』「内子町立大瀬中学校――四国の森のなかの谷間」 ―― 田尻裕彦
93 ● 梅田スカイビル(実施設計 竹中工務店と協同)
93 ■『建築文化』別冊「空中庭園――連結超高層建築1993」 ―― 田尻裕彦
93 ■『施工』「総特集・新梅田シティ建設工事全記録 1990・6-1993・6」 ―― 野崎正之 田尻裕彦
93 ■『空中庭園幻想の行方』 ―― アートフロントギャラリー
97 ● JR京都駅ビル
97 ■『新しい京都駅』
98 ■『集落の教え100』
98 ● 宮城県図書館
99 ● 広島市立基町高等学校(I期)
99 ● 東大先端科学技術研究センター
99 ● 東大国際・産学共同研究センター
00 ● 広島市立基町高等学校(II期)
01 ● 東大生産技術研究所
01 ● 札幌ドーム(大成建設・竹中工務店と協同)

11 3・11東日本大震災
11 ビンラディンの死
20 COVID-19（新型コロナウイルス）
21 東京オリンピック2020+1

09『水死』（大江健三郎）
12『定義集』（大江健三郎）

05 2010 15 2020 25

1 実験住宅ラテンアメリカ

02 ● 飯田高羽合同庁舎
03 ● 那覇市立城西小学校特別教室棟
03 ● 十日町ステージ越後妻有交流館（キナーレ）
04 ● [実験住宅]モンテビデオ（ウルグアイ）
04 ■『DISCRETE CITY』
05 ● [実験住宅]コルドバ（アルゼンチン）
05 ● 了円院
05 ● しもきた克雪ドーム
05 ● 横須賀コンペ
06 ● [実験住宅]ポルト・アレグレ（ブラジル）
06 ● トリノコンペ
06 ■『住居集合論 I、II』
07 ● 福島県立会津学鳳中学校・高等学校
09 ■『YET HIROSHI HARA』
10 ● [実験住宅]ラパス（ボリビア）

16 空間の文法

17 マイクロ・デュレーション

14 ▼「WALLPAPERS」展（於 市原湖畔美術館）
15 ● 今治市みなと交流センター
15 ・中川武教授最終講義・記念シンポジウム（於 早稲田大学大隈記念講堂）
17 ● 慶松幼稚園 改築
18 ● 那覇市立城西小学校 屋内運動場・幼稚園・児童クラブ
18 ● egg Cafe
19 ● 孔雀堂

18 〈非ず非ず〉基体

20 ● TSURU-1
21 ▼「Identification（同一視すること）」（奥能登国際芸術祭2020+出展作品）
22 ▼「建築に何が可能か」展：$\mathcal{M}_0$パネル（於 国立近現代建築資料館）
23 ● egg Park
24 ● W-Gates tower
25 ■『このとき、夜のはずれで、サイレンが鳴った』（吉見俊哉と共著）

——上田麻里
松本佳代子

原広司語録集（付箋集）

たぬきが子供を見せに来た

建てちゃった方が早い。

同じ道は、「ホモトピー」

「もっと重要なことがあるんじゃないか」

廿八時態

いにしへの

一生に歌をうたったことがなかった

数学者の花束「ブーケ」

トイレには、毎日感謝しなくてはならない

「あと千年ぐらいかな」

急いで下さい時間ですから

一時間で、全ゆる時代を生きなくてはならない

「ここに、空中庭園があった」

「土屋さんが、怒って壊しちゃったのよ。」

「モッブ」と「大衆」

アンリアル・シティ

absurde

全人類が、普遍的に同意するような原理はひとつもない

人は、動く記号

「二度と雪が降ったとは申しません」

「建築の図面のほとんどは領域分割図である」

借金だけはするな

「両端なし」

もう一度やってごらん

マイクロネポグラフィ
マイクロ・クライミッツ
マイクロ・デュレーション

熊手族

「ベカット・ギーター」（ソロー）

〈潜在自然植生〉

↓森

〈アーバンスペース〉

〈場所の潜在力〉

〈空之器の読み〉

「ミニマ論」の思想

様相

住居に都市を埋蔵する。

各。父母族

〈空の屋根〉

〈場所並置〉

良、

「近傍」

〈重ね合わせ〉

〈オーバーレイ〉

道 ― 経路、

ネットワーク。

都市空間の部分化

境界、

ジョイント

領域。

〈有孔体〉

〈隣接性〉

隣接結合

〈[illegible]〉

トポロジカル幾何学

位相幾何学

〈ポート〉

地形

アイランド

台

〈オープン〉

〈アトラクター〉

日本人は花屋になる

離れて立て

死者とともに生きよ

建築の誕生

〈[illegible]〉

「信心は澄む」

「ごゝでは、すべてが遊んでいた、」

「人が流れるか！」

「A 非A 非非A」

「不滅」「不生」「不断」「不常」「不来」「不去」

「罪の罪たるは 内にあらず、外にあらず」

「於くてある」

「われ反抗す 故に われあり」

「私の終るなかには 私の始まりがある」 初

「それは内にもあらず外にも非ず 二者の中間にも存せざるなり」

「まったくのところ、わしが二の目で見ないうちは、わしにはどうしても信じられないね」

「同心の病」

「山も時なり 海も時なり」

「情は新しきをもって先となし……」

「宇宙の鏡」

「様態は実体の変状」

「みみをすます」

「不連続な物体がこの眼めがけてぐんぐん接近してきた。」

「マーヒーヤ」と「フトゥーワ」

「その根源たるものは自然であり、しかも神のうちの自然である」

「霊」

「宮廷や侍臣に住みあむ」

「死んだぞ、死んだぞ。どなた様も替わる方が死んでござる み葬り下さい」

真と偽という問について説得的であろうと努力するはむだなことだ。

〈ストゥディウム〉と〈プンクトゥム〉

「ジョルダンの単閉曲線」

「ピエールは喫茶店にいるか」

九人乗りの浮輪 Σ_n

おわりにというはじめ

伊那谷へ

本書を終える前に、どうしても原広司が少年時代を過ごし、その原風景に生涯深く刻印されてきた伊那谷を訪れておきたい。――そんな思いに私は駆られ、夜明け前の東京を発って飯田に向かった。新幹線が停まるようになって圧倒的に東京との距離が縮まった長野や富山とは異なり、飯田までは高速バスを使っても四時間以上はかかる。この「不便さ」が、飯田や天竜峡の観光地としての集客を困難にしているのは事実で、着くと飯田駅前の商店街はすっかり寂れていた。趣味がいいとは言い難い真っ赤な駅舎、目の前の駅前商店街は飲み屋のチェーン店が何軒か並び、まともに食事ができそうな店はほとんどない。かつての飯田の駅前市街地の風景とは隔世の感がある。

私は閑散とした駅前通りから、その昔、伊那と三河を結ぶ塩や絹の道として栄えた三州街道(伊奈街道)へと右折し、疎開した原が通っていたという旧大久保小学校のあった場所に向かった。そこは現在、飯田市役所となっていて、これまた味気ない庁舎が建つだけである。ここまでならば、衰退に向かう日本の地方都市の典型と言えそうだが、飯田の風景は、その市庁舎の向かいの脇道から眼下の渓谷へと細い急な階段を下りていったときから一変する。

そこを流れるのは、天竜川支流の松川で、結構な水量がある。何よりも驚くのは谷の深さである。渓谷はどんどん下降し、川の両側は急峻な崖で、生い茂る樹木も深い。最初に歩き始めた駅や市役所のあった尾根道はもうはるか上方にある。しかも、その先で東を南下してきた野底川と合流して形成された河岸段丘はかなりの広さである。その盆地に、多数の家々が並んでいる。川べりに古い街並みが続き、立派な蔵もある。もともと飯田の旧市街は、この松川と野底川が合流し、天竜川に至る手前に広がっていたのだ。つまり、飯田はそもそも尾根の街ではなく、谷の街なのではないか。他方、尾根には飯田城が築かれ、家臣団は尾根の住人となった。

尾根には産業の道である三州街道が通るが、川筋には諏訪から遠州の秋葉神社までを結ぶ秋葉街道が続いており、こちらは信仰の道である。この古くからの街道沿いには今も昔ながらの味のある建物が残っている。比較的最近まで、この古道も街道として機能していたということなのだと想像する。飯田駅近くの三州街道は、すでに道路もすっかり拡幅されて昔の面影はまったくないが、谷筋の秋葉街道にはまだ何かしら昔の雰囲気が残っている。

私が目指していたのは、原広司の一九八八年の作品である飯田市美術博物館だった。このミュージアムは、飯田城跡に建てられたものなので、尾根の上にある。しかもそれは、松川と野底川が長い時間をかけてえぐることで形成された半島のような台地の突端部分である。したがって、松川に沿って進み、台地との縁から見上げると、とてつもなく大きな孔＝谷からかなり上方の際にミュージアムが建っていることになる。そこまでたどりつくには、ちょうど霊山の長い参道の階段を上るように、ひどく急な崖道を上っていかなければならない。

ふり返ると、盆地に広がる飯田の街が一望のもとに見渡せる。遠くにはアルプスの山々が幾重にも連なり、手前には飯田の街の家々が犇《ひし》めいていて生活感が伝わってくる。戦慄するような圧倒的な風景である。やはり、これが飯田なのであって、鉄道は飯田に後からやって来た新参者にすぎない。高速道路もまたそうである。そのような近代的な交通網が上方を掠《かす》める、しかしそのはるか下方の広い谷間に、飯田の人々は長く暮らしてきたのである。

その崖っぷちに建つ美術博物館、つまりミュージアムの内部は、イスラーム寺院の内庭を思わせる細い柱列が真っ直ぐに伸びている。一本一本の柱は細く、とても高く、柱と柱の間隔がすがすがしい。原が本書でも繰り返し述べたように、これらの柱は「離れて立って」いる。つまり、大きな太い柱によって全体が支えられるのではなく、細い自立した柱が互いに距離をとって立っているところが原広司らしい。上方をよく見ると、原の建築にしばしば登場する雲がさまざまにデザインされている。砂漠のなかのイスラーム寺院。柱たちは上方で空を貫き、そこに雲が浮かぶ。そして実際に内部を歩き回ると、建築家はここにいくつもの抜け孔を仕掛けていることが分かる。

展示スペースとバルコニーのあいだの抜け孔、抜け孔としての階段、展示室から外部の階段状の広場への抜け孔、それらはいずれも雲の中から雲の中への移動のようだ。階段は、今しがた息を切らしながら上ってきた崖道の裏返しであり、そのことはミュージアムの外部両翼に河岸段立のように設《しつら》えられた階段にも示される。あるいはそれは、原がのちに京都駅の上層に設えた劇場的な大階段、さらには私と同様、原の影響を受けていた建築家小嶋一浩が、その亡くなる少し前に渋谷ストリームにおいて渋谷川に向けて開いた大階段に通じている。つまりこのミュージアムは、広々とした谷間から急峻な崖を上った尾根の上に人工的に設定されたもう一つの谷間なのではないか。

残念ながら、建築家のこうした意図が運営者側に理解されているとは思えず、実際のミュージアムの展示や観覧は旧態依然たるタテ割りでなされている。「美術博物館」という曖昧な言い方が示すように、ここでは「美術館」と「博物館」、「自然史」と「文化史」は、融合どころか交流すらしていない。しかも、この美術館からは、先ほど私が急な崖道からふり返って感動した圧巻の風景は、バルコニーに出ても竹藪で遮断されて見えない。本当はここからもそれが見えるはずなのだ。建築家は、もっと開放的な利用を期待していたのではないか。

もちろん、飯田市美術博物館は建築家に最大の敬意を払っている。だからこそ原広司の最後の作品の一つと言ってもいい、国立近現代建築資料館（東京・湯島）での回顧展で中央に展示された大型模型を引き取って展示している。この模型の中央には、原の最初の住宅作品で、「有孔体」の実例となった伊藤邸の一部が引用されている。つまり、美術博物館の柱廊の先にあるこの展示物は、原広司という建築家の出発点と到達点を同時に示しているのだ。ただし、

「引用」と言っても、それは本書冒頭でも触れた壁にかかっていたタブロー（口絵「M_0パネル」）で、原によればこれは有孔体の考えを理念的に示したものだそうだ。今回、飯田を訪れた目的の一つは、この本書の原点に再会することだった。

もう一つ、飯田市美術博物館で特筆すべきなのは、世田谷区成城にあった柳田國男邸の書斎がここに移築されていることだ。柳田自身が「喜談書屋《きたんしょおく》」と名づけていたその建物は、「書斎」という言葉の一般的イメージをはるかに超えており、むしろ柳田図書館と言ったほうがいい。昭和初めの洋館建築で、その命名どおり、今日でも一階の談話室で柳田を囲んで学者たちが談論していた様子を想像できる。柳田國男、折口信夫、宮本常一をはじめ、日本民俗学やそれを超える人類学的知の原点が、原広司のミュージアムに隣接する敷地に埋め込まれているのだ。

湿原へ

さて、伊那谷から始まった建築家の物語は、やがて中近東や北アフリカの砂漠に向かう。もともと原広司が本書の序章のために素材として書いた以下の文章は、彼が最初にイラクの「家族島の集落」を訪れたときの物語だった。

一九七七年三月二十五日、私たちのジェット機は、ダマスカスに向かっていた。羽田空港で、やがて四回目となるインド・ネパールの調査をする仲間たちに送られて、飛行機はＢＩＡ一台しか飛行機がない会社。ふと地上を見ると、水上に小島が点在する風景が一瞬、雲のあいだから広がっていた。

「あれ、家族島の集落か？」

同乗していた山本理顕と入之内瑛が笑った。

「幻想です。集落の思いこみすぎですよ」

私も、「そうだよなあ」と笑った。「そんな集落ないよな」――私たちはダマスカスからアテネに向かい、パルテノンを訪れた。私は三十歳のとき世界一周をして近代建築と古典建築を見るためにパルテノンを訪れる。山本、入之内、両者にとっては初めて行ったから、建築家たるもののいわば通過儀礼が始まったと言える。

三月三十日、イスタンブールまで電車で行った。そこにはハギア・ソフィアが待っていてくれた。地上にある最高の建築だと私は思う。

そして、翌日バグダッドに入った。アラビアンナイトの街。

四月一日、サマラの塔に上った。目下にモスクもなにもない長方形の敷地を見た。バビロニアの遺跡。「ここに庭園があった」と説明札が付いていた。砂漠も見た。

四月二日、バース党の学生に監視されながらバスラに向かう。夜十二時までにバグダッドのホテルに帰らなければならない。学生のポケットのフセインの許可証が頼りだ。

バスラの近く、私たちはユーフラテス河岸のSinanの集落に出会った。長さが四十メートルほどある葦の家が何本か平行に並べられている。

それから家族島の集落が現れる。幻ではなく現実に私たちは、その島でお茶をふるまわれた。ゲストハウスへ、浅く広がる数ある葦の陰になって、あたりはよく見渡せなかったが、家族島の集落は輝いているように、遠くまで見えた。小さな島々に心地よい風が通りすぎていった。

「急いで下さい。時間ですから」

山本理顕の運転する私たちの車は十二時前にホテルに到着した。翌日、クルド人の村に向かい、また親切な人がお茶会を開いてくれて、そして翌日、私たちはムンバイ〔旧ボンベイ〕に向かった。

このときから四十五年が経った。この間にパーソナルコンピュータが生まれ、Googleが人工衛星からマップを送るようになった。イラン・イラク戦争があり、湾岸戦争があり、あのマーシュアラブの家族島の集落が気がかりだったが、おそらく生き残ってはいないのだろうと思いながら、本書の内容について考えてきた。

この四十五年で、集落はもう一つもなくなっているのだろうか。私はまず、山本理顕の所員に照合作業を試みてほしいと頼んだ。同時に、集落調査を継続してくれている藤井明、このとき同行した入之内瑛にも作業を頼んで、私はアトリエ・ファイの吉田結衣に助けてもらいながら、スクリーンで照合作業を進めた。

私たちの集落調査は、単に「このような集落が現代に残っており、人々が住んでいる」という共時的な記述しかできない。私たちは少なくともこれが歴史であるとは一度も考えたことはないし、過去を遡行することは無理があると思うし、多様な集落を一九七〇年代に「共時態」として記録する以上の意味はないと考えていた。

四十五年後にマーシュアラブの集落がどうなったかを、たとえ不完全であろうとも問おうとすると、「通時態」としての集落を問い始めていることに気づいた。結論からすれば、家族島の集落は部分的に残っているし、保存を目的とした建築も行われている。

今日では、チグリス・ユーフラテスのデルタ地帯に関する知識が、当時とは比較にならないほど容易に得られる。まず、ウィルフレッド・セシジャーの『湿原のアラブ人』がすでに訳されている。この本には酒井啓子の解説があって、彼女が書いた『フセイン・イラク政権の支配構造』の第四章を読みなさいと書いてある。それで、全体を読んだが、大変素晴らしい本で、「三角洲」デルタ地帯に、近いところの領域に住んでいた人々が、バグダットで都市計画家のドキシアディスが開発した新しい住宅に移住する様子が記述されている。

まさに通時態の歴史のなかで人々は、家族島の集落から多くがバグダッドへ移住したそうだ。最近の調査では、生活水準は低くても、移住した人々の九割以上がバグダッドを離れたくないと回答しているという。この結果を一言で表現すれば、「生きる」なんて言わない。常に「生き延びる」こと。細心の注意を払って、すべての人々をリスペクトし、生き延びること、その結果なのだ。

『ナショナル・ジオグラフィック』誌のピーター・シュワルツステイン氏が二〇一五年に「イラクのマーシュアラブの人々は消えようとしている」という一文を書いた。記事のなかには、Amjad Mohamedという一人の漁師が現れる。Amjadは魚を捕って生き延びている。私たちは、この家族島の集落に、必ずいつか戻ると言って生き延びている。けれども、冷蔵庫、電化製品、トイレや料理をする道具がなくてはならない。ごく当たり前の要求だ。

では、どうしたらよいのか。この問題は早期にはどうにもならない。あれやこれや、十年経ったとしても、八千年くらいの歴史があるから、問題はない。そのうち、「水上の集落」を誰かが発見するまで、待つしかない。自然には、回復力があるから、人間が自然の部分として、自然の回復力となるのだ。

原広司がここで「家族島の集落」と呼んでいるのは、チグリス・ユーフラテス河の下流域の沼沢地に広がっていた集落で、それぞれの家族が直径二十メートルほどの人工島を想い想いにつくり、その上に二、三年ごとに建て替えられる葦の住居を建てて生活していた。島と島の距離は数十メートルほどで、カヌーで行き来していたという。原は『集落の教え１００』で、この集落を「物語によって秩序づけられ、保存されてきたフィジカルな集落自体が、いつのまにか、実存するとはとても信じられないような虚構性に富んだ物語そのものに転化してゆく」実例としていた。

この集落の民族誌として、原がここで触れているセシジャーの『湿原のアラブ人』(原著、一九六四年)は実にスリリングな名著で、しかも圧倒的に魅力的なモノクロ写真が何枚も収録されている。その一枚一枚と文章のアンサンブルが、魅了された読者を湿原の集落に誘うのだ。たとえば、次の文章はそうした描写の一例である。

その日の夕方、私は知の果てまで続く葦の群生地の彼方に太陽が沈むのを眺めながら立っていた。頭上空高く、幾筋もの巻雲が、朱色、オレンジ色、すみれ色、藤色、薄緑の空を背景に、漆黒から燃えるような金色、やがてくすんだ象牙色まで、色とりどりのちぎれた吹き流しのようにたなびいていた。湿地帯はあたかも呼吸しているかのように、あらゆる方角からカエルの大合唱が聞こえる。その声があまりにも一定したリズムで辺りに響き渡るので、いつしか気にも留めなくなった。湿地帯の音といえば、何よりもまず、冬のガンの鳴き声だ。犬の吠え声、びっくりするほどラクダに似た水牛の鳴き声、私には意味不明の長々と呼びかける男の声、しばらく間があってだれかが答える声も聞こえた。たくさんの水牛が頭だけ水上に出し、広い水面に水跡を残しながら村のほうへ泳いできた。家々の間から、蚊を家畜に近づけないように焚く火から立ち上る濃い煙が幾筋も上空に伸びていた。葦の群生地から遅れて帰ってきた一人の少年が、沈みゆく太陽に黄金色に照らされた水路をカヌーを漕いでやって来た。彼は穏やかに歌い、大気の中にその余韻を漂わせながらこちらに近づいてきた。

（ウィルフレッド・セシジャー『湿原のアラブ人』白須英子訳、白水社、六三頁）

私は、原広司は何度もこのセシジャーの文章を読んだはずだと思う。なぜならば、原自身、砂漠で何度かそのような色とりどりの風景と音、人々が通り過ぎる場面に立ち会ったに違いないからだ。そして、そうした場面を包み込んできたのが、変化し続ける砂漠の自然だった。実際、セシジャーによれば、チグリス・ユーフラテス河下流域では、「洪水で水位がもっとも高くなったときには、湿地帯に隣接する砂漠の非常に広い地域が一面の水に覆われる。その広さは年によって違うが、バスラの郊外からクートに至る三〇〇キロ近くまで広がることもある。水が引いてしまうと、浸水地の大半は元の砂漠に戻る」のだという（同書、八頁）。つまり、関東地方全域をすっぽり包むほどの広い地域が、ある時は一面の水に覆われ、またある時は砂漠に戻るということだ。実に壮大な自然のドラマである。だからその湿原を前に、ある明け方、セシジャーは「起きて外に出ると、広大な水面の彼方に、曙光を背にして、遠くに黒い陸地のシルエットが見えた。私は一瞬、それを見つめた者は感覚を失うという伝説の島「フファイズ」を思い浮かべた。やがてそれは大きな枯れた葦の塊を見ていたのだとわかった」と述べる（同書、一八頁）。これは、紛れもなく原が語ってきた「フィクショナリティとしての建築」に他ならないはずだ。

では、その「家族島の集落」は、フセイン政権下の近代化政策と継続した戦乱のなかでどうなっていったのか。私はここに登場した酒井啓子と東大駒場の学生時代からの長い友人なので、彼女に直接、この点について聞いてみた。酒井によれば、南部湿地帯はイラク近現代史を集約、象徴する場であり、イギリスによる近代国家建設の過程で、南部農村社会（湿地帯も、農業や漁業を糧とする「村落共同体」である）の住民は産業化と過酷な大土地所有制度のもとで故郷を離れ、急速に発展する首都バグダッドに大量に流入することになったという。こうして彼らは、すべての政権下で強烈な反体制気運を抱えた低所得層を形成していったそうなのだ。

また、原研究室がイラクを訪問した二年後にイラクの統治者となったフセインのもとで、湿地帯はイランとの戦争の前線となって開発計画から見捨てられたばかりでなく、戦場から逃れた脱走兵たちが隠れ住み、反政府ゲリラの揺籃の地ともなった。これに対しフセインは、脱走兵とゲリラを炙り出すために、この地に流れ込むチグリス・ユーフラテスの流れを変えて湿地帯を干上がらせてしまう。フセイン政権崩壊後、かつて反フセインで戦った人々が、われこそが湿地帯にルーツを持つ真のイラク人であると主張し、戦後政権の中枢を競い合っている。他方、欧米の環境活動家は湿地帯の自然（人間ではなく）の回復に躍起で、二〇一六年にはこの地が世界遺産に認定された。

本書の対談からも浮かび上がってくるように、オスマン帝国崩壊後の中近東は、現代世界のさまざまな矛盾と軋轢を集中的に経験してきた地域である。現在でも、中近東は米ロの圧力、アメリカの支持を受けたイスラエル入植者の暴力、その結果としてのパレスチナの悲惨、周辺諸国の独裁政権というように、数千年に及ぶ歴史のなかでも最も厳しい時代を経験している。近代化が進歩と発展、平和に向けての時代だなどというのは西洋中心主義の思い上がりで、その裏面である帝国主義と植民地支配、先住民抑圧の歴史は、二十一世紀に至ってもまったく衰えてなどいない。そして、酒井啓子がセシジャーの本の解説で述べているように、この「湿地帯の社会こそが、イラクが近現代に辿ってきたありとあらゆる矛盾と社会経済問題を、すべて凝縮し、結果として政治を動かす起爆剤になってきた」のである(同書、二九四頁)。だからこそ、「集落」は今日、改めて問われなければならないテーマなのだ。

出来事としての建築

さて、建築家の物語は、中近東や北アフリカの砂漠や中南米の高原地帯の集落群からどこに向かったのか。おそらく建築家は、これらの集落で発見した空間原理を、東京・町田の自邸から京都駅や梅田スカイビルまでの設計によって日本列島の内部に埋め込んでいこうとしたのではないか。つまり、この建築家は、古典的建築であれモダニズムであれ、ヨーロッパの建築史を日本に導入するのでも、縄文であれ弥生であれ、日本の文化的風土を強調する建築で世界にアピールするのでもなく、むしろ自分が育った伊那谷から砂漠や高原の集落までの空間的な物語を、時空を超える物語として日本の風景に内挿してきた。それが、集落調査以後に建築家が示した物語だったのではないか。

本書で論じてきたように、原広司にとって建築は出来事だった。この出来事性は、原の「場面を待つ」という言葉に要約されてきた。この言葉については、ベケットとカミュに照準しながら第4章で論じたが、その「場面」の先にあったのは何か。

私の場合、この問いの答えは比較的明白で、私は若い頃から一貫して都市は劇場だと考えてきた。劇場とは、演劇が発生する場であり、その演劇とは要するに他者との、とりわけもうこの世にはいない死者との対話の技法である。

このことを二十世紀に最初にはっきり宣言したのは、もちろんアントナン・アルトーだったわけだが、演劇の本質とも言うべきこの原理は、日本の能や歌舞伎や説教節、韓国のマダン劇、インドネシアの仮面劇や影絵、インドの伝統演劇、そして古代ギリシア悲劇から現代の前衛演劇まで広く通底している。だから私にとって、都市がフィクショナルであるのは都市が劇場であるのと同じで、その劇場性は、現代都市の内部で死者との対話の孔をどう穿っていくかという問いと切り離せない。

しかし、そうした私の視座が、原のいうフィクショナリティとどう重なり、またどう重ならないのか——。少なくとも建築デザインでは、原広司はこの問いへの答えを何度も示してきた。その一つが、本書の表紙カバーにもなった梅田スカイビルの空中庭園である。それは、宇宙に向けて穿たれた孔のようでもあり、浮遊する雲のようでもある。本書カバーのスケッチは、原が二〇〇九年に出版した『YET HIROSHI HARA』(TOTO出版)にも掲載されているが、そのページには、「建築はものではなく出来事である」という言葉が添えられている。さらに別のページでは、「記号はものを　出来事あるいは現象に転化する手続きである」とも述べられる。

原はこの建築の出来事性を、移動する経験の連続性、つまり経験のシークエンスとして考えていたように思われる。彼は、身体が空間をよぎる経験を「トラヴァーシング」と呼び、「ある都市を、それぞれ異なった経路でトラヴァーシングするときには、人はそれぞれ異なったシークエンシャルな体験をする」と語っていた。建築とはそのようなシークエンシャルな体験の仕掛けなのだが、しかし実は、自然もまた同じような意味でシークエンシャルな経験の仕掛けなのではないかと、私は思う。つまり、先ほどのイラクの湿原がまさにそうであるように、自然もまた「もの」ではなく「出来事」であるはずだ。出来事としての自然は、時には壮大で、時には繊細である。そのような出来事としての自然と、出来事としての建築は、どのように反響し、対話し、あるいは一方が他方を想起させるのか。

風景のなかで言葉に住まう

ここまで述べたところで、私は再び飯田に視点を戻してみたい。原広司のミュージアムが飯田の街の大きな谷間を尾根の上に反転させたもう一つの谷間であったとするならば、他方の自然の谷間はどこに通じていたのか。飯田への小さな旅の午後、私は原が若い頃に泳いだという天竜川の渓谷にも立ち寄りたいと思った。そこで、そんな渓谷の代表格に違いない天竜峡を訪れてみることにした。飯田線は本数減と乗客減の負の循環がどんどん重なり、今では特急はほぼ一日に一本くらいしか運行していない。だから飯田から天竜峡へは各駅停車で行くしかないのだが、その各駅停車も一時間に一本すらないほどだ。一九九〇年代以降、列島の高速化＝新幹線化のなかで、こうした地方の切り捨てが極端に進んだのだ。実際、天竜峡駅で降りると、駅前は飯田以上に廃れている。

しかし、では天竜峡は魅力のない渓谷なのかというと、まったくそんなことはない。それどころか、むしろこの渓谷は日本離れしたスケールの壮観さを誇る。飯田線で近づくと、すぐ近くまでは広々とした川原が続いていたのが、突然、一挙に渓谷となり、川の両側はとてつもない高さの岩の崖となる。しかも、その岩の地層は、下からほぼ垂直に、空に向けて突っ立っているかのようだ。中央構造線と糸魚川―静岡構造線のぶつかる地点での激しい地殻変動、つまり数十億年単位の地球の歴史が目の前に示されているかのような風景のあいだを、ゆったりと川が流れていく。だから確かに、この天竜峡の風景には漢詩が似合う。事実、明治半ば、書家の日下部《くさかべ》鳴鶴《めいかく》はこの地を訪れ、「天竜峡十勝」を選んで中国の仙郷に重ねながらそれぞれ漢詩を詠んだ。この漢詩の世界との重なりから生まれた渓谷のイメージが、やがて明治末以降に大衆化され、流行歌も作られて大観光ブームを導いていったのである。

原は本書で、高校の国語の授業で李白の漢詩に出会ったことを語り、その詩「朝に辞す　白帝彩雲の間／千里の江陵　一日にして還る／両岸の猿声　啼いて尽きざるに／軽舟　已に過ぐ　万重の山」が、伊那谷の地景を考える原点となったと述べる。つまり、自然の空間がダイレクトに谷間の建築への想像力を拓いたわけではなく、李白の言葉がそのような空間への思考を媒介していたのだ。しかも、原は大学入学後、この漢詩の経験を追体験するために、「友だちと二人で天竜川で、体を縛って繋いで何十キロだったか泳いで下りました」とまで述べている。

ここで肝心なのは、原広司における空間と言葉の関係である。本書に先立つ最も美しい作品集『WALLPAPERS』(現代企画室)で、原は、良寛法師から藤原定家へ、さらに古代インドのナーガールジュナへと数千年のスケールで時代をさかのぼる。彼は、ホメロス、アリストテレス、荘周、鴨長明、道元、ダンテ、スピノザなどから、マーク・トウェイン、ジェイムズ・ジョイス、T・S・エリオット、そして宮沢賢治、谷川俊太郎、大江健三郎などまでのテクストを大きなトレーシングペーパーの上に色鉛筆の微細な字で「写経」することで、日本の夕焼けの、絶えず変化し続ける風景を描いたのである。日本の夕焼けを描いた画家は無数にいるのだろうが、このような驚くべき仕方で夕焼けのなかに古今東西のテクストを編み込んでいった表現者はいない。天竜峡の風景の中に李白がいるのと同じように、日本の夕焼けには、ナーガールジュナからジョイスやエリオット、鴨長明や道元が宿っているのである。

離れて立つ

原広司の義弟でもある北川フラムは、この『WALLPAPERS』への感動的な序文で、彼が原の建築論を「ひとつはコミュニケーションの在り方へのヒントとして読み、ふたつめは、共有の意味、共有の体験が、この複雑な社会相のなかでありえるかを考える弾機《ばね》として読んできた」と述べる。北川によれば、原の有孔体論は、「閉じられた空間にどう開口部を開けるか、その孔は他空間とどう接合するかという「部分と全体」に関する考察」において、「閉塞しつつあった新左翼反対派の弱点と、戦後の左派運動の狭さへの反省を促してくれた」。均質空間論は、「通信から金融、社会システムの世界化という、現在ますます盛んになる一元的全体主義への警鐘として、地域にこだわる私の作業の背骨になっている」。原の境界論は、「聴くに心地よい、民主主義、機会均等という言葉から離れて、他者と土俵を共有するという、工作者の論理を止揚した実践的な方法へと導いてくれた」。さらに原の様相論で語られる「世界風景」は、「地球上に散開した二〇万年前のイブの子孫である七二億人のそれぞれが、自分の立つ地形から、そこを彩り、かつ試練を与える気象のなかで」連帯を希求する可能性を示したと続ける(同書、二頁)。原広司の仕事に、遠くから間近にずっと接してきた人ならではの発言である。

私はと言えば、ここ十年余、東京都心の路地裏や暗渠《あんきょ》、墓地や崖下の谷道、繁華街の抜け道を歩きめぐることに魅せられてきたが、それはこれらの空間に、押し寄せる再開発の波の中で辛うじて残る集合的記憶、長い歴史を貫く都市の地層を見出すからである。私は原広司と共に、日本人の大半が「台地族《ヒルズ》」の拝金教に染まるなかで、頑固に「谷間族」であり続けたいと願う。原がカミュの「反抗する精神」に仮託し続けたように、あるいは北川フラムがグローバリゼーションを「一元的全体主義」と呼ぶように、ナチズムが跋扈した一九三〇年代からマッカーシズムやスターリニズムが席巻した五〇年代までの歴史は、今も過去のものとなったわけではまったくないのだ。

そのようなわけで、本書のタイトルにある「このとき、夜のはずれで」鳴ったのは、全体主義による警告のサイレンかもしれないが、地球を貫通する孔の向こうから聞こえてくる叫びかもしれない。そのようなはるか彼方からの叫びが真夜中、間近に聞こえてくる。そうしたことは、インターネットが全地球を覆う今日、ごく日常的に生じている。

原広司のいう「離れて立て」は、「離れて共に住まう」ことである(このイメージは、私には真木悠介が語った「交響体(コミューン=共同体ではない)」に重なる)。つまり、それは関係を断絶して離れていることではない。実際、原広司は『集落の教え100』で、中南米の集落のように「声や表情で意思を伝達できる程度の間隔で住居が散在している」離散型集落を、未来の居住モデルとしている。今日の都心居住のように高密度で集住しながら近隣同士のコミュニケーションがほとんどないのとは正反対である。このような離散型集落は、「宿命的な絆」で共同体成員が結ばれてしまうのではなく、「あらゆる部分集合が、〈意味ある部分〉として数えあげられる」。つまり、自立と連帯が両立する。

世界は今、多数の分断によって引き裂かれているが、やがて分断が緩和され、「グローバル・ヴィレッジ」(M・マクルーハン)らしきものが出現したとしても、決して世界は一つになることはないし、そうなってはならない。無数の小さな島が、離れて結びつく――それが、原広司が集落調査を通じて提示した人類の未来形だった。

この「離れて立つ」思想を、時間軸上に展開すれば、死者と共に離れて立つ思想にもなるはずだと私は考えてきた。それらの死者は、古代ギリシアやインド、中国、そして日本の、千年単位で時間をさかのぼる死者のこともあるだろうし、ごく最近の親密な死者のこともあるだろう。そうした過去と私たちは、言葉によっても、風景によっても繋がれている。なぜなら私たちは、過去も、現在も、未来も、共に長い時間のなかにいるのであり、そのような時間性が、数々の現代思想を通じて再発見されてきたのである。

風景とは何か、建築とは何か、言葉とは何か、その風景や建築や言葉に住まう者とは誰なのか。こうした問いは、ひとり建築家だけの問いでも、社会学者だけの問いでもない。本書はむしろ、専門領域としての建築や社会学を超えて、日本列島各地のまちづくりの実践者、集落や都市に興味を抱く学生、二十世紀の思想と文学、権力と空間、時間をめぐって何かを考えようとしている人々、さらには単に青空とそこに浮かぶ雲が好きで、夕焼けが好きで、谷間の川や暗渠を歩くことに惹かれている人々に開かれている。だから実は、本書の対話はまだ終わらない。そのような人々の日常的実践のなかで、原広司とその建築思想は生き直され続けるのである。だからもちろん、これは「おわりに」ではない。「おわりにというはじめ」にすぎないのだ。

吉見俊哉

原広司　List of Works

年	作品名	所在地
1962	佐世保女子高等学校	長崎
1964	山岸旅館	山梨
1966	川越市立霞ヶ関小学校	埼玉
1967	伊藤邸	東京
	南長崎高層住宅(カクエイ・ハイホーム)	東京
1968	佐倉市立下志津小学校	千葉
	慶松幼稚園	東京
	若林ハイホーム	東京
	桜ヶ丘ハイホーム	東京
	小畑邸	東京
1969	上馬ハイホーム	東京
	国民宿舎丹沢ホームＩ期	神奈川
1970	Ｔドライブインレストラン	東京
	青山ドーメル店	東京
1971	佐倉市立下志津小学校体育館	千葉
	海の博物館	三重
1972	粟津邸	神奈川
	角栄建設本社ビル	東京
	マザーグース本店	東京
	坂戸市立城山小学校Ｉ期	埼玉
1974	原邸	東京
1976	工藤山荘	長野
	坂戸市立城山小学校II期	埼玉
1977	倉垣邸	東京
	坂戸市立城山中学校体育館	埼玉
1978	ニラム邸	千葉
	慶松幼稚園小堂	東京
	マザーグース池袋店	東京
1979	松欅堂	愛知
	秋田邸	東京
1981	横沢邸	東京
	横沢邸別棟(ローゼンハイム)	東京
	末田美術館	大分
	鶴川保育園	東京
	森工房	長野
1982	ヒルポートホテル	東京

	伊豆・夢舞台―中塚別邸	静岡
1983	渋川駅前通り商店街近代化事業実施計画	群馬
1984	秋田県営住宅新屋団地	秋田
	都崎邸	埼玉
1985	嶋邸	東京
1986	北川邸	新潟
	田崎美術館	長野
	小波蔵邸	沖縄
	工藤邸	東京
	ヤマトインターナショナル	東京
	小禄金城公園・五月公園・高前原公園基本計画	沖縄
1987	虔十公園林フォリストハウス	宮城
	那覇市立城西小学校	沖縄
1988	飯田市美術博物館	長野
	游喜庵	群馬
1989	BEƎB	宮城
1990	相鉄文化会館	神奈川
	武蔵野女子大学グリーンホール	東京
	つくば市立竹園西小学校	茨城
1991	武蔵野女子大学附属幼稚園	東京
1992	AFTER THE BURST	東京
	内子町立大瀬中学校	愛媛
1993	梅田スカイビル	大阪
1994	中塚ハウス	東京
1995	大杉アトリエ	静岡
1996	新書館本社ビル	東京
	国民宿舎丹沢ホーム II 期	神奈川
	原ハウス	東京
1997	JR 京都駅ビル	京都
1998	宮城県図書館	宮城
	$(5800\ \mathrm{mm})^3$ ｜ 原邸増築	東京
	$(7000\ \mathrm{mm})^3$ ｜ 松本邸	和歌山
	$(5200\ \mathrm{mm})^3$，$(6400\ \mathrm{mm})^3$，書斎 ｜ 伊東邸	長崎
1999	たかき医院	新潟
	東京大学国際・産学共同研究センター	東京
	東京大学先端科学技術研究センター	東京
2000	広島市基町高等学校	広島
	韮崎東ケ丘病院 I 期	山梨
2001	東京大学生産技術研究所	東京
	札幌ドーム	北海道
2002	飯田高羽合同庁舎	長野
	折本邸	愛媛
2003	十日町ステージ越後妻有交流館キナーレ	新潟

	那覇市立城西小学校 特別教室棟	沖縄
	ホンダクリオ千葉八街店	千葉
2004	韮崎東ケ丘病院 II 期	山梨
	実験住宅 モンテビデオ	ウルグアイ
2005	しもきた克雪ドーム	青森
	むつ市ウェルネスパーク・センターハウス	青森
	了円院	京都
	実験住宅 コルドバ	アルゼンチン
2007	福島県立会津学鳳中学校・高等学校	福島
	伊豆・夢舞台別棟 アネックス・紅傳工房	静岡
2009	小野邸アトリエ増築	宮城
2010	台湾新竹の集合住宅 I	台湾
	恵比寿のオフィス	東京
	実験住宅 ラパス	ボリビア
2012	小野邸増築	宮城
	台湾新竹の集合住宅 II	台湾
2014	Drei Wanderer	オーストリア
2015	今治市みなと交流センター	愛媛
	Three Travellers	新潟
2017	慶松幼稚園改築	東京
2018	那覇市立城西小学校 屋内運動場・幼稚園・児童クラブ増築	沖縄
	eggg Cafe	東京
2019	孔雀堂	東京
2020	TSURU-1	東京
2023	eggg Park	東京
2024	W-Gates Tower	東京
2025	台湾美仁段の集合住宅	台湾

《原広司語》注釈

- 項目の前の数字は，本書の頁を示す．
- 各解説の末尾に付した番号は，以下の参考文献を示す．
  ①『空間〈機能から様相へ〉』 ②『WALLPAPERS』 ③『建築に何が可能か』
  ④『岩波数学辞典 第4版』(日本数学会編，岩波書店) ⑤『集落の教え100』
  ⑥『集落への旅』

第1章　空襲を潜る

15, 79 非ず非ず　弁証法と同様に論理を展開させる方法で，「非ず」を演算子として論理展開を図る．命題Aが非Aを誘起し，さらに非非A等を誘起する．Aを契機として無数に出現する事象が互いに重なり合い，不定形で曖昧な全体が生成されるが，この全体に対する解釈を要する．①

16 様相　事物の状態や空間の状態の見えがかり，現れ，表情，雰囲気，たたずまいなど，事象のあり方の総体を示す概念．①

25 マイクロ・トポグラフィ(微地形)　局所的な領域における地形．マイクロ・デュレーション(微持続)やマイクロ・クライメイト(微気候)と対応する概念．②

26 有孔体　穿孔された空間，あるいは孔のある空間で，他の空間と孔を介して作用しながら結合する．その作用因子は音，熱，光，人間，もの等であり，それらが孔を横断して隣接する空間と結合しながら全体としての建築を生成する．③

28 谷間族　谷間で育ち，谷を原風景とする人間の集団．

37, 113, 121 フィクショナリティ　可能世界(ありうべき世界の状態)を実現しようとする構想力．物語はこの構想に沿って組み立てられる．⑤

37 アトリエ・ファイ　原広司が主宰する建築設計事務所．

41 ハンドル　数学における曲面の概念の一つで，立体的には取っ手の形状をしている．④

43, 165 ポアンカレの予言　数学者アンリ・ポアンカレによる位相幾何学の記述方法．連続性を扱う位相幾何学において，幾何学を要素の組み合わせとして離散的に記述する試み．④

第2章　旅する建築

50, 83 ユニバーサルスペース　空間を限定せず，誰もが自由に使用できるように計画された空間．合理主義的な方法で建築空間を普遍的存在にしようとしたモダニズムの理念を表現する空間概念．

51, 82 均質空間　モダニズムの理念である等方性，等質性をもち，時間変化のない空間．いかなる場所においても成立可能で高い抽象性をもつ．①⑤

58 標準語　言語には標準語と方言がある．集落の形態についても，標準化された要素をもつ標準語を使う集落がある一方で，すべての要素が変形されている方言を使う集落がある．方言の中に隠されていて可視的になっていない標準語となる要素もある．⑤⑥

63 離散型(discrete)　全体のなかで部分が独立して離れて存在し，部分同士による特定の

近隣が発生しにくいが，互いに連絡可能な関係が保たれている状態．⑤⑥

67 普遍的人間　すべての人間に共通する精神的本質をもつ高度に抽象化された理想的な人間．

67 第二の自然　人間の手による加工が介入した自然．⑤

69 空間概念論　空間を形成する行為は日常生活のあらゆる局面でなされるもので，人間は空間的に存在している．それゆえ，物理的な空間だけでなく，思想やものの考え方にまで浸透している抽象的な空間を把握するための概念が必要となる．①⑤

72 寸法　建築や都市にはさまざまな寸法や寸法体系がある．古典建築には様式の基礎となる個体寸法とプロポーションに関する美学がある．集落の寸法体系はルーズな性格をもつ．身体寸法や動作寸法との関連をめぐる寸法体系もある．⑤

72 計画　人間が意図的に構想し，つくり上げる営み．集落は自然発生的につくられていると説明されることが多いが，実際には高度に計画されていると考えられる．

72, 76 仕掛け／考案　構想力が誘起した計画を成立させる物理的なメカニズム．際立った集落には住居の形態や配列を決定する巧妙な仕掛け／考案がある．ロシア・フォルマリズムの概念．⑤

75 民法の 233 条　一定の条件下において，隣地に越境した竹木の枝や根をその竹木の所有者に切除させたり，土地の所有者が自ら切除することができるとする法律．

76 アーバースペース(Arbor Space)　構想を成立させるための仕掛けとして樹木(アーバー)を携えた空間．

第3章　夜のはずれで

82 CIAM　近代建築国際会議．Congrès Internationaux d'Architecture Moderne の略．各国の建築家が集まり都市や建築について議論をした．1928 年に始まり，1959 年までに 11 回開催され，モダニズム建築の展開に大きな役割を担った．

82 気候(climate)　気温，風，光などの因子によって形成される環境の状態．各因子に値(スカラー)を与えることで記述できる．空間の一側面を物理的に把握することができる．

87 局所性　全体を記述する論理を部分に適用するのではなく，部分を局所的に観測するところから出発し，全体的状態を把握する論理を打ち立てること．③⑤

87, 136 惰性態　人間の主体的実践が疎外され客体化・固定化することで形成された存在(生産物，諸制度，政治機構など)．社会的・歴史的現実として諸個人を規定・支配する．多くの建築は惰性態としての計画の型に準拠する．

97 離れて立て　人間の関係や事物の関係について，自立と協調を誘発する在り方．離散的であることによって，すべての部分が結びつくことを可能とし，有意味である状態をつくろうとする．⑤⑥

98 ディスクリート(離散的)な社会　互いに離れて自立していながら，必要なときに新たな連帯が可能であるシステムをもつ社会．⑤⑥

102, 105 熊手族　熊手で落葉を集めるように，資本主義的な欲によって金銭を掻き集める集団．

115 テンソルの記述法　スカラーやベクトルの記述方法を拡張したもので，それらの変換操作を組み込むことができる．スカラーは 0 次元テンソルで，ベクトルは 1 次元テンソル．

④
118 場(field)　空間内の各点に対してある量が定義されている領域．スカラー場，ベクトル場，テンソル場などがある．場のあらゆる点に気温，湿度などのスカラーを与えることでその状態が記述される．②⑤
118 記号場(semiotic field)　記号が空間的な配列規則をもちながら分布している場．②⑤
118 領域(連結開集合)　開集合であり，連結である領域．領域内は連続で，あらゆる点と点を結ぶことができる．④

第４章　場面を待ちながら

142 場面を待つ　必ず行われる日常(必然様相)に対する構えのみではなく，そうなるかもしれない非日常(可能様相)に対しても構えること．⑤
143 情景図式　その都度の体験の図像的な記憶で，意識のはたらきに応じて変化する図像の系列の枠組み．褪色する傾向をもち，消滅する可能性がある．①②⑤
143 必然様相　様相論理学の用語．可能世界意味論によると，すべての可能世界において命題が真であること．様相演算子「□」で表現する．⑤
143 可能様相　様相論理学の用語．可能世界意味論によると，少なくとも一つの可能世界で命題が真であること．様相演算子「◇」で表現する．⑤
145, 168 家族島の集落　チグリス・ユーフラテス河下流にある，小さな家族単位の島が分散して小群島をつくっている河上の集落．⑤⑥
170 マイクロ・デュレーション(微持続)　ある出来事が現象する時点から，その現象が終わると認識されるまでの時間が過ぎてゆく状況．マイクロ・トポグラフィ(微地形)やマイクロ・クライメイト(微気候)と対応する概念．②
171 連続体(continuum)　空間は連続的であると解釈できる．時間についても，途切れることなく連続的に流れるとする解釈．
173, 189 世界風景　体験の図像的な記憶である情景図式のうち，世界の認識を構成するうえで比較的重要な情景図式の集合．⑤⑥
186 微気候(マイクロ・クライメイト)　局所的な領域における気候．マイクロ・デュレーション(微持続)やマイクロ・トポグラフィ(微地形)と対応する概念．②

(櫻井雄大・作成／門内輝行・監修)

写真・図版提供／出典一覧

原広司
表紙カバー，表紙，口絵(表)，口絵(裏)，pp. 8-9, p. 18, p. 32, p. 36, p. 71, p. 76, p. 78, p. 97, p. 119, p. 120, pp. 122-123, p. 130, p. 133, p. 134, p. 136, p. 143, p. 144, p. 147, p. 171, p. 186, p. 187, p. 199, pp. 204-206

原研究室
pp. 54-55, p. 58, p. 59, pp. 60-61, p. 63, p. 145, p. 146

アトリエ・ファイ建築研究所
p. 29, p. 169, p. 183

p. 11　丹下健三『日本列島の将来像――21 世紀への建設』講談社現代新書，1966 年より
p. 39　藤塚光政撮影
p. 42　山田脩二撮影
pp. 54-55　原広司『集落への旅』岩波新書，1987 年より(一部修正)
p. 77　バックミンスター・フラー『宇宙船地球号 操縦マニュアル』芹沢高志訳，ちくま学芸文庫，2000 年より
p. 90　朝日新聞社提供
p. 181　ソロー『森の生活 ウォールデン』飯田実訳，岩波文庫，1995 年，掲載の図に加筆
p. 182　井沢努撮影

原 広司

1936-2025年．建築家，東京大学名誉教授．1959年東京大学工学部建築学科卒業，64年同大学数物系大学院建築学専攻博士課程修了．61年RAS設計同人設立，70年アトリエ・ファイ建築研究所との協働を開始．2013年日本建築学会大賞受賞

作品――本書List of Works参照

著書――『建築に何が可能か』(学芸書林)，『空間〈機能から様相へ〉』(岩波書店，サントリー学芸賞)，『集落への旅』(岩波新書)，『住居に都市を埋蔵する』(住まいの図書館出版局)，『集落の教え100』(彰国社)ほか

吉見俊哉

1957年東京都生まれ．東京大学名誉教授．國學院大學観光まちづくり学部教授．87年東京大学大学院社会学研究科博士課程単位取得退学

専攻――社会学・文化研究・メディア研究

著書――『都市のドラマトゥルギー』(河出文庫)，『視覚都市の地政学』『空爆論』(以上，岩波書店)，『親米と反米』『トランプのアメリカに住む』『平成時代』『大学は何処へ』『アメリカ・イン・ジャパン』(以上，岩波新書)，『戦後と災後の間』『東京裏返し』『さらば東大』(以上，集英社新書)，『敗者としての東京』(ちくま選書)ほか多数

このとき、夜のはずれで、サイレンが鳴った

2025年3月26日　第1刷発行

著　者　原《はら》 広司《ひろし》　吉見《よしみ》俊哉《しゅんや》

発行者　坂本政謙

発行所　株式会社 岩波書店
〒101-8002 東京都千代田区一ツ橋2-5-5
電話案内 03-5210-4000
https://www.iwanami.co.jp/

印刷・三陽社　カバー・半七印刷　製本・牧製本

ISBN 978-4-00-022984-5　Printed in Japan

集落への旅　原広司
岩波新書
定価一一二二円

空間〈機能から様相へ〉　原広司
岩波現代文庫
定価一六七二円

クリティーク社会学
空爆論 ―メディアと戦争　吉見俊哉
四六判二六六頁
定価二五三〇円

自然な建築　隈研吾
岩波新書
定価九六八円

小さな建築　隈研吾
岩波新書
定価八五八円

日本の建築　隈研吾
岩波新書
定価一〇五六円

岩波書店刊

定価は消費税10%込です
2025年3月現在